AF544578

Holger Peterson

VON MENSCHEN UND VON BOOTEN.

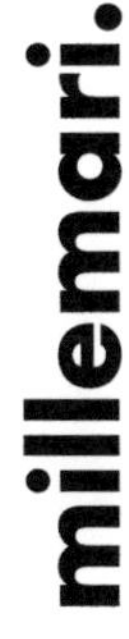

Ob jung oder alt, ob Welt- oder Wattensegler, immer sind es die Menschen, die ihre Leidenschaft an ein Schiff gehängt haben und trotz mancher Unbequemlichkeiten ein schaukelndes Deck jeder anderen Reisemöglichkeit vorziehen, um an eine fremde Küste zu gelangen.

Holger Peterson

Inhalt.

Prolog. 6
Von der Liebe zu einem Schiff. 9
Von Schiffen als Lehrmeistern. 25
Vom Leben auf einem Boot. 37
Von Bootsnamen und -farben. 47
Von Schiffen und Familiengeschichten. 56
Von nordischen Charakterköpfen und ihren Schiffen. 65
Von Seezwergen. 93
Von alten Schiffen
und klassischen Schönheiten im Watt. 103
Vom Segeln rund um die Welt. 131
Von Dornröschen-Schiffen. 155
Von der Fischerei und den Arbeitstieren
der Nordsee. 177
Von der nächsten Generation. 193
Vom Bootsbau und der Freiheit des Segelns. 217
Von Nordseehäfen. 244
Epilog. 252
Lexikon der maritimen Begriffe. 255
Impressum. 264

Prolog.

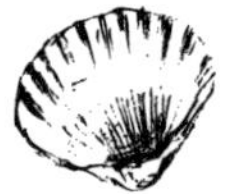

Wir haben das Glück, auf einem Planeten mit Wasser zu leben. Viel Wasser. Unfassbar viel Wasser. Und dann haben wir das Glück, auf einem Kontinent zu leben, der beinahe jedem die Möglichkeiten offeriert, sich zumindest ein bescheidenes Boot zu beschaffen. Wir haben auch das Glück, in Nord- und Ostsee auszulaufen, ohne gekapert und versenkt zu werden, wie es einst den Hansekoggen drohte, wenn sie von Bremen die Weser hinab in die Nordsee segelten und zwischendurch ankern mussten. Und es gab Zeiten, in denen Soldaten kamen, um Boote zu requirieren. Der Erbauer einer Segelyacht aus dem Jahr 1920 versteckte den Motor seines Bootes im Moor und verteidigte den nackten Rumpf seines Schiffes mit der Mistgabel, um ihn danach im Winter jeden Tag vom Eis frei zu hacken – 1945 war ein harter Winter. Nicht nur der Norden ist voller Geschichten von Booten und ihren Fahrten, von Eignern, die Strapazen auf sich nahmen, um mit ihrem Schiff aufs Wasser zu kommen. 2018 ist vieles leichter. Mag es auch öfter mal regnen oder Gischt überkommen, die Fahrten gehen weiter.

Was aber treibt Menschen an, ihr Leben mit Booten zu verbinden und ihre Sehnsüchte mit dem Meer? Und was – zum Klabautermann – fasziniert uns an genau diesen Menschen? Ist es ihre unbedingte Liebe zum Meer? Zu der Freiheit, die einen nicht nur bei einer Weltumsegelung, sondern schon in dem Moment erwartet, wenn wir das Cockpit eines Segelboots betreten? Ob jung oder alt, ob Welt- oder Wattensegler, immer sind es die Menschen, die ihre Leidenschaft an ein Schiff gehängt haben und trotz mancher Unbequemlichkeiten ein schaukelndes Deck jeder anderen Reisemöglichkeit vorziehen, an eine fremde Küste zu gelangen. Vielleicht sind Wassersportler emotional anders mit ihrem Gefährt verbunden, als Auto- oder Wohnmobilfahrer das je sein werden. Wer weiß? Und vielleicht gibt es eine Emotion, die alle Seefahrer verbindet, quer durch alle Zeiten und über alle Seegebiete. Ich jedenfalls bin dankbar für das Leben, welches mir erst meine Boote ermöglicht haben, und neugierig auf die Geschichten derer, die wie ich nicht vom Meer lassen können.

Und so frage ich mich oft, wie andere das Segeln empfinden, was sie antreibt. So viele Geschichten von Menschen und ihren Booten haben mich über die Jahre fasziniert, ich konnte nicht anders, als sie aufzuschreiben. Ich wünsche Ihnen nun viel Freude beim Gedankenflug in fremde Kajüten und Wasserwelten.

Ihr Holger Peterson

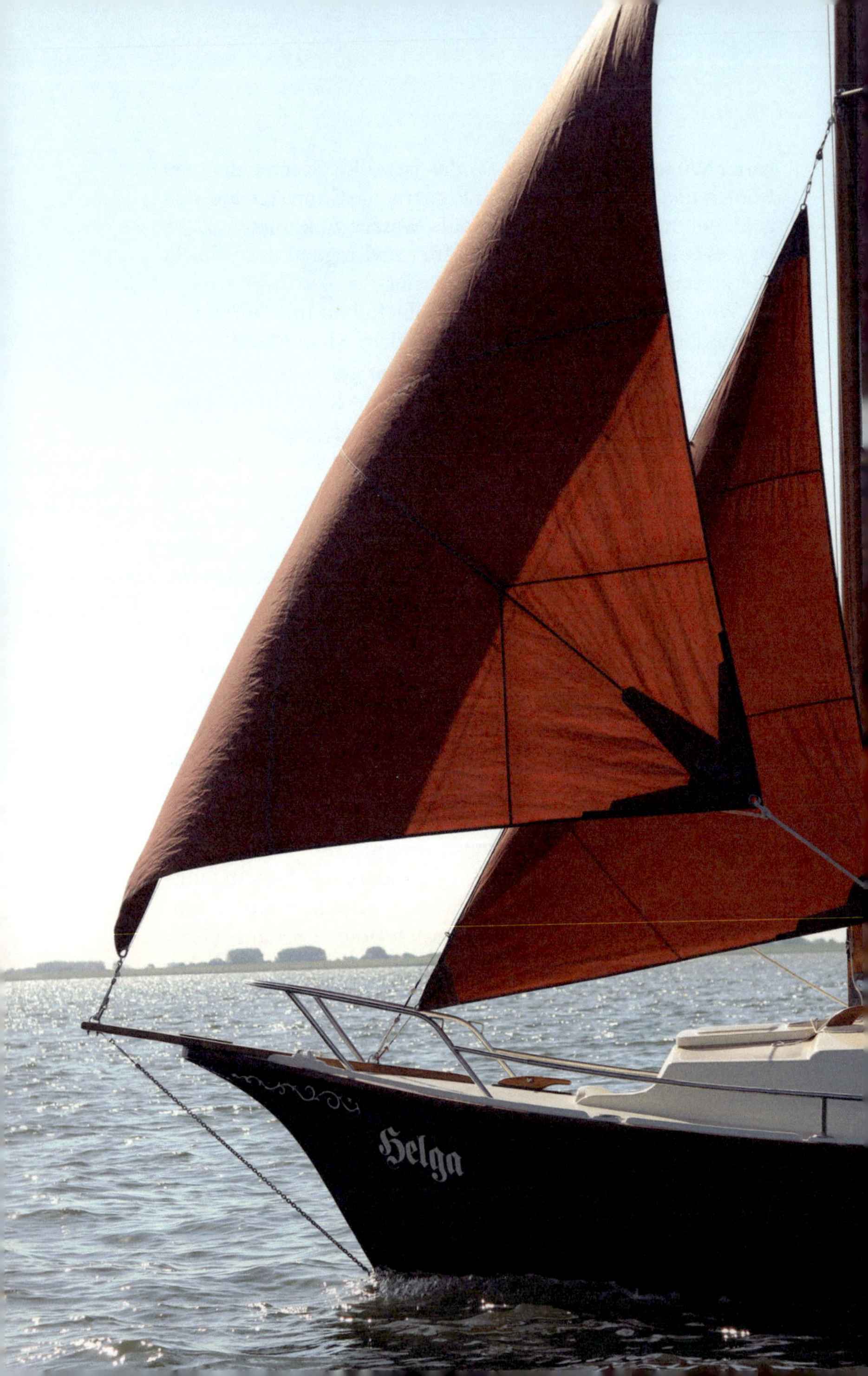
Helga

Von der Liebe zu einem Schiff.

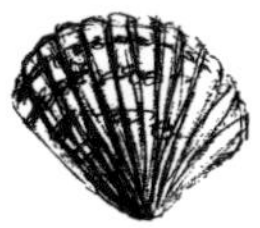

Die Liebe zu einem Schiff, sie ist etwas Besonderes. Und wenn Schiff und Skipper oder Skipperin gemeinsam Stürme durchgestanden, Langfahrten unternommen und lange Ebbestunden im Watt trockengefallen sind, dann ist sie auch dann noch lebendig, wenn das Boot schon längst in andere Hände übergegangen ist.

LEVIATHAN: Die vier Leben eines Schiffes.

Die 10 Meter lange LEVIATHAN, eine Reinke Taranga, war meine erste größere Hochseeyacht. Eigentlich war ich nur drei Jahre auf ihr unterwegs, aber sie ist mir immer in Erinnerung geblieben. Ich habe sie nie vergessen.

Geht es Ihnen auch so? Sie hatten einst ein Moped, Motorrad, Auto oder Boot, mit dem Sie Erinnerungen verbinden. Nach dem Verkauf vergehen Jahre und Sie fragen sich irgendwann, was daraus geworden ist. Mit dem Fahrzeug verbinden Sie nicht nur seine Technik, sondern auch einen Lebensabschnitt. Da gab es die Vorfreude auf den Kauf, auf die Umbauten, auf die Reisen. Und Sie verbinden Ihre Emotionen mit Menschen an Bord, mit denen Sie unterwegs waren. Diese Gedanken kommen nicht von ungefähr: Blickt man zurück, so erscheint manches besser, und was nicht so gut war, tritt in den Hintergrund, verblasst wie Lack in der Sonne: So entsteht Sentimentalität.

Eines Tages begann ich, nach meiner feuerroten Suzuki GSX 1100 zu suchen, mit der ich unvergessliche Motorradreisen nach Schweden und auf den Balkan unternommen hatte. Ich war fest entschlossen, die Maschine zu finden und zurückzukaufen. Bald ermittelte ich ihren neuen Eigentümer. In einem Schuppen in Hannover stand ich dann vor der Maschine oder besser: vor der Technikleiche, die von ihr geblieben war. Rost, Beulen, undichte Zylinderkopfdichtung, die Verkleidung nach einem Sturz zerborsten. „Nimm mich wieder mit“, schien die Suzuki zu flehen. Aber so toll war sie nun auch wieder nicht, jedenfalls nicht bei diesem Anblick. Und während ich sie noch ansah, fiel mir die im Leerlauf scheppernde Kupplung und ihr Hang zum Hochgeschwindigkeitspendeln jenseits der 200 km/h wieder ein. Und war ihr nicht die Kawasaki GPZ 900 immer eine Nasenlänge voraus, ihr Fahrwerk agiler und einfach 10 Konstruktionsjahre jünger? Es gab einen triftigen Grund, damals auf die Kawa zu wechseln. Und daher: Nur die Erinnerungen verleiten mich zur sentimentalen Suche, etwa als ich in Dubrovnik über eine Planke auf eine winzige Fähre fuhr: Beim Anrollen mit dem Vorderrad schlug die Planke senkrecht hoch. Ich gab etwas Gas. Das „schmale Brett“ fiel zurück, dann fanden meine Beine auf beiden Seiten keinen Halt, da war nur noch das Wasser des Hafenbeckens. Also gab ich noch mehr Gas und mein roter Packesel, vollgetankt und mit Gepäck gut 300 Kilogramm schwer, hüpfte förmlich auf das Vordeck der Fähre, die eigentlich nur für Personen gebaut war. Später entdeckte ich Reiseenduros für mich und trennte mich endgültig vom schweren Eisenhaufen mit vier Zylindern, doch die feuerrote Suzi werde ich nicht vergessen, so wie die rote Reinke Taranga. Nach einer Hai 710 und einer Mirage 28 war sie meine erste Hochseeyacht. Motorräder faszinieren mich nebenbei erwähnt auch weiterhin. Im Herbst habe ich mit einer Suzuki-V-Strom eine wunderbare Alpentour unternommen und freue mich auf den Mai, um „mal eben“ zum Besuch des Abba-Museums nach Stockholm zu düsen.

Der Vergleich von Booten mit Motorrädern enthält allerdings einen gravierenden Unterschied: Alle Boote waren gleichzeitig ein Zuhause, mein „Zweitwohnsitz“ auf dem Wasser – nicht Teil einer One-Man-Inspiration, sondern Refugien der Familie. Gerade meine Boote würde ich alle zu gerne besuchen und erfahren, wie es mit ihnen und ihren neuen Eignern weiterging.

Deswegen war ich sofort Feuer und Flamme, als mich Vorbesitzer Uwe Kley anrief und nach seiner/meiner Reinke Taranga fragte. Bei ihm trug sie den Namen SPICA, ich hatte sie in LEVIATHAN umgetauft – und so heißt sie noch heute. Uwe hatte die 10 Meter lange Stahlyacht 1982 ausgebaut und 1999 an mich verkauft. Der Segler ist bereits 80 Jahre alt, die Gesundheit macht Probleme. Er würde sein Boot so gerne noch einmal sehen. Ich hatte das Boot 2002 weiterverkauft. Wo war es geblieben?

Warum manche Eigner nicht jeden Käufer akzeptieren

Zurück ins letzte Jahrtausend: „Das Boot ist noch zu verkaufen", meldete sich Eigner Uwe Kley bei meinem Anruf auf seine Annonce. „Doch bevor ich weiterrede, sagen Sie mir bitte, wie groß Sie sind."

Seltsame Frage. „1,80 Meter", antwortete ich.

„Das akzeptiere ich. Sie können vorbeikommen. Wir treffen uns am Stichkanal in Hannover-Linden. Das Boot steht an Land im Winterlager."

„Bin schon unterwegs", sagte ich. „Doch warum fragen Sie mich nach meiner Größe?"

Er antwortete: „Das Boot ist wie ein Kind für mich. Den Rumpf habe ich 1982 bei der Benjamins-Werft in Emden bauen lassen. Alles andere habe ich zusammen mit einem Bootsbauer selbst entworfen. Ich hänge daran, aber muss aus gesundheitlichen Gründen kürzertreten.

SPICA hat eine Stehhöhe von 188 Zentimeter. Wenn Sie größer wären, fühlen Sie sich auf die Dauer nicht wohl. Und wenn Sie sich auf SPICA nicht wohlfühlen, dann behandeln Sie das Boot schlecht. Das möchte ich nicht. Vor Ihnen hat ein Interessent angerufen, der größer war. Ihm habe ich abgesagt."

Oha, der Skipper schien es ernst zu meinen. So etwas denkt sich keiner aus. Ich nahm mir vor, das Boot über den grünen Klee zu loben, wenn es mir gefallen sollte. Wer beim ersten Besuch am Kind von jemandem herumnörgelt, fliegt gewöhnlich raus. Der kann gleich einpacken. Gespannt fuhr ich nach Hannover. Das Boot stand auf einem Werftgelände am Kanal hinter dem großen Güterbahnhof in Seelze. Seltsam, gerade hier eine Hochseeyacht zu besichtigen. Dann der erste Eindruck des Mannes: Mitte 60. Sehr höflich. Und er wusste genau, wovon er sprach. Der erste Eindruck vom Boot: Etwas unförmig mit dem stählernen Deckshaus. Dazu ein Doppelknickspanter. An Land nicht gerade elegant; dafür ungemein seetüchtig.

Uwe Kley stellte eine Leiter ans Boot und öffnete die Plane. Wir waren gespannt, wie sie unter Deck aussah, und wurden überrascht: Alles sah aus wie neu, das dunkle Holz war fein geölt.

„Ich nehme keinen Lack, damit das Holz atmen kann“, sagte Uwe. „Einen Kratzer kannst du mit Holzöl sofort beseitigen. Es ist nicht nötig, Lackschichten neu aufzubauen.“

Aha, wieder etwas gelernt. Am Hauptschott glänzte silbern ein Taylor-Schiffsofen. Sogar mit richtigem Schornstein, ummantelt von einem gelochten Edelstahlblech, spiegelblank poliert.

„Für den Ofen habe ich einen neuen Brenner in Reserve“, sagte Uwe. „Aber der ist eigentlich nicht notwendig. Der Ofen ist fast wartungsfrei. Keine Elektronik, funktioniert auch bei Lage.“ Wir setzten uns auf die Polster. Perfekt. Nicht durchgesessen. Nicht muffig. Warmes Moosgrün. Das mag nicht jeder, wir schon. Gemütlicher Kontrast zum Holz. Uwes Erklärung: „Die Polster sind für die Ewigkeit gemacht. Normalerweise wird das Kernmaterial für Flugzeugsessel verwendet. Ich habe eine kleine Menge kaufen können und Schiffspolster daraus anfertigen lassen. Möchten Sie auch was über den Motor erfahren? Er kommt gerade frisch restauriert von einer Bremer Motorenwerkstatt zurück. Kolben, Lager, Dichtungen, Aggregate: alles neu. Wenn Sie das Boot kaufen möchten, müssen Sie allerdings noch zwei Wochen Geduld haben. Sie sehen ja selbst, dass der Teppich etwas abgenutzt ist. Darum habe ich neue Auslegware bestellt. Muss ich nur noch verlegen und einpassen. Ist aber Qualität. Kommt von BMW. Autoteppich als Meterware."

Ich war sprachlos. Kein Gedanke daran, irgendetwas zu bemängeln. Denn da gab es nichts. „Kein Rost", hatte er in der Anzeige geschrieben. Das stimmte ebenfalls. Es war nicht der kleinste Rostpickel in der Bilge zu finden. Dazu fast nagelneue Segel. Eine Rollreffanlage im Mast und eine Rollgenua auf dem Vorschiff. Alles mit Rechnungen belegt. Der Preis von 50.000 DM war wahrlich nicht zu viel für ein hochwertig gebautes Boot der 10-Meter-Klasse.

So wechselte SPICA zu uns. Ich war dankbar, dass Uwe das Boot überhaupt verkaufte. Mehr Geld hatte ich nicht, aber ich wollte auch keinen Pfennig herunterhandeln. Wenn der Mann von „seinem Kind" sprach, dann gab ihm der Zustand des Schiffes recht. Eine Windsteueranlage ans Heck geschraubt und man hätte sofort zur Weltumsegelung starten können. Es würde Mühe und Anstrengung kosten, SPICA überhaupt in diesem guten Zustand erhalten zu wollen. Viel brauchte ich nicht zu ändern. Ein paar zusätzliche Leselampen und Steckdosen. Ein Autopilot vom Typ Navico TP 300. Eine Rettungsinsel. Und ein neuer Name: LEVIATHAN.

Im April 2000 kam das Boot ins Wasser. Mit Uwe verband mich weiterhin eine herzliche Freundschaft, die bis heute andauert. Er hat nach SPICA kein neues Segelboot mehr gekauft. Noch immer schätze ich seine Bootsbau-Fachkenntnis. Uwe ließ es sich nicht nehmen, uns auf dem Mittellandkanal bis zur Hindenburgschleuse in Hannover-Anderten zu begleiten. Unterwegs erklärte er die letzten technischen Einzelheiten.

In der Schleuse ging Uwe von Bord. Seine Frau holte ihn ab. Sie hatte noch die letzten Sachen dabei, sogar passend genähte Bettwäsche für das Vorschiff. Der arme Uwe. Standen Tränen in seinen Augen? 18 Jahre war er mit dem

Schiff unterwegs gewesen, hatte seine Zeit und seine Liebe dafür gegeben. Als er von Bord ging, war ich zu aufgeregt, um weiter darüber nachzudenken. Auf den ersten Fahrten mit einem neuen Boot höre ich nur die Maschine, achte auf den Kühlwasseraustritt, kontrolliere die Dichtigkeit von Leitungen und Seeventilen. Unsere weitere Fahrt auf dem Mittellandkanal verlief ruhig. Vorbei an Braunschweig bogen wir „links" in den Elbe-Seitenkanal. Nach elf Stunden Fahrt fanden wir gegen 21 Uhr an der Liegestelle „Weißes Moor" einen Platz für die Nacht. Das wurde auch Zeit, mit 3 Grad war es an diesem 8. April verdammt kalt. Doch unten konnte ich den Dieselofen befeuern, der keinen Strom benötigt. Hier erfuhr ich zum ersten Mal das beglückende Gefühl, autark auf einem Boot unterwegs zu sein, wenn es gut ausgestattet ist. Den Taylor-Dieselofen werde ich vielleicht sogar noch auf meinem derzeitigen Schiff FUCHUR nachrüsten, obwohl sie eine komfortable Heizungsanlage hat.

Einige Fahrten mit LEVIATHAN habe ich im Buch *Wie wir im Norden segeln.* beschrieben – auch die Nacht im Sturm auf der Nordsee. LEVIATHAN hat mir damals das Leben gerettet: in der Außenelbe auf dem Kurs nach Helgoland, um Mitternacht bei nicht angekündigtem Nordwest von 11 Beaufort in einer unglücklichen Konstellation von Wind gegen Strom. Dieses frühe Nordseeerlebnis ließ uns in die Ostsee abdrehen. Ich hatte noch keine Erfahrungen im Gezeitensegeln unter schweren Bedingungen. Erst später, mit PALOMA, kam die Erfahrung, um auch Gästen an Bord das sichere Segeln im Sturm zu vermitteln. Braves Boot. Trotzdem habe ich es 2002 weiterverkauft, als Autobahnbaustellen und motorbetriebene Schlauchbootkids in unserem Ostseehafen die Oberhand gewannen. Wir waren „autobahnmüde" und mochten keinen Krach. Daher wechselten wir für drei Jahre wieder auf trailerbare Boote.

Der Interessent Dirk Krauss ist Fotograf. Beim Besichtigungstermin war er misstrauisch, warum ich das Boot nach so kurzer Zeit wieder verkaufen wollte. Ich konnte seine

Zweifel schnell zerstreuen und hatte nur Bedenken, dass ihn die Konservierung des schlecht zugänglichen Falzes der Fußreling stören könnte. Uwes Zweifel, es an keine zu großen Interessenten zu verkaufen, ignorierte ich einfach. Dirk ist 1,90 Meter groß, doch er hatte sich gleich beim ersten Mal in die Stahlyacht verliebt und segelte LEVIATHAN mehr als ein Jahrzehnt begeistert weiter. Der 51-Jährige lebte zeitweise an Bord, bis er sich ein komfortableres Boot mit mehr Stehhöhe für sein Gardemaß wünschte und auf eine breitere Westerly Sealord wechselte: 11,75 x 4 Meter statt 10 mal 3,25 Meter der Reinke Taranga … dazwischen liegen tatsächlich Wohnwelten. Nachdem ich zehn Jahre nichts mehr von ihm und der Reinke gehört hatte, stieß ich zufällig im Buch *GewitterSegeln*, in dem Dirk seinen Bericht einer Sturmfahrt mit LEVIATHAN niedergeschrieben hatte, auf mein altes Schiff.

Inzwischen hatte es Dirk verkauft. Der jüngste Eigner ist der 44-jährige Mike Güllekers aus Düsseldorf. Er verlegte LEVIATHAN nach Monnickendam ans Ijsselmeer und begann nach einer Segelsaison, es komplett zu restaurieren: sandstrahlen, neu lackieren, innen die Einrichtung runter bis auf den nackten Stahl ausbauen und praktisch wieder ein neues Boot schaffen – genau nach seinen Vorstellungen.

Vier Kapitäne.

An einem Samstag im Februar 2015 hole ich den inzwischen 80-jährigen Uwe in Bad Nenndorf ab, erfülle ihm seinen Wunsch und fahre mit ihm 350 Kilometer in die Niederlande zu seinem Boot, das er seit der Übergabe im Jahr 2000 nicht mehr gesehen hat. Mit Dirk und Mike haben wir uns um die Mittagszeit verabredet. Als wir in Monnickendam aus dem Wagen steigen und die beiden treffen, verbindet uns vier sofort ein nicht zu erklärendes Gemeinschaftsgefühl. Schon unterwegs erzählt Uwe von seinen Abenteuern mit dem Boot: vom Bau in der Benjamins-Werft in Emden, vom Transport nach Hannover, von den Tücken des Ausbaus und den ersten Farbexperimenten, als er der Verlockung unterlag, auch die letzten Dosen roter Farbe einfach zu verstreichen. Er und seine Frau Renate waren damals in unserem Alter, als sie sich als Selbstausbauer an das Projekt wagten. Auf Fotos dieser Zeit sehe ich einen sportlichen Skipper mit viel Elan, aber auch Renate beim Streichen des Rumpfes und in Schiffsschleusen an der Pinne. Ihre Fahrten waren lange Zeit ungeschützt – ohne Sprayhood –, bis sie das feste Doghouse nachrüsteten. Die senkrechten Scheiben aus Lexan sind ein wirklich guter Wetterschutz, unter dem ich mich vor der kalten Gischt so manches Mal ducken konnte, weil man die lange Pinne von dort aus noch erreichen konnte.

„Als wir unterwegs waren, gab es gerade die ersten Funknavigationsgeräte", erzählt Uwe. „GPS-Empfänger lagen noch in der Zukunft. Es wurde nach alter Art gekoppelt und selbst ein einfacher Landfall war auf der Ostsee noch ein echtes Abenteuer." Dreimal waren sie auf Bornholm, dreimal auf Anholt. Ihre Kurse auf Leviathan führten sie nach Oslo, durch den Limfjord, an die schwedische Schärenküste und bis nach Danzig. Damals war der Kalte Krieg noch nicht vorbei, sie mussten einen großen Bogen um die Hoheitsgewässer der DDR fahren. Als sie nachts bei schlechter Sicht und Flaute nach der Ansteuerungstonne zum Fahrwasser nach Danzig suchten, wurden sie von der polnischen Küstenwache aufgebracht. Unter dem Vorwurf, sie wären in militärisches Sperrgebiet eingelaufen, landeten sie vor einem polnischen Seegericht: 1000 Mark Geldstrafe, zahlbar in bar. Zum Beweis diente ein alter Zettel, auf dem der Kommandant des Wachbootes ihren Kurs notiert hatte. Zurück in Deutschland erfuhr Uwe, dass ein Segelkumpel ebenfalls mit dem gleichen Zettel als „Beweis" verurteilt worden war. Da lag der Verdacht auf staatliche Devisenbeschaffung nah.

Und dann sind wir da und betreten zusammen die Halle, in der Mike gerade das Boot überholt. Uwe darf vorangehen. Er schaut auf den mächtigen Rumpf, den Mike neu lackiert hat. Es ist noch immer „sein" Rot, das mindestens viermal aufgetragen werden muss, bis es deckt, aber dafür weithin zu erkennen ist. Der Wasserpass hat nach wie vor keinen Zierstreifen, aber die Fußreling hat Edelstahlbleche als Scheuerleisten erhalten. „Davor haben GFK-Bootfahrer beim Anlegen im Päckchen Respekt", lacht Mike. Es ist ein selten berührender Moment, als Uwe „sein Kind" wiedersieht, seine Hände über den Stahlrumpf streichen und ihm sofort jedes technische Detail einfällt: „2000 Kilogramm Blei haben wir eingegossen – 200 Kilogramm mehr, als Konstrukteur Kurt Reinke errechnet hatte. Ich wollte etwas mehr Sicherheit." Und dann erzählt Uwe, wie er auf der Fahrt von Fehmarn nach Neustadt in Holstein gegen den Konstrukteur segelte: „Kurt Reinke war mit seinem längeren Boot unterwegs und hatte mehr Segelfläche zur Verfügung. Bei Dahme hat er am Kap über den Unterwasserfelsen geschnippelt, deswegen hat er knapp gewonnen. Aber auf dem Törn zurück nach Fehmarn lagen wir Bug an Bug. Er war überrascht, welches Potenzial eine Taranga hat. Damals hatte ich noch die kleine Selbstwendefock und nicht die große Genua, sonst hätte ich bestimmt gewonnen."

Als Uwe vorsichtig die Leiter hinaufklettert, muss ich schlucken. Was für ein anrührender Moment. Er schaut in den leeren Rumpf, der noch den Teergeruch der Farben ausströmt, die er einst vor einem halben Leben aufgetragen hat. Mike hat die Farbe weitgehend abgetragen, um den Rumpf innen neu zu konservieren. Aber tatsächlich fand er nur zwei reparaturwürdige Roststellen. Unter drei Klampen hatten sich durch Kondenswasser Lecks gebildet. Und der 170 Liter fassende Stahltank im Kiel wies ein winziges Loch auf, das bei der Generalüberholung gerade noch rechtzeitig festgestellt wurde. Für ein 33 Jahre altes Stahlboot eine gute Bilanz. Und so erhält Uwe respektvolle Schulterklopfer für seine solide Konservierung.

Unterdessen schießt Dirk fleißig Fotos. Er segelt seit seinem elften Lebensjahr. Der Fotograf hat seine große Kamera und ein Stativ dabei. Auch ihm geht dieser Moment nah, als er Uwe auf der Leiter sieht. Von allen vier Skippern hat er vielleicht die meiste Zeit an Bord verbracht, als er rund 120 Tage im Jahr darauf lebte. Der Kölner ist in seiner ersten Saison noch in der Ostsee gesegelt, doch die Anreise von sieben Stunden wurde ihm zu lang. So verlegte er seinen Liegeplatz in die Niederlande. Von der Provinz Zeeland war sein Lieblingsrevier im Südwesten Englands nicht weit: Gut 40 Mal hat er den Ärmelkanal überquert – er liebt Dartmouth am River Orwell, Harwich, Ramsgate. Für lange Seestrecken schraubte er einen Windpiloten ans Heck, mit dem LEVIATHAN ganz vorzüglich ohne seine Hand am Ruder segelte – und das gar nicht langsam. Wie Uwe, Mike und ich schätzt er die Sicherheit einer rundum verschweißten Yacht aus Metall: „Da gibt es keine Verbindungen verschiedener Materialien an Kiel, Püttingen oder Relingstützen, die undicht werden könnten. Die Innensteifigkeit durch verschweißte Stringer und Schotten ist auch unübertroffen, ebenso wie die Kollisionssicherheit."

Dirk weiß genau, wovon er spricht: Er ist gelernter Maschinenschlosser. Als einziger Schwachpunkt des Bootes wird von allen der etwas unterdimensionierte Bukh-Diesel erachtet: 20 PS sind für 7 Tonnen im Tidenrevier nicht besonders viel, auch wenn er über ein ordentliches Drehmoment verfügt. Es war Uwe, der die Maschine noch 1998 in Bremen überholen ließ: neue Kolben, Lager, Einspritzdüsen. Sie hat in all den Jahren keinen von Uwes Nachfolgern im Stich gelassen. Nur der Auspuffkrümmer ist viermal durchgerostet.

Als ich das Deck betrete, spüre ich sofort wieder die Solidität dieser Yacht, ihre seegerechte Ausstattung. „Benjamins hat für das Deck 4 statt 3 Millimeter dicke Bleche verwendet", erzählt Uwe. „30 Millimeter dick ist die Kielplatte, 6 und 5 Millimeter stark sind die Bleche des Unterwasserschiffs."

Irgendwie wird wohl jede Reinke schwerer als geplant. Aber egal, eine Reinke verliert niemals ihren Kiel, wie es jüngst etwa bei mehreren Yachten aus GFK passiert ist. Uwe kennt noch jedes Detail und auch ich erinnere mich wieder an das „Feeling", das diese Yacht vermittelt. Ihr Laufdeck hat im Gegensatz zu meiner neuen Reinke Super 11 viel Platz, wenn man aus dem Cockpit nach vorn geht. Ungewohnt ist nur der schräg abfallende Winkel, aber überkommendes Wasser schüttelt das Deck schneller wieder ab. Mustergültig ist auch der Handlauf auf dem Doghouse. Rundum hat LEVIATHAN nun getönte Lexanscheiben bekommen. Mike mag es etwas blickdichter.

Vier Männer. Ein Boot. Eine Geschichte.

Zum Mittagessen schlendern wir durch die Gassen von Monnickendam, finden ein Restaurant und klönen über das Boot.

Mike: „Das Küchenbullauge werde ich noch wechseln, da steht immer Regenwasser drin."

Uwe: „Stimmt, da regnet es rein, das hatte ich mir damals nicht gut überlegt."

Dirk: „Ich habe extra noch einen Kartentisch eingebaut, aber eigentlich ist er überflüssig."

Mike: „Als Ablage ist er nicht schlecht. Sorgen bereitet

mir die Elektrik, teilweise Plus und Minus in Braun …“

Holger (verlegen): „Da hatte ich mal schnell eine Steckdose zum Handyladen verlegt und nur noch ein Lautsprecherkabel gehabt.“

Mike: „Ich will nun einen Magnetkompass haben, auch wenn das Kalibrieren auf einem Stahlboot aufwendig ist.“

Uwe: „Ja, der elektronische Kompass hat immer wieder Probleme gemacht.“

Dirk: „Beim Kauf von Holger gab er einen Nachlass, weil der Kompass nicht funktionierte. Bei mir ist er auch mehrfach ausgefallen.“

Mike: „Jetzt bekommt das traditionelle Boot die modernste Elektronik. Alle Kabel werden in Kanälen auf den Verkleidungen geführt und die Geräte per NMEA 2000 vernetzt, dann kann ich sie sogar per Fernsteuerung auf das iPad legen. Aber Redundanz ist trotzdem wichtig – ich will lernen, wie man einen Sextanten bedient.“

Holger: „Ich habe früher nie Geräte vernetzt und setzte auf einzelne Komponenten. Übrigens mag ich heutzutage eine komfortable Radsteuerung lieber.“

Mike: „… die Pinne ist aber solide, das wissen selbst die Möwen. Sie haben sogar ihre Muscheln darauf geknackt.“

Dirk: „Radsteuerung ist vergleichsweise Käse. Ich will spüren, was das Boot will. Außerdem ist LEVIATHAN sehr kursstabil. An der französischen Küste auf dem Kurs nach Boulogne bin ich vor dem Wind mit Schmetterlingssegeln und Bullentalje bei hoher Welle stundenlang unter elektrischem Autopilot gesegelt …"

Uwe: „Am Wind reicht meist die Genua, dann hält die Taranga auch ohne Autopilot den Kurs. Heutzutage kann man ja sogar den Plotter damit verbinden und Wegpunkte automatisch absegeln lassen.“

Dirk: „Ja, aber davon halte ich nichts. Man ist dann irgendwie nicht mit dem Kurs verbunden, ist nicht richtig wach. In Küstennähe können sich schnell Navigationsfehler einschleichen."

Mike: „Bei achterlichem Wind am Liegeplatz pumpt der Mast laut und vernehmlich."

Uwe: „Das hat er bei mir auch getan, deswegen habe ich Windabweiser angeklebt, doch die sind wieder abgefallen."

Dirk: „Stimmt, ich habe den Zettel des Herstellers im Bordbuch gefunden – gegen das Pumpen habe ich einen Fender in den Mast gebunden, das hat auch geholfen."

Uwe: „Ich sehe mit Freude, dass die Doradelüfter immer noch stehen. Sie waren damals schwer zu bekommen."

Dirk: „An diesem Boot ist alles solide."

Mike: „Nicht mal die Polster hatten Sitzdellen, so was gibt es heute bestimmt nicht mehr."

Uwe (grinst verschmitzt): „Den Schaumstoff orderte auch die Lufthansa; ich habe ihn durch Beziehungen von Continental aus Hannover bekommen."

Dirk: „… und deine BMW-Teppiche waren auch im Jahr 2013 noch drin, als ich das Boot für 27.000 Euro an Mike verkauft habe. Der Wert von LEVIATHAN blieb über die Jahre stabil."

Mike: „Weil es so ein robuster Rumpf ist, habe ich die Yacht gekauft und investiere nun diese gewaltige Arbeitszeit."

Uwe: „Ich kann mir das sehr gut vorstellen. Du musst nachbauen, was ich 1982 vor mir hatte. Warum tust du dir das an?"

Mike: „Eigentlich passen die Arbeiten jetzt nicht in unsere Familienzeit. Mein Sohn ist ein Jahr alt, ich habe einen anstrengenden Job und wir leben in Düsseldorf, aber nach der ersten Saison auf dem Veersemeer und dem Ijsselmeer wussten wir genau, was wir ändern möchten. Also haben wir uns für den Neubau im betagten Rumpf entschieden. Beispielsweise wollen wir die Koje vorne verlängern, aber wir müssen sie um das Ofenrohr herum bauen."

Dirk: „Dann lass doch den Kartentisch weg, der ist überflüssig. Ein Schiebebrett über der Hundekoje tut es auch."

Holger: „Hast du dir mal überlegt, weiße Flächen mit dunklen Leisten zu verwenden – im amerikanischen Bootsbaustil? Das würde alles größer und freundlicher wirken lassen."

Uwe: „… und die Toilette würde ich weiter nach achtern setzen."

Mike (grinst): „… ich merke schon, wie ihr eure Vorstellungen nachträglich umsetzen wollt, aber jetzt bin ich am Ruder und werde erst mal einen provisorischen Probeausbau machen, bis alles passt."

Uwe: „Wird es nicht zu teuer, das Boot ewig lange in der Halle stehen zu lassen? Andererseits sind die Arbeiten draußen auch nicht so gut. Sobald ich damals eine Dose Farbe öffnete, kam sofort eine Regenwolke oder ein Gewitter …"

Mike: „Dann müsste ich ja das Werkzeug und Baumaterial immer wieder gegen die Witterung und gegen Diebstahl sichern. So bin ich da und kann gleich loslegen."

Dirk: „Da liegen aber noch locker 2000 Arbeitsstunden vor dir. Wann willst du fertig werden?"

Mike: „2016 werden wir nicht fahren können. Ich nenne besser keinen Termin, aber irgendwann schwimmt LEVIATHAN wieder. Nach dieser Konservierung wird uns LEVIATHAN wohl alle überleben."

Am Ende dieses Tages denke ich nach, ob ich mich noch einmal für LEVIATHAN entscheiden würde?

Nüchtern betrachtet, spricht für ein Gebrauchtboot zunächst der günstigere Preis. Ein gebrauchtes Boot ist in der Regel vollständig ausgestattet. Hinzu kommt der Grad der Bewährung durch die Fahrten der Vorbesitzer. Wenn der Rumpf nach 10 oder 20 Jahren noch tadellos ist, warum sollte sich das in meiner avisierten Nutzungszeit von vielleicht weiteren 20 Jahren ändern? Kann ich denn bei einem neuen Boot sicher sein, dass die Werft gut gearbeitet hat? Garantieansprüche helfen mir draußen auf hoher See zunächst nicht weiter. Und abgesehen vom luxuriösen Gefühl, Erstbesitzer zu sein: Für den Preis von LEVIATHAN hätte ich gerade mal ein neues GFK-Boot von nur 6,50 Metern mit Krabbelkajüte und einer Tonne Gewicht bekommen, im Seegang ständig dümpelnd, wahrscheinlich ohne Sprayhood und Motor. Was für ein Vergleich: Ein „Seezwerg aus Plastik“ gegen einen soliden Boliden.

Wenn ich müsste: Jederzeit würde ich LEVIATHAN wieder den Vorzug vor einem fragilen Leichtbau geben. Wegen ihrer Sicherheit und ihrer Patina. Und auch wegen der Spuren und Erfahrungen, die ihre Eigner auf diesem Schiff hinterließen.

Von Schiffen als Lehrmeistern.

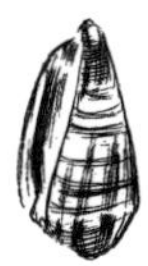

Schiffe, wie auch das Meer selbst, sind erstaunliche Lehrmeister. Geduldig bis zu einem gewissen Punkt. Dann streng. Im Einzelfall unbarmherzig. Nicht nur ich habe viel von ihnen gelernt.

Arno: Und dann fuhr er einfach aufs Meer.

Das Wattenmeer ist ein besonderes Meer. Hier gelten andere Gesetze: Eben erscheint es noch als eine weite Wasserfläche, dann liegt ein Gewirr von mehr oder weniger befahrbaren Rinnen voraus. Von übertriebener Ehrfurcht vor der Nordsee sollte man sich aber nicht bremsen lassen. Der Schutz der vorgelagerten Inseln ermöglicht es auch Anfängern, hier ihre Lehrzeit zu verbringen, wie die folgende Geschichte einer Erstfahrt zeigt.

Seine Westerly Centaur liegt klar zum Auslaufen in Greetsiel. Mit seinem Kimmkieler ist Arno einen Tag zuvor über das Binnentief von Norden zum malerischen Kutterhafen gefahren, damit wir zusammen das 8 Meter lange Boot in seinen avisierten Heimathafen nach Norddeich überführen. Ich sehe es zum ersten Mal und muss schmunzeln: Eine orangefarbene Schwimmleine liegt als Festmacher als großer Haufen auf der Stegklampe – der nächtliche Starkwind hat die Strippe zum dünnen Bindfaden gereckt. Eigentlich dient sie als Wurfleine für den Rettungskragen. Aber woher soll er das wissen? Die Tüte mit den neuen Festmachern und dem Rest der Ausrüstung hat er noch nicht ausgepackt, er ist bisher nicht dazugekommen. Dafür hat er den Mut bewiesen, sich ganz schnell der Seglerszene anzuschließen.

Jetzt strahlt er übers ganze Gesicht: Es ist sein erstes Boot, heute folgt sein erster Segeltörn auf dem Meer, seine erste Wattfahrt. Dabei ist er an der Küste aufgewachsen, betreibt nebenbei noch einen Pferdehof in der Nähe von Norden. Ich finde es erstaunlich, dass ich einen waschechten Ostfriesen im Schlepptau habe und ihm quasi „sein Meer“ erkläre. Gleichzeitig erinnere ich mich an meine erste Meeresfahrt, bei der mir auch ein erfahrener Skipper zur Seite stand.

Er ist mir quasi zugelaufen, ein 45-jähriger Kollege, versetzt von einer anderen Dienststelle direkt in das Nachbarbüro. Just als ich eine Betriebssportgruppe für angehende Segler ins Leben rufe, um Newcomer zu shanghaien, ist er da. Arno ist ein unbeschriebenes Blatt, was Boote angeht. Doch er entpuppt sich als mein konsequentester Schüler: Eine Woche nach dem ersten Informationsabend meldet er sich in Bremen zum Sportbootführerscheinkurs bei der Bootswerft Maleika an. Segellehrer Nicolai Garrecht nimmt ihn unter seine Fittiche. Arno besteht die See- und Binnenprüfungen auf der Weser im ersten Anlauf und präsentiert stolz seine Patente. Sogar den Binnensegelschein hat er in der Tasche, ersegelt in einer Jolle auf der Weser im Windschatten der Kellogg's-Werke, wo es stets nach Honig duftet.

Nun muss ein eigenes Boot her, die Saison ist noch jung. Maximal 10.000 Euro will er in sein erstes Boot investieren, das groß genug sein muss, um mit der Familie auch ein paar Urlaubstage im Wattenmeer verbringen zu können. Weil er mit Tidenberechnungen noch keine Erfahrung hat, sollten die Zeitfenster zum Überqueren der Untiefen von Baltrum nicht zu knapp ausfallen. Da ist ein Tiefgang von maximal 1 Meter von Vorteil. Und einfach müsste das Boot sein, wenig Schnickschnack, keine Kostenfallen durch Reparaturen in unzugänglichen Kielkästen enthalten, aber doch tauglich zum Trockenfallen. Immer wieder kommt er mit neuen Vorschlägen. Wir verwerfen überführungsproblematische Angebote aus Großbritannien, bis er die Westerly für 8000 Euro gleich um die Ecke in der Bootshalle von Norden findet. Unter der Bedingung, ein seeklares und osmosefreies Boot zu bekommen, vermittelt der Werftchef die Übergabe: Schon ist Arno frischgebackener Skipper auf zwei eigenen Kielen: Tiefgang 90 Zentimeter.

Gekauft hat er zunächst nur ein relativ nacktes Boot, das außer einem 25-PS-Volvodiesel und einem Echolot praktisch leer ist. Also fahren wir zusammen zum Ausrüster. Arno ordert die Erstlingsausstattung für sein Baby: GPS, Fernglas, Kompass, Festmacher, vier Rettungswesten, eine Kartusche Pantera-Dichtungsmittel (man kann ja nie wissen) und einen Seekartensatz, Ostfriesische Inseln. Schwupps, schon wandern 800 Euro über den Tresen. Und er fühlt sich förmlich erschlagen, welche „Wohnideen" er für seine betagte Britin noch entdeckt. Entdeckt hat er eine Woche später auch den Originalkompass der Westerly, den der Vorbesitzer unter der Koje gelagert hatte. Ein Heizlüfter wird folgen, ein Seefunkgerät und eine elektronische Seekarte für sein Tablet. Ich lade mit ihm die Navigationssoftware Navionics als App. Ganz Europa gibt es für 69 Euro. Dass er auch Klebebuchstaben für den Schiffsnamen und Heimathafen benötigen würde, ahnt er nicht und ich gehe vor dem ersten Törn davon aus, dass sein Boot bereits einen Namen hat.

„Boot ohne Namen", trägt die Hafenmeisterin von Greetsiel ein. Wie gesagt, Arno hat viele Hobbys, eine 1200er BMW steht auch in seiner Scheune, da kann man nicht gleich alles wissen, geschweige denn eine Bootstaufe zelebrieren. Aber er weiß immerhin, wo er einen Tiefbettanhänger für den Kimmkieler organisiert, den er mit seinem Trecker bis in seine Scheune ziehen kann.

„Wie heißt das Boot?", ruft eine Seemeile nach Verlassen von Greetsiel der Schleusenwärter zu uns hinunter, denn auch er muss sein Dienstbuch korrekt führen und kann den Verdacht nicht ausschließen, dass hier zwei Laien gerade ein Boot klauen wollen. Dann würde er einfach beide Tore schließen, in Ruhe auf die Polizei warten und den Dieben beim Fluchtversuch von oben an der Kammerkante auf die Finger treten. Doch Arno holt seine verbale Geheimwaffe raus und antwortet im breiten ostfriesischen Dialekt mit rollendem R: „Das Boot heißt WESTEREEN".

Der Name ist frisch ausgedacht und auf Lebenszeit für gut befunden. Den Namen seines Heimatdorfes kennen nur Einheimische. Er würde den Namen auch gleichzeitig als Heimathafen ankleben. Ich weise ihn auf anstehende Probleme in künftigen Häfen bei den Anmeldungen hin. Arno überlegt nur kurz und entscheidet sich für Norddeich als Heimathafen. Da hat er zwar noch keinen Liegeplatz und eigentlich ist der Yachtclub gerade ausgebucht, aber mit etwas Glück hofft er auf einen Dauerliegeplatz, den man eine Woche später tatsächlich für ihn frei macht. Auch da hilft der Vertrauensvorschuss, gewährt wegen seines plattdeutschen Dialekts. Einen wie ihn nimmt man gerne auf. Er will auch nirgendwo anders hin, allein schon wegen seines Lieblingslokals: „Meta's Musikhalle" heißt die ostfriesische Kultdisko, schon in den 60er-Jahren von der resoluten Namensgeberin eröffnet. Und wenn er da regelmäßig einkehrt, braucht er bei dem nahen Liegeplatz kein Taxi mehr, kann an Bord schlafen und am nächsten Tag mit dem Zug von Norddeich-Mole nach Bremen zum Dienst fahren. So streichen wir Accumersiel als Alternative. Doch weil der küstennahe Prickenweg von Greetsiel nach Norddeich eingezogen wurde, müssen wir erst bis Juist fahren und haben eine lange Schleife durch das Wattenmeer über einige Untiefen zu schippern.

Die spontan getaufte WESTEREEN verfügt über ein modernes Echolot, sogar „vorausschauend". Doch die Menüführung ist ohne Anleitung kompliziert. Wir wissen beide nicht, ob es den tatsächlichen Wasserstand oder die verbleibende Wassertiefe unter dem Kiel anzeigt, dann wären es 90 Zentimeter weniger, was im Wattenmeer „Welten" bedeutet. Während ich als Bootsschlaumichel noch herumdeute und mich frage, ob man im modrigen Grund eine Handlotung durchführen könnte, schüttelt Arno eine Antwort aus dem Ärmel, auf die ich nie gekommen wäre: Bei der Schleusenausfahrt hat er auf den Pegel der Kammer geschaut. Und siehe da: Er entspricht genau der Anzeige des Echolots. Das heißt für ihn ab sofort: Immer schön 90 Zentimeter abziehen und später in Ruhe das Instrument kalibrieren. Wieder stelle ich fest, wie man als vermeintlich erfahrener Seebär auch von den Fragen und Ideen der Laien profitiert.

Die Fahrt heute ist zugleich sein erstes Schleusenmanöver. Ich zeige ihm, wie man rechtzeitig die Leinen klarlegt und warum man stets zügig bis nach vorne, aber nicht über den Drempel fährt – also den Mauervorsprung, über dem sich das Schleusentor befindet. Am Vortag hat er bereits die kleine Schleuse zwischen Norden und Greetsiel allein bewältigt, aber sie hatte einen moderaten Hub. Wenig später hängt Arno jedoch vor einer Klappbrücke fest, an der keine Telefonnummer steht. Er ruft den Schleusenwärter an. Der weiß Rat und so öffnet sich alsbald die Brücke in der Einsamkeit der ostfriesischen Tiefebene.

Auch für uns öffnen sich nun die Schleusentore. Kalter Nordwind steht uns entgegen, aber die Westerly schiebt locker mit 6 Knoten bei 1800 Umdrehungen gegenan. 25 Pferdestärken haben mit 3 Tonnen Bootsgewicht keine Mühe, 15 PS würden auch reichen. Bis zur Nenndrehzahl wird der Volvo gar nicht erst hochgejubelt, sonst würde sich das Heck nur unnötig festsaugen, und so halten sich die Vibrationen in Grenzen. Arno steht an der Pinne. Da das Boot bei Maschinenfahrt kräftig nach Backbord drehen will, steuert er es freihändig mit dem Knie, an das sich die Pinne automatisch schmiegt. Ich schaue zu, wie er die Tonnenfarben deutet, wenn er nun auf die See hinausfährt. Eigentlich wäre das ganz einfach, aber in der Passage vor der Schleuse wechselt die Betonnung die Seitenfarben zur West-Ost-Richtung. Ein Blick in die Seekarte verleiht Klarheit. Wir loten fleißig, haben zwei Stunden vor Hochwasser bis zur ersten Untiefe gut 4 Meter Wassertiefe voraus und ich beobachte, wie Arno den Tonnenstrich abfährt. Als wir in einen Bereich mit kräftigem Querstrom kommen, lässt Arno das Schiff schnell abdriften, meint aber immer noch, direkt die Tonne anzusteuern. Das ist ein typischer Anfängerfehler, den jeder Stromneuling macht. Man muss sich stets umdrehen und schauen, ob das Boot auf einer Linie mit den Tonnen liegt. Auch „alte Hasen“ vergessen diese Stromnavigation gelegentlich. Eine halbe Stunde später steuern wir auf die Untiefe zu. Das letzte Mal war ich 2006 hier und weiß nicht, ob und wie sie sich verändert hat. Arno lässt die Westerly immer noch mit 6 Knoten laufen. Ich mahne ihn, genau das Echolot zu beobachten. Als wir nur noch einen Meter unter den Kielen haben, greife ich ein und reduziere die Fahrt auf 2 Knoten. Das britische Boot wurde 1978 zwar stabil gebaut, aber einen GFK-Rumpf sollte man nicht mit Höchstgeschwindigkeit auf eine Sandbank setzen.

Eine Seemeile vor Juist fallen wir auf Ostkurs ab und wenden uns Richtung Norderney. Bei halbem Wind setzen wir die Rollgenua. Sie steht einwandfrei, hat sogar noch neue Falten und wurde wohl kaum benutzt. Bei 4 Beaufort setze ich auch das Großsegel, trimme den Baum mangels Niederholer mehr schlecht als recht und ab geht die Post. Arno steuert souverän, als hätte er nie etwas anderes getan. Von wegen, man müsse sich langsam bei den Bootsgrößen hochdienen ... Von dieser These halte ich wenig. Zwar lernt man auf einem kleinen Boot besser den Feintrimm, aber warum sollte man seine Zeit und sein Geld mit dem Erklimmen diverser Stufen verschwenden, wenn man schon weiß, welchen Komfort man anstrebt? Man kann einen Anfänger ans Rad einer 12-Meter-Yacht stellen und er wird sie ebenso gut steuern wie ein Trailerboot; vielleicht noch sicherer, weil ein derartiges Schiff in der Regel kursstabiler ist. Erst bei Vorwindkursen und Hafenmanövern ist Erfahrung gefragt, aber daran kann man sich auch bei Schwachwind herantasten.

In Norddeich angekommen steht der Nordwind quer zu den Fingerstegen. Das Anlegemanöver klappt im zweiten Anlauf. Da muss Arno noch unter verschiedenen Bedingungen üben, aber er kennt bereits den Radeffekt seines Schiffes und hat sich für Backbord als Lieblingsseite entschieden. Dass ein Anlegemanöver mal nicht problemlos bewältigt wird, ist ganz normal. Als ich im Mai 2016 bei frischem Wind von achtern an einem Fingersteg von Wangerooge anlegen will, verfehlt das Auge meiner Springleine die Klampe und hängt im Wasser. So konnte ich nicht aufstoppen, ohne die Leine in den Propeller zu ziehen. Rumms – die 10 Tonnen der FUCHUR wurden erst durch das Brückengeländer zum Schwimmsteg gestoppt. Es ist eben niemand perfekt.

Ich beginne mit der technischen Bestandsaufnahme der Westerly. Die Kiste muffelt. Der Dieselgeruch muss aus dem Schiff heraus. Arno hat beim Tanken per Kanister gekleckert, der Gestank hat sich nun über den Motorraum im ganzen Boot verbreitet. Auch die Toilette funktioniert nicht, obwohl die Seeventile geöffnet sind. Die Pumpendichtung ist hin. Für den nächsten Winter sollte er die festsitzenden Seeventile der britischen Produktion gegen Kugelhähne austauschen. Ein Seewasserfilter vor der Impellerpumpe und doppelte Schellen wären auch nicht schlecht. Zuletzt zeige ich ihm, wie der Feintrimm des Riggs erfolgt und wozu das Babystag dient.

Dabei erinnere ich mich wieder an meinen ersten Meerestörn: Damals war Wolfgang Funke mein Mentor, der mir erst den richtigen Tonnenblick beibrachte und mir die notwendigsten Kenntnisse des Seesegelns vermittelte. Auch ich hatte mir damals mit einer Mirage 28 einen britischen Kimmkieler gekauft. Wir segelten das Boot zusammen von der Jade in die Ostsee.

Arno ist nun auch an diesem Wegpunkt angekommen: Er hat ein Boot, seetauglich, einwandfreie Maschine, gut stehende Segel, in dunklem Blau neu lackiert. Und es ist wahrlich kein rotter Kahn. Vom ersten Entschluss, segeln zu wollen, über den Führerschein bis zum Überführungstörn hat es ein gutes Jahr gedauert. Ich beneide ihn um das, was nun folgt. Jede Insel und jedes Yachtritual erlebt er zum ersten Mal. Die See wird sich als gute Lehrmeisterin erweisen, da bin ich mir sicher. Arno musste mir nur versprechen, beim Verlassen des Wattenmeeres vor der ersten Ansteuerung eines Seegatts bei mir anzurufen, damit ich Tide, Wasserstand und Windrichtung für ihn beurteile. Ich will ihn nicht in einer Grundsee verlieren.

Der neue Skipper bekommt das alles in den Griff. Und welcher alte Seebär freut sich nicht, wenn ein Einsteiger Fragen hat? Junge Leute sind mir in diesen Wochen auffällig viele in den Häfen begegnet. Sie verjüngen die Szene, sind zwischen 20 und 45 Jahre alt. Ich meine, ihn zu erkennen, den Trend zum Urlaub an heimischen Küsten auf eigenen Kielen. Oft wurde der Kauf spontan getätigt und ihre Schiffe haben vielleicht etwas zu viel Tiefgang für das Wattenmeer. Dennoch blicken sie stolz auf ihre Neuerwerbung. Wenn ich diese Neueigner frage, welches ihre Beweggründe für einen Kauf waren, haben alle die gleichen Argumente: ihren Traum von der Freizeit auf dem Wasser verwirklichen. Viele argumentieren mit den gesunkenen Gebrauchtbootpreisen. Andere haben genug von steigenden Preisen in übervollen Urlaubsregionen oder Charterrevieren. Um dort zur Ferienzeit unterzukommen, müsse man ein halbes Jahr vorher buchen, ohne zu wissen, ob das Wetter mitspielt. Die weite Welt ist unruhig geworden. Inselparadiese werden wieder vor der Haustür gesucht. Was liege da näher, als auf dem eigenen Boot Urlaub zu machen und Wochenenden zu verbringen? Und selbst wenn ein Hafen mal voll ist, gibt es immer noch genügend Liegeplätze im Päckchen oder Ankerplätze im Watt. Meine Botschaft lautet daher: Keine Angst vor der Nordsee und ihren Gezeiten! Und wenn die Neu-Nordsee-Segler dann nach kurzem Törn die weiten Inselstrände genießen, an denen es im Vergleich zur Ostsee nur selten Quallen gibt, sieht man es in ihren Gesichtern: Grinsen, Lächeln, überschwängliche Freude. Ein Boot macht's möglich.

Olaf: Erst ein Navi. Und dann das Boot.

Meist beginnt im Kleinen, was später groß wird. Diese Geschichte erzählt von ersten Ausflügen auf heimischen Gewässern. Und einem Wunsch, der immer größer wird.

Olaf Wilkens Weg zum Meer war ein langer. Anfangs segelte er auf dem Vörder See im niedersächsischen Bremervörde mit seiner Dehler 22 im Kreis. Seine größte Herausforderung waren Anlegemanöver unter Segeln. Auf die Dauer war das nicht genug. Und weil Olaf sich ein Navigationsprogramm zulegte, für das der 2 Kilometer messende Binnensee zu klein ist, um es auszuprobieren, und ihm auch die Oste nicht reichte, wuchs er über sein Heimatrevier hinaus: Er wechselte vom Vörder See auf die Flensburger Förde, sobald er die Anlegemanöver beherrschte.

Als Nächstes wurde ihm sein Boot zu klein. Eine Dehler Optima 101, die er in Flensburg kaufte und zum Saisonausklang auf der Innenförde segelte, schien optimal zu sein. Zum ersten Mal im Leben segelte er mit seinem Boot im Salzwasser. Bei einem Törn nach Langballigau in die Außenförde spürte er die längere Welle der Ostsee. Aber irgendwie war ihm das noch immer zu eng. Und das galt auch für Sonderborg. „Die roten Stegkennzeichnungen belegter Boxen erinnern mich an die Handtücher auf Liegen um einen Hotelpool. Ich wollte einen Heimathafen mit weitem Blick bis zum Horizont.“ sagt Wilkens. Also verlegte er sein Boot nach Fehmarn. Doch da musste er erst mal hinkommen: Er segelte also am Leuchtturm Falshöft vorbei und schipperte der Unterwasserfindlinge wegen mit 1 Seemeile Abstand von der Küste bis nach Damp, wo er zum ersten Mal einen Liegeplatz mit direktem Blick auf einen Sandstrand fand.

Die große Überfahrt: 46 Seemeilen bis Burgtiefe.

„Für erfahrene Skipper mag das keine Distanz sein. Aber ich hatte noch nie die gelben Tonnen eines Sperrgebiets gesehen und nie eine Schifffahrtslinie gekreuzt“, erzählt Olaf Wilkens. Sollte er das Sperrgebiet vor Eckernförde besser im Osten umfahren? Und würde er es rechtzeitig vor der Schwedenfähre schaffen, die Kieler Förde zu durchsegeln? Stimmte der rechte Winkel zum Fahrwasser? Oder würde das Polizeiboot seinen Kurs mitplotten und ihm den Käscher für Personalausweis und Sportbootführerschein hinhalten? Die Schießgebiete waren an diesem Wochenende ohne Schießtätigkeit, zum Glück, denn er besaß noch kein Short Range Certificate und auch kein Funkgerät. Aber Olaf war glücklich: „Endlich sehe ich bis zum Horizont kein Land mehr. Ein ganzes Bücherregal voll mit sämtlichen Segelbüchern, doch jetzt erlebe ich zum ersten Mal, wie es in einer Wasserwüste sein kann: Einfach gut diese Spannung, dieses Kribbeln im Bauch.“

Der Wind schob ihn raumschots mit 5 bis 6 Beaufort. Deshalb schienen die Wellen noch moderat zu sein. Das änderte sich, als der Bogen der Fehmarnbrücke aus dem Dunst auftauchte und die Wassertiefe im Sund auf wenige Meter abnahm. Die Wellen wurden hoch und steil: „Seit 8 Stunden saß ich an der Pinne, traute mich nicht mal auf die Toilette. Das Aussteuern des gierenden Bootes nahm alle Sinne in Anspruch.“ Die Sundbrücke schien beinahe zu niedrig für den Mast zu sein, doch der Pegel am Pfeiler zeigte an, was das Auge nicht schätzen kann. Und als er durchgefahren war, schüttelte er auf den letzten Meilen das Reff aus dem Großsegel und überholte übermütig in Lee eine Bavaria. Der Anleger unter Maschine war dann nur noch reine Formsache. „Wer im kleinen Binnenrevier lernte, kann nicht weit gucken, aber dafür gut wenden und anlegen“, strahlt er fröhlich.

Olaf Wilkens wechselt nun zwischen zwei Steganlagen. Seinem Vörder See ist er immer noch treu. Wie ein Seelachs seinem Laichgrund. Er engagiert sich dort als zweiter Vorsitzender des Oste-Yachtclubs. Aber für die Ostsee hat er sich gerade eine Hanse 411 zugelegt und ist mittlerweile auch mit Short Range Certificate (SRC-Funkschein) und Funkgerät ausgestattet. Die Dehler war ihm mit knapp 4 Tonnen etwas zu sprunghaft. Für die hohe See hat er nun eine Hanse 411 beschafft. Jetzt ist er beinahe am Ziel seiner Träume. Sobald es beruflich möglich ist, will er weiter fahren: bis zum Horizont.

Vom Leben auf einem Boot.

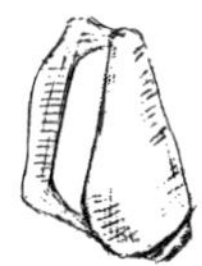

Immer wieder begegne ich Menschen, die ganzjährig an Bord leben. Wer aber sind gerade die jungen Leute, die diese Lebensform auf dem Wasser für sich entdecken? Manche lernte ich persönlich kennen. Ich beneide sie darum, wenn sie schon in jungen Jahren diesen Weg gehen. Wie man auf verschiedenen Wegen zur schwimmenden Behausung kommt, erzählen die folgenden Geschichten.

Sebastian: Vom Schlauchboot zum Hausboot.

Sebastian traf ich kurz nach dem Kauf bei seiner ersten Probefahrt auf dem Hooksmeer wieder. Er überführte sein Boot nach Cuxhaven, um seine Wohnung aufzugeben und ein paar Monate später an Bord zu ziehen.

Den 23-jährigen Autor Sebastian Janotta haben Sie vielleicht schon bei einem seiner Vorträge auf einer Bootsmesse erlebt. In seinem Buch *Schnell kann jeder. Mit BEA, dem Schlauchboot, 500 Kilometer durch Friesland* beschreibt er seine ersten Segeltörns im Winter durch Frieslands Kanäle.

Wir lernten uns kennen, als Sebastian mich per Mail fragte, ob ich ihn vielleicht beim Kauf seiner ersten Yacht beraten könne. Es solle ein Kimmkieler an der ostfriesischen Küste werden, er hätte sich das Boot bereits an Land angesehen.

Vielen Einsteigern habe ich schon bei der Suche nach dem ersten Boot geholfen. Revierwahl und Tiefgang der Traumyacht sind dabei in der Nordsee entscheidendere Faktoren als manches andere. Auch die Frage, ob der Motor für die Bedingungen in Seegatten oder im starken Tidenstrom geeignet sei, trieb Sebastian um. Also rief ich ihn zurück und erkundigte mich nach den Details seines Wunschbootes. Eine Leisure 22, ein solider britischer Werftbau, sollte es sein, immerhin mit annähernder Stehhöhe. Der künftige Heimathafen sollte in Cuxhaven liegen, weil er dort arbeiten würde.

Die Rahmenbedingungen lauteten anders ausgedrückt also: starker Strom mit bis zu 5 Knoten und jede Menge dicke Pötte, denen man ausweichen muss. „Das Boot benötigt unbedingt einen Einbaudiesel“, sagte ich, „wenn der typische Westwind in die Elbmündung bläst, steht oft Wind gegen Strom. Und der Querstrom vor den Hafeneinfahrten ist auch ganz übel!“

„Ein Diesel ist drin“, antwortete Sebastian.

Ich wurde neugierig. Während wir telefonierten, stand ich auf dem Steg in meinem Heimathafen Hooksiel. Wo denn der Liegeplatz wäre, wollte ich wissen.

„Irgendwo in Hooksiel“, meinte Sebastian. Nun gibt es in Hooksiel mehrere Vereinshäfen und eine große Marina. So fragte ich nach dem Bootsnamen und der Farbe.

„Dunkelblau. Und das Boot heißt TÜMMLER“, ergänzte Sebastian.

Ich konnte es nicht fassen. TÜMMLER lag am selben Steg und ich stand ganze zehn Meter vom Schiff entfernt, während wir telefonierten. Ich kannte den Eigner und das Boot. „3000 Euro? Sofort kaufen, sonst mache ich das“, lachte ich. Kurz darauf begegnete ich dem Eigner, der gerade dabei war, den eigentlich fast neuen Motor nach einem Malheur wieder neu einzubauen. „Die Kiste ist prima, es sind nur Kleinigkeiten zu erledigen“, erhielt Sebastian meinen Rückruf. „Der Preis ist über alle Maßen fair.“

Schon bald besaß er seine erste kleine Segelyacht. Sebastian schrieb mir unlängst die folgende Nachricht:

Hallo Holger,

ich hatte mittlerweile ein Treffen mit dem Hafenmeister der Citymarina in Cuxhaven. Ab 2017 habe ich einen Dauerliegeplatz. Strom ist vorhanden und die Sanitäranlagen sind ganzjährig geöffnet. Nur das Wasser auf den Stegen wird im Winter abgestellt. Und: Wenn ich so weit bin, soll ich ihm einfach Bescheid sagen, dann bekomme ich einen Briefkasten. Er stellt auch die Bescheinigung aus, um mich mit meinem neuen Wohnsitz „im Hafen" anmelden zu können. Bin wohl auch nicht der Erste hier. Vom Hafenmeister hörte ich bereits von anderen, die hier an Bord leben.

Mit TÜMMLER, die nun BEA ORCA heißt, bin ich ebenfalls weitergekommen: Das Deck ist dicht und das Vorschiff mit 19 Millimeter Armaflex Schaumstoff isoliert. Bei der Bordelektrik hilft mir demnächst ein Bekannter. Es kommen eine schöne große Batterie, 12-Volt-Steckdosen, eine zweite 230-Volt-Steckdose direkt vom Landstrom im Salon (Heizung) und ein Solarpanel an Bord. Zur Umsetzung der Elektrik kommen wir zwar wohl erst im Januar, aber es geht voran.

Im Moment grüble ich über eine Kühlmöglichkeit. Viel brauche ich nicht, erwäge sogar, komplett darauf zu verzichten. Die meisten Kühlboxen ziehen ja nicht nur ordentlich Strom, sondern brauchen auch viel Platz ... Ich habe jetzt aber gesehen, dass es auch Mini-Kühlboxen gibt.
Jedenfalls: Es geht voran. Ich freue mich riesig, dass mir der Hafenbetreiber das Okay gegeben hat. Jetzt hängt es wirklich nur noch an mir selbst. Und auch das Basteln am Boot macht Spaß. Es fühlt sich irgendwie gut an, das Boot an die eigenen Wünsche anzupassen und es dabei zunehmend besser kennenzulernen.

Besten Gruß, Sebastian

Matthias: Leben zwischen Kreuzfahrtschiff und Segelyacht.

Matthias Rummel liebt die See. Und er liebt das Bordleben: Mehrere Monate im Jahr ist er auf dem Kreuzfahrtschiff AIDA SOL unterwegs, in denen er seine Wachen als nautischer Offiziersanwärter auf der Brücke ableistet. Er möchte später als nautischer Offizier zur See fahren und Kapitän werden. Klingt nach einem guten Plan – doch das ist ihm nicht genug. Wenn er dann nach jeder Reise bis zu acht Wochen frei hätte, wäre eine Weltumsegelung in Etappen möglich. Bis dahin bewohnt er eine winzige Kabine auf dem Kreuzfahrtschiff, um danach wieder für einige Monate die Hörsaalbank in Warnemünde zu drücken. Eine Wohnung lohnt sich für seine kurzen Landaufenthalte nicht. Was lag da also näher, als eine gebrauchte Segelyacht zu kaufen und an Bord zu ziehen?

Das Segeln hat Matthias früh für sich entdeckt, als er in der Nähe von Wismar aufwuchs – die Ostsee vor der Haustür. Er segelte in verschiedenen Bootsklassen, gehörte zum Bundeskader der 470er Jollensegler, nahm 2014 sogar an der Junioren-WM und -EM teil und belegte den fünften Platz der Junioren-Europameisterschaft.

Beim Landurlaub fand er günstig eine gut erhaltene Stahlyacht vom Typ „Wattenpfeil 84“, Baujahr 1974, Tiefgang 1,60 Meter und immerhin 9,80 Meter lang. 14.000 Euro hat er dafür bezahlt, ist an Bord gezogen und hat praktisch drei Fliegen mit einer Klappe geschlagen: Wohnung, Urlaubsgefährt und Sportgerät.

Mit CISCO hat er jetzt auch das Fahrtensegeln für sich entdeckt. Parallel zum Studium setzt er das Regattasegeln, nun im Yachtsegeln, auf Mittel- und Langstreckenrennen fort.

Seinen Lebensfaden hat er früh gefunden. Und das ist wahrlich eine tolle Bilanz für einen 19-Jährigen, der noch fünf Semester vor sich hat. 150 Euro Liegegebühr zahlt er monatlich in der Marina Rostock für die allerfeinste Wasserwohnlage. In den Wintermonaten kommen zum Liegegeld noch die Stromgebühren für die Heizung dazu. Er hat ein wenig nachisoliert und die typischen Roststellen versiegelt, die innen in Stahlschiffen zu finden sind. Die Erfahrung, die er auf großer Fahrt sammelte, hilft ihm bei solchen Arbeiten.

Als er die Yacht an der Elbe in Hollern bei Stade fand, fiel auf dem Überführungstörn prompt die Maschine aus. Eine Angelleine hatte den Wärmetauscher des Kühlwassers verstopft und einen Kolbenfresser verursacht. Das blieb aber das einzige Malheur. Immerhin erreichte er durch den Nord-Ostsee-Kanal noch unter Außenborder und Segeln seinen Heimathafen in Rostock. Das Boot ist nach seinen pflegenden Maßnahmen im allerbesten Zustand. Seine Seetüchtigkeit hatte es bereits bewiesen, als der Voreigner mit ihm den Atlantik überquerte, Matthias hält zu ihm freundschaftlichen Kontakt. Und es bestehen beste Aussichten, dass CISCO mit Matthias Rummel am Rad irgendwann wieder über den Atlantik segeln wird.

Mein Fazit: beneidenswert konsequent, ein Plan fürs Leben und alles andere als orientierungslos.

Matthias schrieb mir:

Hallo Holger,

mit CISCO läuft alles rund. Das Wohnen im Winter an Bord hatte ich mir schlimmer vorgestellt, als es ist ... ein wenig fußkalt vielleicht. Und Trinkwasser ist Mangelware, weil ich seit November nichts mehr bunkern konnte, aber sonst ist alles im Lot. Am 1. Januar war ich beim Ansegeln auf der Warnow unterwegs!

Die neue Maschine ist auch angekommen; ich habe mich für einen neuen 21-PS-Motor mit drei Zylindern von Bladt Diesel aus Dänemark entschieden. Der Einbau gestaltete sich zwar schwieriger als gedacht, weil ich das Fundament komplett verändern musste und einen Adapter für den Saildrive benötigte, aber es geht immerhin voran und ich bin zuversichtlich, dass ich das bis zur Saison schaffen werde.

Für dieses Jahr sind außerdem ein Targabügel fürs Heck, eine Windfahnensteuerung und ein AIS-Sende- und Empfangsgerät geplant. Ein Spinnaker wartet inzwischen auch darauf, getestet zu werden. Ich hoffe mal, das Boot läuft damit auch bei leichtem Wetter etwas besser als bisher!

Das Schiff wird also langsam, aber sicher wieder langfahrttauglich und meine Pläne für einen Transatlantik-Törn ab 2020 konkretisieren sich ... Bis dahin gibt es aber noch viel umzubauen am Schiff und vor allem: eine Menge Prüfungen an der Seefahrtsschule zu bestehen!
In diesem Sinne

Beste Grüße von der S/Y CISCO aus Rostock!

Matthias

Ich habe recherchiert, wo man mittlerweile ganzjährig an Bord leben kann. Auf positive Resonanz stieß ich beispielsweise in Oldenburg, Bremen, Bremerhaven, Cuxhaven, Hooksiel, Juist, Hannover, Harburg, Bergkamen, Emden, Wilhelmshaven, Lauenburg, Travemünde, Olpenitz, Kiel, Flensburg, Rostock. Diese Liste kann niemals vollzählig sein. So erlaubt eine Marina am Rhein pauschal „300 Übernachtungen im Jahr an Bord", was natürlich niemand überprüfen wird. Es geht dem Betreiber lediglich darum, einem Wechsel vom leicht kündbaren Liegerecht ins schwerer wiegende Wohn- und Mietrecht vorzubeugen. Eine Ansammlung von Lebenskünstlern mit rotten Kähnen befürchtet auch kaum jemand, aber mit offiziellen Empfehlungen möchten in diesem Zusammenhang einige Marinas nur ungern genannt werden. In meinem Buch *Mein Boot ist mein Zuhause* behandle ich das Thema in mehreren Kapiteln.

Im Sommer 2017 war ich beruflich mehrere Wochen in Hamburg beschäftigt. Keinesfalls wollte ich in einem Großstadthotel wohnen. Außerhalb untergebracht zu sein war wegen des täglichen Verkehrschaos auch keine gute Idee, zumal gerade der G-20-Gipfel tagte. Also segelte ich mit FUCHUR nach Hamburg. Und sollte nicht jeder Seemann einmal im Leben den berühmten Stadtteil St. Pauli auf eigenem Kiel angesteuert haben? Sonst bog ich immer in Brunsbüttel in den Nord-Ostsee-Kanal ab. Nun war ich überrascht, wie schön die Elbe stromaufwärts ist. Und besonders Glückstadt, ehemals die dänische Hauptstadt, hat einen wunderbaren Hafen und eine sehenswerte Innenstadt.

Nach ein paar Urlaubstagen an schönen Ankerplätzen und im Hafen von Wedel rief mein Dienstherr und ich nahm Kurs auf den Hamburger Hafen. Was für ein Durcheinander von Schiffen aller Art! Ich vermute, dass man nirgendwo sonst in Deutschland so vielen Menschen begegnet, die wie selbstverständlich an Steuerrädern kurbeln und mit hoher Geschwindigkeit Lücken nutzen, als führen sie Autoscooter: Fähren, Containerschiffe, Ausflugsschiffe, Raddampfer, Tankschiffe, Baggerschiffe, Werftversorger, Polizeiboote, Segler, Motorboote und sogar Paddler, die man zwischen all diesen Wasserfahrzeugen leicht übersieht.

Unterhalb der Elbphilharmonie, die man schon von Weitem sieht, liegt der City Sportboothafen mit seinen Schwimmstegen, den man wegen des starken Stroms möglichst bei Stillwasser ansteuert. Hier verbrachte ich vier Wochen, zahlte für das Wohnen in allerbester Lage gerade einmal 22 Euro pro Nacht und war dank der S-Bahn-Station am Hafen mobil. So tauchte ich ein in das Hamburger Stadtleben, erlebte die hellen und die dunklen Seiten von Deutschlands „Tor zur Welt". In der Stadt tobte zwei Nächte lang das Chaos durch Ausschreitungen von Gipfelgegnern: Autos brannten, Geschäfte wurden geplündert. Das Gerücht ging um, dass manche sogar den Hafen stürmen wollten. Darum war ich jedes Mal froh, wenn ich den Steg zum Feuerschiff hinabstieg und meinen weißen Drachen wohlbehalten dümpeln sah. Er zerrte im Schwell der Ausflugsschiffe an den Festmachern. Und so war ich glücklich, die Segel wieder zu setzen und schnurstracks weiter in die Ostsee zu segeln.

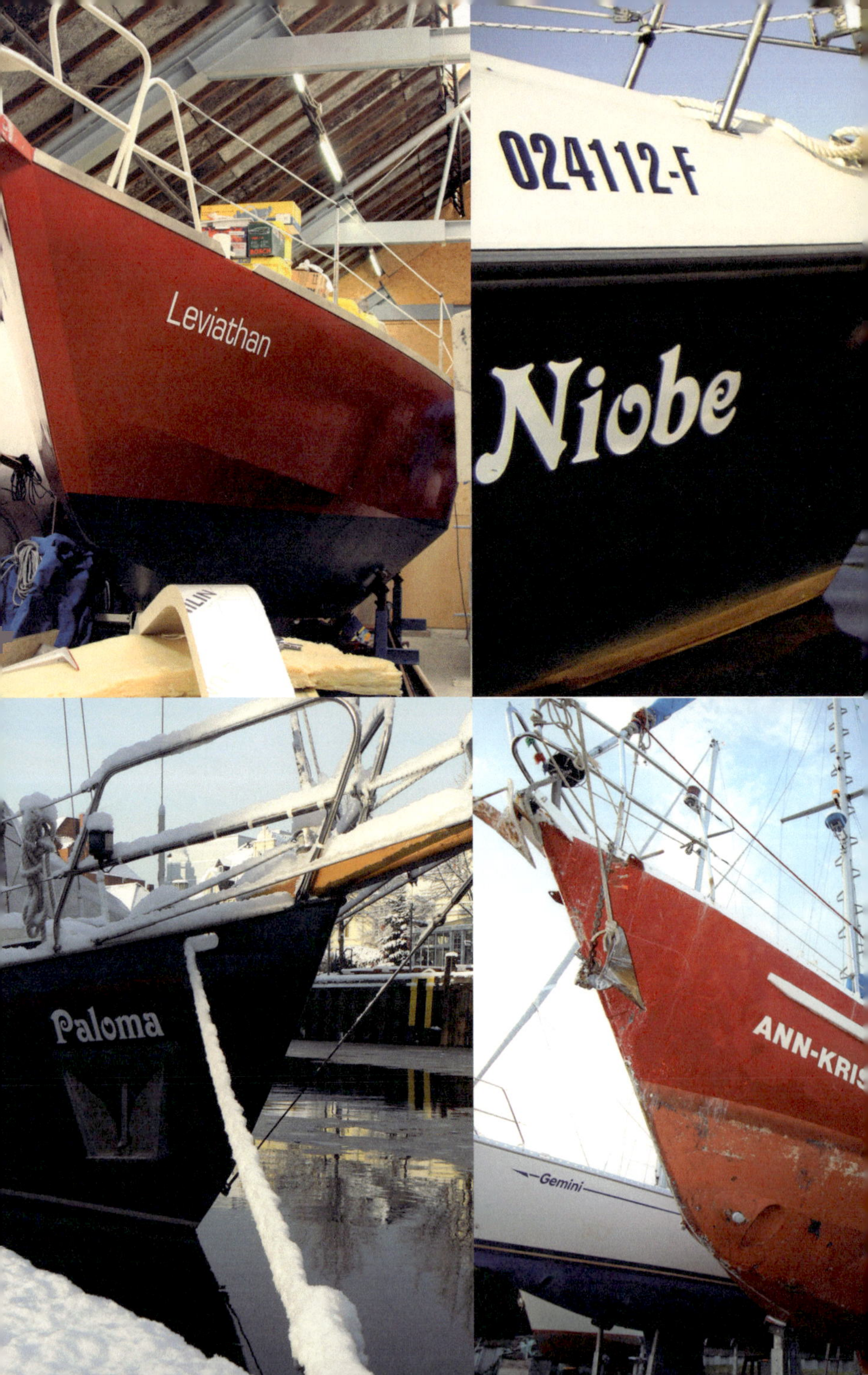
Leviathan
024112-F
Niobe
Paloma
ANN-KRIS
Gemini

Von Bootsnamen und -farben.

Hat man ein Boot, braucht's auch einen Namen. Doch den passenden zu finden ist manchmal nicht ganz einfach. Diese Geschichte gibt Hinweise und Entscheidungshilfen.

Sage mir deinen Bootsnamen.

Winterzeit ist Wechselzeit. Tausende Segelboote gehen von Hand zu Hand, Sektduschen bei Bootstaufen, strahlende Gesichter der neuen Eigner. Die Enthüllung von Namen gleicht einer Krönungszeremonie. Und die Crew soll damit ein ganzes Bootsleben zufrieden sein.
Aber verstehen andere den Sinn?
Wie drückt man seine emotionale Bindung an sein Gefährt aus? Wer ist so frei, nur seiner eigenen Eingebung folgen zu können?

Manche Familien schreiben ihre Vorschläge für den passenden Bootsnamen auf einen Zettel und stimmen ab. Es bleibt nicht aus, dass jeder mit Überredungskunst versucht, seinen Favoriten durchzusetzen.

Ist es nicht interessant, dass Wasserfahrzeuge überhaupt mit Namen benannt werden? Eigentlich würden Ziffern- oder Buchstabensysteme für Nummernschilder ja ausreichen, ein Boot zu kennzeichnen. Autos und Motorräder tragen in der Regel auch keine Namen. Tatsache ist jedoch, dass sich fast immer Geschichten hinter den Bootsnamen verbergen.

Als ich mein erstes Boot kaufte und die Hai 710 von ANTIMALOCHE auf LUKTHOR umtaufte – die Anfangssilben meiner Söhne Lukas und Thorben –, verwarf ich abergläubische Gedanken daran, dass die Namensänderung Unglück bringen könnte. Ganz frei aber war ich von solchen Gedanken nie. Würde es meinem Boot überhaupt gefallen, wenn es den Namen wechseln musste? Ich verband also von Beginn an mit meinem Boot die Assoziation, ein quasi fühlendes Wesen und nicht nur einen seelenlosen GFK-Rumpf vor mir zu haben.

Bei der Namenswahl bleiben Vermischungen mit den persönlichen Vorlieben nicht aus. Ein Name wie

VERLEIHNIX könnte auf einen sparsamen Handwerker schließen lassen, GRAUTVORNIX ist dagegen draufgängerisch. KENTERPRISE ist der Name meiner ehemaligen Elvström 22 mit geringem Ballastanteil. Sie war eine weiße Elfe mit nur 25 Zentimetern Tiefgang und kenterträchtigem Minimalballast. Sie sollte auf Flüssen und Gräben in unbekannte Gewässer vordringen, die „nie zuvor" eine Segelyacht befahren hatte. Und: im Sommer auch auf der Nordsee segeln.

Manche Namen scheinen leicht erklärbar zu sein, haben jedoch ungeahnte Hintergründe. So ist es mit dem melodischen Namen SHANIA. Ihr Vorname entspringt der Sprache der nordamerikanischen Ojibwa-Indianer, sie waren Angehörige der Algonkin-Gruppe. Indianer integrierten Wünsche in Namenssilben. Shania heißt übersetzt: „Ich bin auf meinem Weg." Zugleich ist „Sha – nia" ein kurdisches Wort. „Sha" bedeutet König; „nia" bedeutet Wunsch. Auf den „Königswunsch" folgt die Abwandlung des „großen Wunsches". Der Name passt so oder so wunderbar zu einer Yacht und erfreut sich zunehmender Beliebtheit. Ein Bootsname hat nebenbei auch den Zweck, ein bestimmtes Exemplar unverkennbar aus der Masse zu heben. PUTTFARKEN zeigt das ganz deutlich. Die friesischen Silben stehen für „Putt" (klein, niedlich) und „Farken" (Schweinchen).

Dass hinter einem solcherart getauften Boot wieder eine persönliche Geschichte stehen muss, ist sonnenklar. Rätsel mit Bootsnamen zu verbinden macht viele Nachbarn neugierig, was wiederum Stegkontakte schafft. Ich fragte die Eigner: Helga und Bodo Janßen aus Norddeich segeln seit 1990 eine Vilm, die 1989 im Sturm in der Marina Wendtdorf gesunken war und vollständig wieder restauriert wurde. Helga Janßen hat vor 25 Jahren ihren Mann überrascht, indem sie die selbst ausgeschnittene Comic-Zeichnung eines Schweinchens vom Schlauchboot aus aufklebte.

Sie werden ständig darauf angesprochen und noch nach Jahren wiedererkannt. „Unzählige Kontakte sind so entstanden“, sagen sie. „Auf Wangerooge kam eine Frau vom Boot gegenüber auf uns zu. Seit zwei Tagen frage sie sich, was ‚Puttfarken‘ wohl bedeute.“

Helgas Name ist Programm: „Davor hatten wir bereits drei andere Boote, alle mit demselben Namen ohne Nummer“, erzählt ihr Mann. „Mit meinem Kumpel Jürgen von der Insel Baltrum war ich als junger Mann beim Skiunterricht in den Dolomiten“, lüftet Bodo Janßen das Geheimnis. „Die Tiroler Skilehrer amüsierten sich über uns Küstenbewohner und lästerten in unverständlichem ladinischem Dialekt. Wir revanchierten uns mit ostfriesischem Dialekt, den sie unmöglich verstehen konnten. Als ich wieder einmal mit vertörnten Skiern stürzte, sagte Jürgen, ich würde wie ein PUTTFARKEN aussehen. Das war für mich spontan der richtige Name unseres ersten Bootes. Ich lebte damals in Frankfurt, hatte ein namenloses Boot und mit diesem Namen gleichzeitig ein Stück Heimat am Rumpf. Der Name macht einfach neugierig, vermittelt Humor. Dadurch werden neue Bekanntschaften ganz leicht geschlossen.“

Immer gut für ein Lächeln und positive Stimmung am Steg ist auch der Name LENCHEN. Wir trafen die Crew der LM 27 am Steg von Wangerooge. Max Dwillies verbringt mit seiner Frau Ines und Enkelin Anna Lena die Schulferien ihrer Enkelin an Bord. Der Berufsseemann aus Bremerhaven hat den Motorsegler im Jahr 2005 in Arnis gekauft. „Anna Lena ist unser einziges Enkelkind“, sagt Ines. Sie hängt besonders an ihrem Opa und verbringt jedes Jahr mehrere Wochen an Bord. „Als sie ein Jahr alt war, haben wir uns mit 30 Gästen zur Schiffstaufe am Steg von Wangerooge getroffen“, setzt Max fort. „Lenchen“, so hat die Kleine, in Windeln auf dem Vorschiff wackelnd, das Boot getauft. „Dabei hat sie Nordseewasser aus ihrer ersten Babyflasche verschüttet. Die Flasche hat heute noch einen Ehrenplatz an Bord.“

Für das Verknüpfen von Familiennamen steht auch das Beispiel der britischen Yacht FEREALE in Bezug auf ihre Abstammung und eine lange Ehe: Kurz vor dem Auslaufen erwischten wir auf Wangerooge ein britisches Pärchen aus Harwich. Sie sind Fans des Romans *Rätsel der Sandbank* von Erskine Childers, im Original heißt das Buch *The Riddle of the Sands*. Sogar die DVDs der NDR-Fernsehserie haben sie an Bord und schauen sie an Originalschauplätzen des ostfriesischen Wattenmeeres immer wieder an. So lag es nah, nach langer Ehe auch ihrem Boot einen friesischen Namen zu geben, zumal die Skipperin selbst friesische Vorfahren hat. FEREALE bedeutet „Alte Liebe". Vier Monate im Jahr sind sie unterwegs und begeistern sich vor allem für Spiekeroog.

Es geht aber auch anders: Anstelle unveränderter Namen kann man auch ein eigenes markantes Kunstwort erschaffen so wie auf der Nordseeyacht ECKSTEIN. Die rot-weiße Hallig 35 bildet unter Segeln den „Eckstein" des Lebens des Eignerpaares Christine Wessolleck und Lutz Wittgenstein. Zudem enthält der Name die Endsilben ihrer Namen. Im Tidenrevier von Jade und Wattenmeer sieht man sie fast ausschließlich unter Segeln aufkreuzen, selbst bei stürmischem Wetter. „Das Wort ‚Eckstein' hat viele Bedeutungen", erklärt Lutz Wittgenstein. „Darum stehen als Spielerei vor dem Namen noch die Ziffern 1, 2, 3, 4, die auf den Abzählreim hinweisen, und zwar in Rauten, weil Eckstein auch der alte deutsche Name für die Spielkartenfarbe Karo ist."

In der Flensburger Förde kreuzte die lindgrüne SOMMERSPROSSE unseren Kurs. Der Gedanke an Sommersprossen löst ein positives Gefühl von unbeschwerter Kindheit an heißen Sommertagen aus. So sahen es die Eltern von Wibke Jaufmann aus Hamburg. „Im Sommer erscheinen die Sommersprossen auf der Haut. Es werden mehr, so wie die vielen Segel auf dem Meer. Im Winter verschwinden sie wieder." Diesen schönen Namen haben sie darum ihrer Nordwind 32 im Jahr 1975 gegeben. Wibke und Douglas Jaufmann haben die Yacht samt Namen übernommen. Das frühlingshafte Lindgrün strahlt positive Eigenschaften von Licht und Wärme aus. Der schön geschriebene Schiffsname darauf ist unvergesslich.

Manche Namen erklären sich wiederum von selbst: Die Yacht ZWEITWOHNSITZ wird an Wochenenden bewohnt, aber QUEEN ELIZABETH steht für Humor und Selbstironie, wenn der Name des Riesendampfers auf einer Etap 28 prangt. Bleibt zu hoffen, dass sie nie in Seenot gerät. „Mayday, Mayday, Mayday. This is QUEEN ELIZABETH“ – die Verwirrung auf Kanal 16 dürfte groß sein. Vielleicht kommt am Ende keiner, weil die Retter an einen Scherz glauben, nachdem sich die „echte“ QUEEN ELIZABETH laut AIS nicht an der genannten Position befindet …

Bei Tausenden von Möglichkeiten für den eigenen Schiffsnamen wünscht man sich originelle Vielfalt. Im Gegensatz dazu stehen Namen, die weit verbreitet sind, wie BALU, der Bär aus dem Dschungelbuch: „Davon haben wir zwölf Namen im Meldesystem“, bestätigt mir die Hafenmeisterin von Laboe. „Ebenso PALOMA oder LA PALOMA.“ Sowohl in Deutschland als auch in Dänemark trifft man in beinahe jedem Hafen eine Yacht dieses Namens. Das meistvertonte Seemannslied der Weltgeschichte, beliebt in der Version von Hans Albers aus dem Film „Große Freiheit Nummer 7“, bietet jedoch keine Gewähr für die richtige Zuordnung zu Hans Albers. So trällerte ein Pärchen an der Kaje von Wismar begeistert über meinen Klüverbaumklassiker mit dem Namen PALOMA: „Na gucke mal, Schatzi, der Bootsname unseres Urlaubsliedes ‚Oh La Paloma Blanca …‘“ Diesen Gassenhauer hatte ich nicht unbedingt mit meinem Schiffsnamen verbunden.

Im Hafen von Marstall lag ich im Päckchen neben MAKKE BEER. Übersetzt aus der niederländischen Sprache bedeutet dieser Name „Zahmer Bär“ – und strahlt Gelassenheit aus. Schiffbauingenieur Roland Mittelstaedt aus Kiel hat sich eine betagte Colin Archer 38 zugelegt. Gewohnt, bei Blohm und Voss mit Tausenden Tonnen Schiffbaustahl zu jonglieren, pflegt er eine traditionelle Sicht der Dinge, was eine seetaugliche Yacht auszeichnet. Der niederländische Voreigner ließ sich die 15 Tonnen schwere Yacht 1982 nach Tipps aus Hal Roths Buch „Nach 50.000 Meilen“ zeichnen. Er segelte mit MAKKE BEER um die Welt. Der eindeutige Fokus liegt bei diesem Schiff auf Funktion statt Design. MAKKE BEER dümpelt nicht. Sie hat weiche Bewegungen, um darauf zu leben. Unter Wasser ein Langkiel als unkaputtbares Rückgrat, verschweißt mit 6 Millimeter dicken Stahlblechen – so liegt die schwere Yacht ruhig wie ein satter Bär. „Der lächelnde Bär als gegossene Ruderfigur erinnert mich daran, notfalls auch im Sturm die Zuversicht zu bewahren“, sagt Roland Mittelstaedt, „und der Bär war mit dem Voreigner immerhin schon in Australien.“

Niemand kann uns die Qual der Wahl einer Namensfindung abnehmen, aber es macht Freude, unsere eigene Motivation zu erforschen. Mit dem nötigen Selbstbewusstsein sollten wir den Namen festlegen. Es wird immer jemand kommen, der einen anderen Vorschlag hätte. Aber alle diejenigen, die an Bord glücklich werden sollen, sollen auch mit dem Namen zufrieden sein. Vielleicht legen Sie vorher ein paar Kategorien fest, unter denen Sie die Namensvorschläge einordnen? Götternamen, Sternennamen, Blumennamen, Tiernamen, Musiktitel … Ihnen fällt bestimmt etwas ein.

Bootsnamen können also Geschichten enthalten. Wenn wir einen Steg entlanggehen und die Namen lesen, hält allein dieser Umstand bereits Stoff für zahllose Geschichten parat, die man auf einem Campingplatz oder im Schrebergarten so nicht erleben würde. Aber im Unterbewusstsein sind eine ganze Reihe weiterer Faktoren gespeichert, die uns an oder auf das Wasser ziehen. „Die Macht der Farben“

hat ihren Anteil an den Emotionen des Segelns, sowohl bei den Farben des Wassers und des Himmels als auch bei den Farben der Boote. Ich meine: Südsee-Hellblau ist besonders schön. Aber allen Unkenrufen und allem Aberglauben zum Trotz finden wir auch im Norden die ganze Farbpalette, die nicht minder eindrucksvoll ist.

Wechseln wir zur Bootsgestaltung: Die Natur können wir nicht beeinflussen, unsere Boote dagegen schon. Und hier haben wir wieder ganz andere Aspekte, die bei der Farbwahl eines Schiffes eine Rolle spielen.

Welche Farbe für mein Boot?
Yachtrümpfe und ihre Lackierungen.

Die Pigmentierung des Yachtrumpfes entscheidet über die Temperatur an Bord: Dunkle Flächen erwärmen sich stärker als helle. Wenig bekannt ist die Tatsache, dass Aluminiumrümpfe wegen ihrer enormen Wärmeleitfähigkeit von diesem Phänomen besonders betroffen sind.

Schon ein grau gestrichenes Deck einer Alu-Yacht kann an heißen Sommertagen ohne Schuhe nicht mehr betreten werden. Wird der Rumpf dunkelblau lackiert, wird eine Alu-Yacht schnell zur Sauna. Jedoch können dunkle Rümpfe bei Fahrten in den Norden tagsüber von der Sonneneinstrahlung profitieren. So gerne wir auch unsere neue Alukiste wie die alte Stahlyacht blau lackiert hätten, bleibt der Rumpf bis auf einen blauen Streifen weiß.

Wenn rote Tonnen eher zu erkennen sind als grüne, dann spricht vieles für bunte Farben. Manche Segler wählen gerne einen gelben Farbton, wie etwa die Weltumsegler der MANGO, und freuen sich, dass sie selbst bei Landausflügen sofort ihr Boot im Ankerfeld entdecken können. Damit ist auch das Diebstahlsrisiko geringer; die nacheilende Küstenwache hat es leichter, nach einem quietschgelben Boot zu fahnden oder telefonisch bei Hafenmeistern zu fragen, als nach einer „weißen Segelyacht“ zu fahnden. Lichtscheue Unterweltler und Vandalen werden sich auch überlegen, ob sie bei einem Boot einbrechen, das schon von der Farbe her ein Blickfang ist. Sicherheit bieten Pink, Giftgrün und Neon-Orange. Ob es einem auch gefällt, ist eine sehr individuelle Sache.

Über persönlichen Geschmack kann man nicht streiten – innen wie außen. So hatte der Eigner unserer Reinke Super 11 grau-blaue Polster gewählt, die wir nach dem Kauf sofort mit grün-gelben Decken überzogen, bis wir die Yacht „erwohnt“ hatten. Die Grundstimmung innerhalb der FUCHUR wurde gänzlich anders: Es sind unsere Frühlings-Wohlfühlfarben, von denen sich andere grausend abwenden würden.

Äußerlich gilt das Gleiche: Klassisch blasses Weiß dominiert die Stege, aber edel kann dunkles Blau zu honigfarbenem Teak wirken. Natürlich kann jedes Boot weiß sein, aber nicht jeder Yacht steht klassisches Grün – das bleibt, sofern dunkel, ein Privileg im Sinne von „Old School“ oder „Very British“, vorzugsweise für klüverbaumtragende Yachten. Und für Bootseigner, die nicht in südlichen Gefilden unterwegs sind, wo ein grünes Schiff im Ruf steht, Unglück zu bringen.

Von Schiffen und Familiengeschichten.

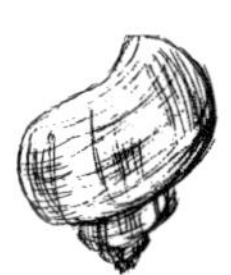

Oft ist ein Boot mehr als nur ein fahrbarer Untersatz. Und mehr als nur ein jederzeit austauschbarer Gegenstand. Es ist ein Stück, an dem eine Familie über Generationen hinweg nicht nur festhält, sondern es hütet wie einen Schatz. Und das seit den 20er-Jahren des vergangenen Jahrhunderts, in denen nach dem Ersten Weltkrieg Privatyachten noch rar und Luxusobjekte waren.

ASGARD: Das segelnde Einhorn von Eckwardersiel.

Manchmal muss man etwas loslassen, um es zu bewahren. Der Rat kann dann lauten: rechtzeitig verschenken! Familie Helmers auf der Halbinsel Butjadingen zwischen Jade und Weser hat anhand eines Bootes bewiesen, wie das seit drei Generationen bestens funktioniert. Die Logik dieses Modells stützt sich auf eine Kombination aus simpler Binsenweisheit und moderner Führungslehre.

Motivation durch Verantwortung.

„Hier ist es wunderschön. Aber besuchen Sie uns nicht bei Südwind", erzählt der 73-jährige Bootsbaumeister Friedrich Helmers. „Dann ist hier bei Hochwasser die Hölle los." Seit 35 Jahren ist er Vorsitzender der Segelkameradschaft Eckwardersiel. 24 Mitglieder mit 14 Booten zählt der kleine Verein in der Ostecke des Jadebusens. Trotzdem gibt es eine lange Warteliste auf einen freien Liegeplatz. Denn nirgendwo sonst hat man vom Boot am Anleger diesen weiten Blick über das Wattenmeer. Und so kehrt auch bei Seegang aus südlichen Richtungen bald wieder Ruhe ein, sobald die Boote hoch trockenfallen. Immerhin 3,8 Meter beträgt hier der durchschnittliche Tidenhub.

Zwei schmucke Klassiker fallen im Hafen besonders auf. Die beiden weiß lackierten Holzyachten mit den dunklen Oberdecks haben dieselbe Farbgebung. Doch der komfortable Motorsegler und die superschlanke Ketsch sind grundverschieden. Letztere ist seit 92 Jahren in Familienbesitz und gehörte Friedrich Helmers. Heute ist sein Sohn Hendrik ihr Skipper. Der Vater fährt den Motorsegler, der erst 24 Jahre alt ist.

Aber ihre erste Yacht ASGARD, deren Name für den nordischen Götterhimmel steht, bleibt verbindendes Element für drei Generationen.

Großvater Friedrich Helmers Senior ließ die ASGARD 1920 unter dem Namen TROTZ von der Iken-Werft in Rüstersiel bei Wilhelmshaven bauen. Es war die Zeit der jungen Weimarer Republik. Der Fall des Kaiserreichs hatte nur wenige Kilometer entfernt mit dem Matrosenaufstand in Wilhelmshaven seinen Anfang genommen. Unsichere Zeiten. Doch den widrigen Umständen zum Trotz erteilte er mit gerade einmal 20 Jahren den Bauauftrag. Dabei war er weder vermögend noch gab es viele Privatyachten auf der Jade. Beruflich war er jedenfalls ein vielseitiger Mann: Landwirt, Gastwirt, zeitweise Fischer. Obwohl er das Segeln liebte, schenkte er Jahre später TROTZ seinem Sohn Friedrich junior zu dessen 18. Geburtstag. Der dritte Skipper, sein Enkel Hendrik Helmers, bekam sie mit 15 zur Konfirmation und taufte sie in ASGARD um. Das hielt den Großvater nicht davon ab, sich sein altes Boot immer wieder „auszuleihen“. Noch mit 85 Jahren segelte er einhand von Eckwardersiel über den Jadebusen rüber nach Wilhelmshaven zum Einkaufen. Bei Flut über den Japsand geht das in rund 20 Minuten und ist wesentlich schneller, als das Umfahren des Jadebusens mit dem Auto dauert. Die Yawl ist noch heute das schnellste Boot des Vereins. Ihr kraweelbeplankter Rumpf mit den nebeneinander liegenden Planken hat viel mitgemacht. Seit beinahe einem Jahrhundert fällt sie zweimal am Tag trocken, gräbt ihren 1 Meter tief gehenden Langkiel aus Zement in die Kuhle ein und schwimmt bei der nächsten Flut wieder obenauf.

Mit der Mistforke gegen Soldaten.

Nicht der „Blanke Hans“ war die größte Gefahr für ASGARD, sondern die Reparationszahlungen nach dem Zweiten Weltkrieg. 1945 wäre die 9 Meter lange Yacht mit der 2,30 Meter schlanken Taille der Familie fast weggenommen worden. Amerikanische Soldaten wollten sie requirieren und kamen schon mit einem LKW. Doch der Großvater stellte sich ihnen mit der Mistforke in den Weg. Weil er den Motor vorher ausgebaut und versteckt hatte, ließen die Soldaten lieber davon ab, sich für einen „alten Holzrumpf“ von einer Mistgabel perforieren zu lassen. Um auf Nummer sicher zu gehen, meldete der lebenskluge Mann sie bald darauf als Fischerboot an und hängte Netze über die Seite. Fischerboote durfte man damals behalten. Allerdings mussten diese im Winter im Wasser bleiben, selbst bei Eisgang. „In einem Winter türmten sich die Eisschollen meterdick an der Mole. Mein Vater hatte keine Möglichkeit mehr, unser Boot aus der eisigen Umklammerung zu befreien. Er musste es immer wieder freihacken“, erzählt Friedrich Helmers.

Die Holzyacht überstand auch dies, wurde alljährlich gepflegt und glänzt wie ehedem in makellosem Lack. Nun wartet ASGARD darauf, dass die Urenkelin in frühestens zwölf Jahren Konfirmation feiert, um zum ersten Mal in ihrer Geschichte einer Skipperin zu gehören. Klein-Eske nimmt mit ihren zwei Jahren schon jetzt regen Anteil und kommentiert lebhaft die Auswahl der Bootsbilder mit ersten nautischen Fachausdrücken.

Schlank und weiß wie ein Einhorn.

Schon vor 40 Jahren war die Yawl ein Blickfang. Im Winkel des Decksprungs trägt die reife Dame ihren Klüverbaum. Nicht steil wie bei Plattbodenschiffen. Nicht waagerecht wie bei Traditionskuttern. Diese Komposition macht sie zu einem der letzten „Einhörner" der Meere. Denn ASGARD ist ebenso schlank und weiß wie diese Fabelwesen. Ihre waldhonigfarbenen Aufbauten und oberen Plankengänge bestehen aus Zedernholz. Nur die ersten sechs Kielplanken sind aus Eiche. „Die Eichenplanken der Bodengruppe mussten seltsamerweise zuerst ausgetauscht werden", sagt Friedrich Helmers. Vielleicht lag das an den feinen Rissen im Holz durch das wiederkehrende Trockenfallen auf dem harten Sand? Eigner zarter GFK-Yachten mit handschmalen Kielwurzeln würden sich angesichts dieser Liegeplatzverhältnisse mit Grausen abwenden. „Man muss eben ein Auge auf seine Boote haben. Wenn bei Sturmflut die Wellen über die Mole donnern, haben wir schon so manche Nacht über sie gewacht", berichtet Friedrich Helmers.

Auf die Ähnlichkeit der ASGARD zum Motorsegler ESPERANZA angesprochen, lüftet Friedrich Helmers das Geheimnis. Der 73-Jährige hat sie vor 24 Jahren selbst nach dem Vorbild der ASGARD gebaut. Bootsbaupläne brauchte er dazu nicht. Er besitzt wie die alten Baumeister ein quasi hellseherisches Gefühl für Formen und Linien. Dabei war die ESPERANZA nicht das erste Boot aus heimischer Halle. Als Friedrich Helmers Senior in den 60er-Jahren laut darüber nachdachte, dass er gern ein Boot für den gelegentlichen „Shopping-Törn nach Wilhelmshaven" hätte, baute ihm Friedrich Junior kurzerhand ein schmuckes Motorboot.

„Das 7 Meter lange Kajütboot für meinen Vater ging mit dem Borgward-Motor ab wie Schmitz Katze", erinnert sich Friedrich Helmers. Auch einen etwas kleineren Motorsegler hat er zusammen mit seinem Schwager für diesen gebaut. Alle Boote sind aus Holz und entsprechen dem Stil der ASGARD.

Ein Segelboot zur Konfirmation.

Da nun vier Yachten der Familie in Eckwardersiel lagen, konnte sein Sohn Hendrik bereits zur Konfirmation die ASGARD übernehmen. Der Großvater hatte die Methode bei Sohn Friedrich 1957 zu dessen 18. Geburtstag angewandt. Bei Enkel Hendrik wurde Großvaters Schenkungsmethode erneut eingesetzt. Hendrik geriet so gehörig unter Zugzwang: Er hatte kein Patent. Doch wer als Teenager eine veritable Yacht besitzt, möchte sie auch fahren dürfen: Er meldete sich zum Sportbootführerschein an und bekam „pünktlich" zum 16. Geburtstag den ersehnten Schein. „Opas Baumwollsegel der ersten Ausrüstung bekam ich auch dazu", erzählt Hendrik. Gleich mit der ersten Windböe flogen sie aus den Lieken und die Schoten lagen an Deck. So lernte ich frühes Wirtschaften und auch, die Yacht zu reparieren, um allein für sie aufzukommen."

Nach einer Lehre zum Landmaschinenmechaniker spezialisierte er sich auf die Turbotechnik hausgroßer Schiffsdiesel. Das machte ihn zu einem gefragten Mann, der beruflich „standby" lebt und irgendwo in die Welt hinausgeflogen wird, sobald ein leitender Ingenieur eines Dampfers mit seinem Latein am Ende ist. Hongkong, Singapur, Rio? Überall ist er mit seinen 27 Jahren schon gewesen, um Schiffe wieder in Schwung zu bringen.

Drei Maschinen in 92 Jahren.

Ursprünglich trieb 1920 ein Benzinmotor die ASGARD an. Er stammte aus einer der ersten Arbeitsmaschinen und neigte beim Ankurbeln im engen Rumpf zu tückischen Rückschlägen. Der Großvater verpasste dem Boot in den 50er-Jahren einen Deutz-Dieselmotor. Der Einzylinder war jedoch ein Langsamläufer mit riesiger Schwungscheibe und enormen Vibrationen. Er musste rundum mit dem Rumpf verstrebt werden, das tat aber den Plankengängen gar nicht gut. Elektrik gab es auf der Yacht keine. Veränderungen zur Fahrtentauglichkeit nahm Friedrich Junior in den 60er-Jahren vor. Kurzerhand trennte er das Oberdeck ab und erhöhte den Rumpf um 25 Zentimeter, um annähernd Stehhöhe zu gewinnen. Die alte Deutz-Maschine unter dem Cockpitboden wurde entfernt. Er baute stattdessen einen 42 PS starken Mercedes OM 636 im Bug noch vor der dortigen Doppelkoje ein. Eine rund 4 Meter lange Antriebswelle, aus einzelnen Wellen mit mehreren Lagern und Kardangelenken versehen, führt unter dem gesamten Fußboden hindurch zum Heck. Bei geschlossenen Niedergangtüren ist im Cockpit ebenso wenig vom Diesel zu hören oder zu spüren wie sonst auf den Vorschiffen moderner Yachten.

Gewöhnungsbedürftig war in den ersten Jahren das konventionelle Vierganggetriebe des Mercedes-Motors, weil noch kein Wendegetriebe verfügbar war. Man fuhr stets im dritten Gang. Für die Gangwechsel musste regelmäßig eine Kupplung getreten werden.

Beplankte Holzboote sind anfangs nicht dicht. Dann sind die ersten Tage im Wasser nach jedem Winter spannend. Eine Tauchpumpe kommt so lange ins Schiff, bis die Planken wieder aufgequollen sind. Erst dann wird die Bilge trocken. „Man muss Vertrauen haben und bei etwas Salzwasser in der Bilge nicht noch salzige Tränen nachfüllen.

Das wird schon. Und wenn nicht, lässt sich bei der langen Ebbzeit manches Provisorium zum Nachdichten verschrauben“, sagt Friedrich Helmers. Holz ist leicht zu verarbeiten, auch wenn in jedem Winter viele Arbeitsgänge anfallen. Er muss es wissen. Denn seine ASGARD hat er nun seit 65 Jahren erhalten und verbessert.

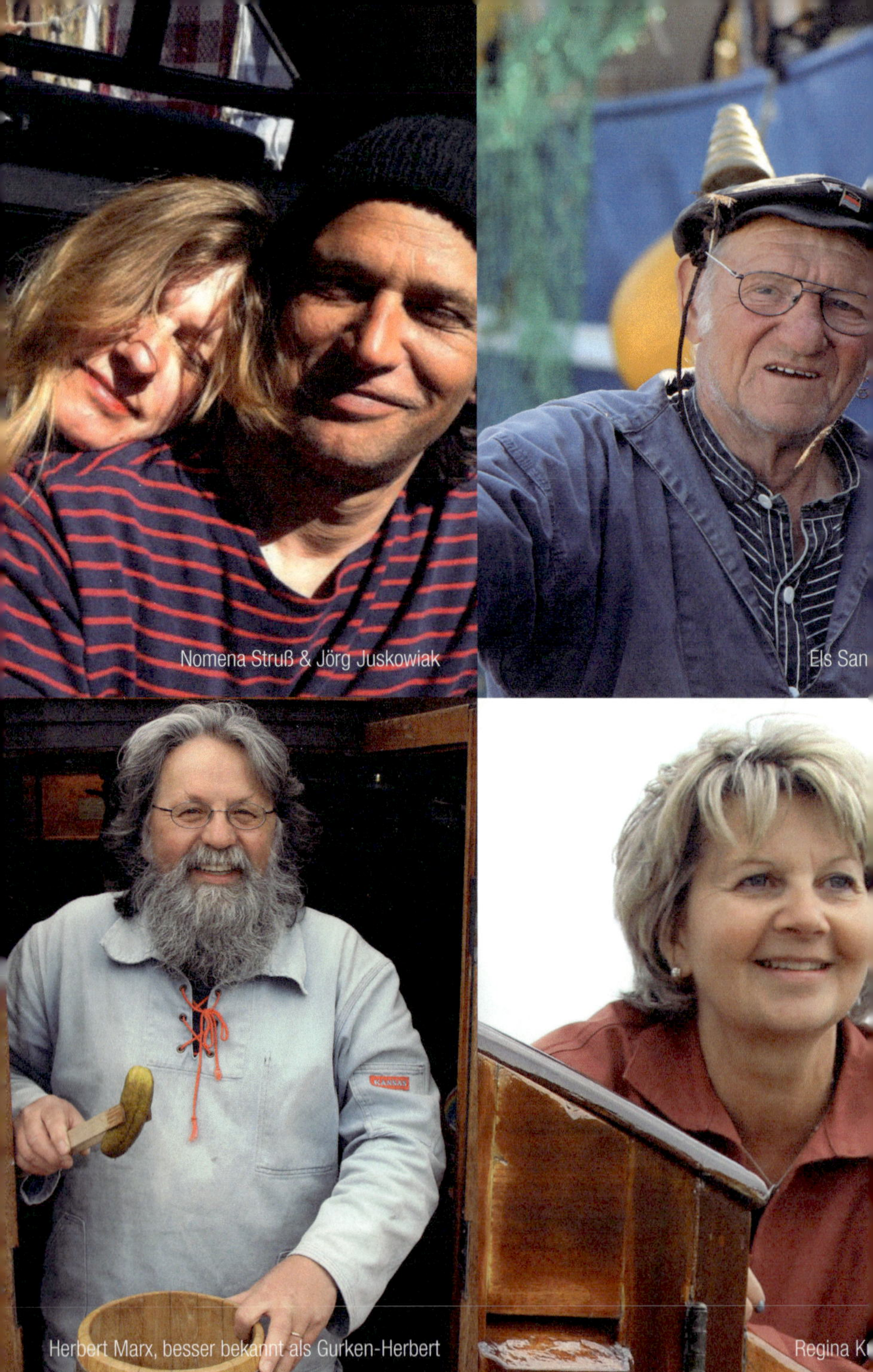

Nomena Struß & Jörg Juskowiak

Els San

Herbert Marx, besser bekannt als Gurken-Herbert

Regina K

Von nordischen Charakterköpfen und ihren Schiffen.

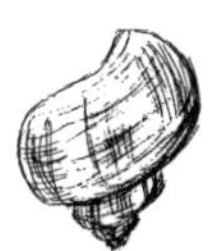

Nach dem Zweiten Weltkrieg lag der Segelsport in Deutschland am Boden. Private Boote wurden requiriert. Wer segeln wollte, musste sich entweder ein neues Boot bauen oder mit einem Wrack behelfen. Wie leicht ist es heute dagegen, unter einer großen Auswahl sein Traumboot zu finden und den früheren Fahrtenseglern im Kielwasser zu folgen. Besuchen wir einen Mann, der in eben dieser Zeit mit dem Segeln begann.

Els Sanders: Der alte Friese und das Meer.

70 Jahre auf dem Wasser sind eine lange Zeit und Els Sanders erzählt nur zu gerne von seinen Erlebnissen.

Sein erstes Kajütboot war ein von Maschinengewehrsalven durchlöcherter Marinekutter. Bei Kriegsende war die NORDWIND in einem Fleet von Norden im Hafenschlick versunken, bis Els Sanders das 9 Meter lange Wrack 1950 als 19-Jähriger zurück an die Oberfläche holte, eine Tanne als Mast „requirierte" und damit fast 40 Jahre segelte. Danach hatte er nahtlos ein anderes charismatisches Boot und spulte damit mehr Seemeilen ab als manch jugendlicher „Plottermatrose", wie der heute 81-Jährige schmunzelnd die „elektronische Generation" der Skipper nennt. Bereits 1942 hatte er sich das Segeln selbst auf einem winzigen Boot beigebracht.

Weil der Motor seiner NORDWIND nach fünf Jahren unter Wasser nur noch ein Rostklumpen war, segelte Els die ersten 17 Jahre eben ohne Motor. Dass er dabei das Segeln und Navigieren von der Pike auf lernte musste, liegt auf der Hand. Als ich ihn treffe, ist er immer noch so fit unterwegs wie eh und je. Der Name seines heutigen Bootes ist unverwechselbar: MIEN PROBLEM, eine plattnasige Zeeshouw, ist angeblich 100 Jahre alt, was Els den allenthalben fragenden Stegbesuchern augenzwinkernd als Seemannsgarn verkauft.

Auch wenn die Wellen in seinen Geschichten schnell mal um einen oder zwei Meter wachsen, so klingen sie doch alle wahr und werden durch glaubwürdige Zeugen bestätigt. Zumindest im Kern. Allen voran Segel- und Sangeskumpel Harry Schlecht, genannt „Peule" und verglichen mit Els noch ein Greenhorn von gerade einmal 70 Jahren.

Schon wenn Els einläuft, ziehen er und sein Boot die Blicke auf sich. Outfit und Ausstrahlung sind keine friesische Folklore, sondern ungebeugte Lebensart eines gereiften Salzbuckels, den absolut nichts mehr aus den Socken haut. Verblichen sind Fischerhemd und Mütze. Und seine geflickten Jeans scheinen aus Zeiten zu stammen, als man sie noch Nietenhosen nannte.

Anlegemanöver fährt er in forscher Weise, auch wenn er dabei die Fender an die Belastungsgrenze bringt. Ebenso konsequent hat Els Sanders seine Karriere dem Bordleben angepasst, und nicht umgekehrt. Schon in den 50er-Jahren des letzten Jahrhunderts kündigte er stets jedes Jahr im März seine Arbeitsstelle, um den Sommer ungestört an Bord zu leben. Er schwamm und lebte lieber gegen den Strom der Zeit als nach den damaligen gesellschaftlichen Vorstellungen. Urlaub und Genießen kamen damals erst lange hinter Neuaufbau und Familiengründung.

Das Leben auf dem Wasser brachte es mit sich, dass er zwischen Ijsselmeer und Hamburg jede Sandbank mit Vornamen kennt. Seine jüngste Seekarte stammt aus dem Jahr 1981. Er hat sie nie berichtigt, benötigt sie eigentlich auch nicht. Denn Els sah auf der Blauen Balje, dem Seegatt zwischen Wangerooge und der erst durch Sandaufspülungen neu entstehenden Insel Minsener Oog, wie der alte Anleger von Wangerooge-Ost nach den Bombenangriffen wieder aufgebaut und 1958 aufgegeben wurde.

Er machte an den Dalben der damaligen Inselbahn von Spiekeroog fest. Erst 1949 wurde die Pferdebahn durch eine Diesellok ersetzt. Später legte er als einer der ersten Yachtskipper im neuen Hafen an. Überhaupt herrschte damals noch bunteres Leben in den kleinen Inselhäfen. Waren wurden noch gestaut, wo später Container gestapelt wurden. Jeder Leuchtturm hatte noch einen Wärter.

Els erlebte wie kein anderer Zeitzeuge das Entstehen der Seglerszene und ihre Entwicklung, noch bevor Rollo Gebhard oder Wilfried Erdmann begannen, den Traum vom großen Törn zu leben und anschließend zu vermitteln.

„Die Nordsee verbindet Freizeit- und Berufsseeleute, besonders in Ostfrieslands kleinen Häfen, wo sich die Menschen zugleich auch an ihren Arbeitsstätten begegnen. Denn im gemeinsamen Schaffen sind oftmals mehrere Familienmitglieder eingebunden. Jeder grüßt jeden. Nur haben wir damals eine versehentlich in die Bordwand gefahrene Schramme mit ’nem Pinselstrich und ’ner Buddel Bier aus der Welt geschafft. Heute kommt es vor, dass einer die Zähne nicht auseinanderkriegt und ohne seinen Anwalt nicht mal drüber schnacken will“, resümiert der Seemann. „Aber der ist dann nicht von hier.“

Meist reicht ein Stichwort und dem ostfriesischen Unikum fallen die schönsten Storys ein. Crews, die einlaufen, wirft er gerne ein paar Sätze zu. Zur allgemeinen Verwunderung in deren Landessprache. Egal ob Niederländisch, Englisch oder Französisch. Der Mann kam viel herum und spricht mehrere Sprachen. Noch immer kann er ganze Kneipen mit seinen Geschichten unterhalten. An der Küste ist Els bekannt wie ein bunter Hund. Er lebte in Finkenwerder und Stade an Bord, war als junger Mann ein Teil des wilden St. Pauli und sieht heute noch so aus wie ein verwegener Matrose aus den Filmkulissen von „Große Freiheit Nummer 7“. Auch sein Ohrring gehört dazu. Hans Albers hätte seine Freude an ihm gehabt. Els war Hutmacher, Tomatenhändler, Gitarren- und Segellehrer. Ansonsten war er „ganz seriös“ auch gelernter Kürschnermeister und Fellhändler in Amsterdam. Danach hatte er eine Boutique auf Langeoog.

70 Jahre Seglerleben und inzwischen 87 Jahre alt: Els Sanders wurde 1931 in Esens geboren. Hier lernte er seine erste „Fremdsprache“, das ostfriesische Platt, passend zu seinem Namen, dem friesisch-maskulinen Gegenstück zu Else. Schon jenseits von Oldenburg versteht kaum jemand diesen Dialekt. Also war es von Anfang an selbstverständ-

lich, sich mehrsprachig zu orientieren. Im flachen Land der norddeutschen Tiefebene und Esens, der „Kleinstadt auf der Warft“, gab es nur wenige bedeutende Bezugspunkte am Horizont: Jever im Osten, Bensersiel im Norden. Ach ja, Aurich im Westen für Els' florierenden Sardinendosenhandel in Kriegszeiten. Auf einem Kinderfahrrad unterwegs, kaufte er sie dort für 90 Mark das Stück, um sie in Esens für 180 Mark weiter zu verhökern.

Jenseits der Gezeiten lagen „geheimnisvolle Inseln“, zu denen man nicht so einfach Zutritt hatte. Im Radio sang Lale Andersen, die später auf Langeoog lebte und hier beerdigt wurde. Natürlich besuchte er nach dem Krieg ihre Konzerte in der Strandhalle. Einige der ostfriesischen Inseln, wie eben Langeoog und Wangerooge, wurden mit Kriegsbeginn zu Sperrgebieten erklärt. Betreten nur mit Grund und Erlaubnis wegen der dort stationierten Fliegerhorste. Unangemeldetes Annähern im Boot, geschweige denn das Fotografieren der Inseln war verboten. Doch Els konnte sie bei jedem Ausflug nach Bensersiel sehen. War es da ein Wunder, wenn ein kleiner Küstenjunge mit wahrhaftiger Wassersucht einen schwimmenden Untersatz für das Erkunden der Ferne suchte? Ausgerechnet ein französischer Kriegsgefangener erfüllte ihm 1942 seinen sehnlichsten Wunsch. Er arbeitete auf einem Bauernhof und baute ihm und seinen Freunden die frühe Version eines Optimisten, allerdings noch ohne Schwert. Die Jungs tauften das Boot auf seinen Namen und nannten es ALBERT. Nachdem Els einmal gen Langeoog abgedriftet war und ihn ein Fischer zurückholte, wurden Seitenschwerter angebracht. So lernte er das Segeln durch Ausprobieren. Das gefällt mir, weil ich auch keine Yachtschule besucht und das Segeln im Faltboot auf der Aller gelernt habe.

Seinen Segelschein machte er 1952. Erst mit Einbau eines Motors folgte 1968 der amtliche „Motorbootführerschein“. Da keines seiner Boote jemals eine Sprayhood hatte, hatte seine Brieftasche so manchen Wassereinbruch zu überstehen. Ein Wasserschutzpolizist hat ihm bei einer Kontrolle darum nahegelegt, sich um ein neues Foto zu kümmern. Doch Els fand, dass er auf dem mittlerweile vollständig weißen Bild und den Rosttränen der Ösen seines „Lappens" blendend aussah. Bisher kam er nicht dazu, das Bild zu erneuern. Wozu denn auch, da ihn jeder kennt? Auch das mag aus der coolen Art eines 82-Jährigen resultieren, der auch im „neuen Jahrtausend" nicht alles ernst nimmt, was sich Bürokraten so ausdenken.

Natürlich wollte er früh zur See fahren. Das war klar und vom Familienrat abgesegnet. Er träumte von der PADUA. Der berühmte Viermaster diente als Filmkulisse für einige bekannte Filme dieser Zeit: „Die Meuterei auf der Elsinore", erschienen 1935, „Ein Herz geht vor Anker", 1940, und „Große Freiheit Nr. 7" mit Hans Albers kam 1944 in die Kinos. Doch obwohl er beste Aussichten auf einen Ausbildungsvertrag als Schiffsjunge auf der PADUA hatte, wurde nichts daraus. Bei Kriegsende wurde das Schiff von Russland requiriert und in KRUSENSTERN umbenannt. Im Deutschland der Nachkriegsjahre gab es einstweilen kaum noch Schiffe, geschweige denn Ausbildungsplätze. Darum kam Els nicht so recht runter von der Warft. Was nun? Seine Mutter hatte ein Hutgeschäft in Esens. Das könnte er ja später übernehmen. Und so machte Els auf Drängen seiner Mutter zum letzten Mal in seinem Skipperleben das, was andere von ihm erwarteten; er wurde Hutmacher, aber lernte mit etwas Abstand in Aurich. „Ich fand das stinklangweilig und wollte nun auf anderem Weg mehr von der Welt sehen."

Noch keine 18, zog es ihn weiter in den Westen nach Norden, der kleinen Stadt auf dem Festland gegenüber von Norderney. Er sattelte um zum Kürschnerlehrling. Das war sein großes Glück, denn hier erfuhr er vom zerschossenen Wrack einer Segelyacht an der alten Mühle. Zwar gab es noch einen Besitzer, der 250 Mark für das Wrack unter Wasser haben wollte, aber Els fand, dass die Mühen der Bergung mittels uraltem Kranwagen Lohn genug wären.

Über die damals holprigen Straßen transportierte er das schlammige Wrack nach Bensersiel. Zwei Jahre bastelte er in jeder freien Minute daran herum. Der karweelbeplankte Rumpf mit abblätternder grauer Marinefarbe, gebaut 1926, war nach rund 2000 Arbeitsstunden wieder seetauglich. Allerdings war ein neuer Mast für Els unerschwinglich. „Im Schaffhauser Wald nahe Esens sah ich am Tag eine schlanke Tanne und besuchte sie nachts mit meiner Säge. Sie gab einen fabelhaften Mast ab“, so der Waldfrevler. „Glücklicherweise sind die 30 Jahre der Verjährung längst abgelaufen. Der alte Segelmacher Visser auf Norderney nähte mir einen Satz Segel. Allerdings flog versehentlich die Kippe eines Kumpels ins nagelneue Großsegel und brannte ein Riesenloch hinein. Die erste Saison fuhr ich darum nur im ersten Reff.“

1953 zog es Els nach Luxemburg. Die Tinte auf dem Gesellenbrief als Kürschner war kaum trocken, da folgte er einer der damals so zahlreichen Stellenanzeigen. Als Deutscher im Ausland zu arbeiten war in den 50er-Jahren nicht immer leicht. Ressentiments gab es besonders im französischsprachigen Raum. „Also lernte ich als fleißiger Friese die Sprache und der Vollständigkeit halber die letzeburgischen Abwandlungen gleich mit. Mit meinem friesischen ‚Moin‘ und dem ‚Jo‘ für Ja kam ich gut an, denn im Luxemburgischen wird es „Moien“ geschrieben und bedeutet ebenfalls ‚Guten Tag‘.

„Ich verdiente dort annähernd das Doppelte, machte Überstunden, verlor manches in den Weinschänken, steckte den Rest ins Boot und kündigte die Stelle in jedem März wieder. Mit den ersten warmen Sonnenstrahlen fuhr ich zu meiner NORDWIND und verbrachte den ganzen Sommer im Wattenmeer und auf den Inseln. So kündigte ich meine Arbeitsstellen bis zu meiner Heirat Anfang der 60cr beinahe jeden Sommer. Ich machte, was mir gerade in den

Sinn kam“, sagt Els und blickt auf das langsam trockenfallende Watt. „Um die Bordkasse aufzubessern, gab ich Segelunterricht in Bensersiel. Meine Frau Hilke war eine besonders gute Schülerin. So lernte ich sie 1960 kennen. Mit meiner NORDWIND kam sie bestens klar. Allerdings war es mir immer wichtig, dass sie keine schweren Arbeiten an Bord machen musste. Anker aufholen oder das Festmachen bei Starkwind war dann meine Sache und sie stand am Ruder.“

Doch bis dahin vergingen noch ein paar Jahre. „Mein Chef in Luxemburg meinte 1956, dass ich langsam weiterziehen sollte. ‚Hier versauerst und versäufst du‘, legte er mir nahe. Mir wurde eine Stelle in Stade angeboten und so segelte ich mit meinem motorlosen Boot hin. Schön war es, dass damals noch mehr Menschen am Meer arbeiteten, wie die Besatzungen der Feuerschiffe oder die Hafenstauer. Vom Leuchtturm Roter Sand winkte mir der Leuchtturmwärter zu. Beigedreht nahm ich mir die Zeit zum Klönen. Eine Fahrt ohne Motor im Gezeitenmeer ist etwas ganz anderes als heutzutage. Die Hafeneinfahrt von Cuxhaven bei 4 Knoten Strömung nur unter Segeln zu treffen war ein Abenteuer für sich. Doch Zeit hatte eine andere Bedeutung. Vor Anker manchmal tagelang auf passenden Wind und Strom zu warten war normal. Zu Fuß bei Ebbe zum nächsten Inselladen zu laufen, ebenfalls.

Musik kam an Bord von der Gitarre oder aus dem Kofferradio. In den Kneipen sah ich manchmal nicht auf die Uhr. Es konnte schon mal passieren, dass aus heiterem Himmel die Flut wieder da war. Manchmal schwamm ich zurück oder verbrachte ein paar Stunden in den Dünen.

Auf einem Törn zu meiner neuen Arbeitsstelle in Stade lief ich völlig pleite im Hafen ein und schlenderte zur Werkstatt. Düvel auch, dass die Werkstatt am Vortag durch ein Feuer abgebrannt war. Die mitleidige Frau des Inhabers gab mir 20 Mark wegen der vergeblichen Reise. Also setzte ich wieder Segel, fuhr die Schwinge hinunter und die Elbe stromaufwärts mit Kurs auf St. Pauli. Die 20 Mark waren da bald weg.

Els saß mit zunehmend knurrendem Magen im Cockpit und spielte Gitarre, als eine Dame aus Blankenese auf ihn aufmerksam wurde. Für 3 Mark die Stunde sollte Els ihrem Sohn Unterricht geben. Els konnte zwar nur sechs Griffe, aber damit den Junior tagsüber beeindrucken und abends wieder mit den Jungs der Hafenszene um die Häuser ziehen. Zu seinem Glück erhielt er bald eine feste Anstellung, denn der Vater des Jungen hatte eine Sackfabrik. Containertransporte gab es noch nicht und der Sackbedarf war im damaligen Hamburg der 50er-Jahre zum Stauen der Schiffsladungen enorm. „In der Fabrik brauchte man einen Gabelstapelerfahrer. Gefragt, ob ich das könne, antwortete ich, dass ich mein Leben lang nichts anderes getan hätte", schmunzelt Els.

„Ein besonderes Talent musste man als Lebenskünstler bei der Liegeplatzsuche anwenden. Im Yachthafen von Teufelsbrück hätte ich nur einen Platz für zwei Wochen erhalten, aber kaum bezahlen können. Irgendwann landete ich in einem Fleet von Finkenwerder und konnte zwischen den Berufskähnen Anker werfen. Ich lernte dort eine junge Deern kennen. Ihr Vater war Gärtner und hatte ein paar Tomaten zu viel in seinen Gewächshäusern. So wurde ich im Schnellkurs als möglicher Schwiegersohn zum Tomatenfachmann ernannt und zog in seinem Auftrag lautstark handelnd über die Gemüsemärkte der Stadt. Irgendwie bekam ich dann eine Tomatenallergie … und das Ultimatum zum kostenlosen Liegen in Finkenwerder war auch abgelaufen: entweder pünktlich verschwinden oder zahlen." Els holte im Mondschein den Anker ein und verdünnisierte sich. Glücklicherweise war die abgebrannte Werkstatt in Stade wieder in Betrieb. Eine Wohnung wurde zum Job mit angeboten. Verlockend, denn das immer wieder neue Abdichten des tropfenden Decks der NORDWIND wurde zum nahenden Winter langsam ungemütlich. Und so bezog er Unterkunft und Arbeit in Stade, bis er weiter nach Leer segelte, um dort nach bestandener Prüfung als Kürschnermeister zu arbeiten.

1962 war er dann mit seiner jungen Frau als Pelzhändler nach Amsterdam gezogen. Einkäufe führten ihn per Flieger regelmäßig nach London, Leningrad, Kopenhagen oder Montreal. Mit dem mittlerweile in Amsterdam geborenen Sohn Hajo in der Hundekoje segelte die junge Familie 1969 nach Langeoog, baute ein Haus mit Ladengeschäft und wurde sesshaft. Die NORDWIND erhielt als Zugeständnis an die Seesicherheit einen Goliath-Motor. „Meine Segelkumpels und ich hatten sogar fünf dieser antiquierten Zweitaktmotoren aus den dreirädrigen Kleinlastern als Ersatzteillager organisiert. Schließlich gab es noch keinen ‚Yachtausrüstungshandel', wo man mal eben ein Ersatzteil bestellen konnte. Bis man es hatte, wäre zu viel Zeit vergangen. Doch allein das Starten war eine Kunst für sich. Gashebel und Getriebe waren schwergängig. Das wurde alles mit Hammerschlägen bedient. Und weil die Dinger wassergekühlt waren, aber keine Anzeigen hatten, wurde die Kühlwassertemperatur mit dem Finger gemessen und dann der Thermostat von Hand nachgeregelt", erzählt er.

Els wirft nichts gerne weg und hängt an alten Dingen. So verschwindet er spontan in der Kajüte seines Bootes und holt die dampfende Teekanne hoch. Dieses Relikt stammt wie der Wasserkessel noch aus den Anfangsjahren der NORDWIND. Darin kocht er seinen berüchtigten „Todestee", den er so lange nachschenkt, bis man „den Löffel abgibt" oder besser – nach ostfriesischem Brauch – in der Tasse stehen lässt. An Bord trägt er stets seine bekannten Flickenjeans. „Das sind meine Glücks- und Geizhosen", raunt Els. „Nähen habe ich schließlich gelernt und mache das noch immer selbst. Meine schwerste Flickenhose wog irgendwann 6 Kilogramm. Mich hat mal jemand auf Norderney in der ‚feinen Zone' gefragt, woher ich denn diese topmodische Beintracht hätte. ‚Die gibt es bei Gucci', antwortete ich todernst. Der Mann hat es geglaubt …“ Keinen Spaß versteht er jedoch mit seinem Ohrring. „Der wird niemals abgenommen. Geht auch gar nicht. Der Verschluss ist verlötet. Beim Röntgen im Krankenhaus mussten sie ihn extra abdecken.“

Obwohl Els an seinen alten Sachen hängt, war er 1989 des Kalfaterns an der NORDWIND müde und wechselte zu einem traditionellen Plattbodenschiff. Seine Zeeshouw ist verhältnismäßig jung. 1967 wurde sie aus Eichenholz gebaut. „Der stumpfe Bug täuscht Trägheit vor“, sagt Els, „aber ich kann bis zu 89 Quadratmeter Segelfläche setzen. Dann kommt sie auf raumen Kursen ins Gleiten und fliegt wieselflink dahin. Wie die NORDWIND hat sie nur 70 Zentimeter Tiefgang. „Ideal für mein Revier. Egal, ob ich über die Neßmersieler Alpen muss (er meint das flachste Wattfahrwasser bei Baltrum) oder die Seemaulwürfe wieder Unterwasserhügel geschaufelt haben.“

Die Zeeshouw MIEN PROBLEM trägt im Bug zwei deutlich hellere Planken. „Da hatte ich nachts den Maibaum von Bensersiel mit dem Oberfeuer verwechselt. Ein kleines Malheur, als ich mit 7 Knoten gegen den letzten Pfahl des Hafenpriels knallte. Es ist nämlich so, dass man sich nachts beim Auslaufen aus Bensersiel mit Kurs auf Langeoog immer wieder umdreht, ob man noch die Peilung von Unter- und Oberfeuer hält. Den angeleuchteten Maibaum hatte ich nicht auf dem Schirm. 15.000 Euro sollte die Erneuerung des Vorschiffs kosten. Bei einem Holzhändler in Esens bekam ich abgelagerte Planken für 100 Euro und machte das mit einem Kumpel selbst.“ Woher der Name kommt? „Beim Bootswechsel von der NORDWIND gab es ein paar Neider. ‚Dat is mien Problem‘, sagte ich. Und so hatte ich gleich einen unverwechselbaren Namen, der einem pflegeintensiven Holzboot im doppelten Sinne gerecht wird.“

Zu Bäumen hat Els noch andere Geschichten auf Lager. „Maibaum klauen war früher eine schöne Tradition.

Mit vier Langeooger Freunden haben wir das mal auf der Nachbarinsel Baltrum geschafft. Ich lenkte die Wachmannschaft ab, bis irgendwann vier von ihnen auf mir drauflagen. Die Freunde klauten derweil den Baum und brachten ihn an Bord der NORDWIND. Vorne und hinten stand er 3 Meter über und ditschte im Seegatt mächtig in die Wellen ein. Aber wir haben es geschafft und ihn im Triumph zusammen mit der Feuerwehr auf Langeoog aufgestellt."

Doch seine besten Geschichten hat er auf See erlebt. „Ich trieb mal bei Flaute im pottendicken Nebel irgendwo auf den Nordergründen rum. Aus dem Nichts kamen plötzlich Schraubengeräusche und ein riesiger Bug tauchte auf. Nebelsignale waren längst angebracht, aber ich hatte ja nicht mal ne Schiffsglocke. Dann besann ich mich auf meine Bratpfanne und den Hammer. Das hat man wohl bis Bremerhaven hören können. Improvisieren war damals üblich. Weil ich Angst hatte abzusaufen, saß ich mal eine ganze Nacht mit umgebundener Luftmatratze an Bord. Vor Neuwerk hatte mich der Strom beim Ankern auf die steile Kante eines Priels gesetzt und mein Heck sackte immer tiefer, sodass achtern Wasser reinkam, ich lenzen musste und der Bug zu den Sternen stand. Ein Munitionssuchboot hat die Szene ausgeleuchtet, bis ich wieder aufschwamm."

Und noch eine Geschichte gibt er zum Besten: „Dösbaddelig musste ich einmal hinter meinem eigenen Boot herlaufen. Da bin ich auf eine Sandbank gebrummt und kam ohne Maschine nicht runter. Das Wasser konnte ja bei meinem Boot nur 70 Zentimeter tief sein. Also sprang ich in den Priel und schob von achtern an. Plötzlich war die Kiste frei und jagte unter gesetzten Segeln sofort los. Keine Chance, meinen Äppelkahn im hüfttiefen Wasser einzuholen. Über eine Sandbank habe ich mir in der nassen Hose einen Wolf gelaufen und konnte von Glück sagen, dass meine NORDWIND einen Kilometer weiter erneut auflief. Das Seegatt war nicht mehr fern und dann wäre Feierabend gewesen."

„Ansonsten kamen wir meistens pünktlich an. Nur die Hochzeit meiner Schwester haben mein Bruder und ich leider erst zur Nachtzeit erreicht, weil wieder mal ein Haufen Sand an der falschen Stelle lag. Meine Tischdame war mächtig sauer und die Schwiegereltern schauten etwas betreten auf die Schlickflecken unserer Hosen. Na ja, so isses eben an der Nordsee. Man muss ja bedenken, dass für uns Insulaner früher die Sportboote zugleich Beförderungsmittel für alles Mögliche und Unmögliche waren. Die Winter waren härter. Sie gingen zumeist mit monatelangem Eisgang einher. Manchmal waren wir drei Monate von größeren Warentransporten abgeschnitten. Also segelten wir im Herbst noch zentnerweise Kartoffeln zum Einkellern rüber auf die Inseln. Und für Frühstückseier am besten gleich lebende Hühner."

Els steckt voller Nordseegeschichten. Einem Wattwanderer hat er das Leben gerettet, als er ihn „wie eine Muschel vom Dalben" im Wattenmeer pflückte: „Zwischen Langeoog und Bensersiel lag damals auf Stelzen das „Hexenhaus", ein Flakgeschütz, an dem wir immer vorbeisegelten. In Anzug und Krawatte hatte ein Mann alleine eine Wattwanderung unternommen. Irgendwie sah das trotz des Ernstes der Situation auch lustig aus, wie seine Krawatte auf den Wellen dümpelte.

Hier geht ja manches geruhsam zu. Da haben die Leute Zeit für Döntjes oder ungewöhnliche Ideen. Wenn man beispielsweise ein Jagdhorn im Wattenmeer hört, dann ist das ein Kutterkapitän, der an Land im Haus nicht mehr üben darf. Oder ich erinnere mich noch an das alte Baggerschiff VAMPIR, den Vorgänger der SEEKRABBE. Es hatte eine lustige Truppe als Besatzung, die sich einen fernbedienten „Winkearm" auf die Brücke baute. Als wir mit einer Kiste Bier bei ihnen festmachten, hat das Schiff in Bensersiel über Stunden nur noch Wasser gebaggert."

Els kommt mit seiner herzlichen Art immer gut an. Er beendet in Sekunden jede Zurückhaltung. Er ist einfach sprühende Lebenslust. Wie alt jemand ist, spielt auch keine Rolle. So freut sich die 14-jährige Anna-Lena, Tochter eines Kutterkapitäns aus Neuharlingersiel, immer wieder, „wenn Els mit seinem Geisterschiff einläuft“. Das Haus ihrer Familie steht direkt am Hafen. Sie wundert sich nicht mehr darüber, wenn zur Mitternachtszeit sein Diesel beim Einlaufen im inneren Hafen herumpröttelt. Das kann nur er sein, weil andere Sportbootfahrer die unbefeuerten Prickenwege nachts meiden. „Ohne Els und seine Geschichten würde mir etwas fehlen. Er gehört fest zu unserem Leben. Ich kenne ihn, seit ich denken kann, und bin schon oft mit ihm gesegelt“, schwärmt das Mädchen.

Tatsächlich bleibt immer wieder jemand auf der Kaje stehen, begrüßt den Seebären oder möchte sich auf einen Schnack mit ihm verabreden. Längst hat er die Übersicht über die vielen Freunde und Bekannten verloren. Das stört ihn nicht. Darauf angesprochen, ob es denn wohl auch so etwas wie „Inselkonkurrenz“ gäbe, möchte er sich lieber nicht äußern. „Ich habe gehört, dass manche den neuen Hafen von Juist als „Landgewinnungshafen“ bezeichnen, erklärt er das bckannte Verschlammungsproblem. Trotzdem steht hier einer für den anderen ein und nimmt Anteil an den jeweiligen Sorgen der Nachbargemeinden. Betroffen machte ihn die Nachricht vom Auflaufen eines Tankers mit 87.000 Tonnen Rohöl auf eine Sandbank von Minsener Oog.

„Ich hoffe nur, dass in der engen Kurve nicht doch noch mal ein Unglück passiert. Unser aller Existenz hängt schließlich von Fischfang und Tourismus ab, sonst kann sich auf den Inseln wirtschaftlich keiner mehr halten“, sagt er nachdenklich

Heute um 09:30 Uhr wird es für Els und Harry Zeit, nach Hause zu segeln. Ihre Frauen warten auf sie. Ebbe und Flut bestimmen seit 70 Jahren einen Großteil ihrer Tagesabläufe. So setzen sie noch im Hafen die Fock und lassen sich vom frischen Ostwind gen Langeoog pusten.

„Einen Tipp habe ich noch, falls dich mal einer von einem besonders schönen Liegeplatz vertreiben will. Du musst nur den Inhalt deines Werkzeugkastens in der Plicht verteilen und betrübt kucken. Dann hat auch der härteste Hafenmeister Mitleid, weil du ja auf den Mechaniker warten musst. Bei der SAIL in Bremerhaven konnten wir so einen Tag an einem Logenplatz im vollen Hafenbecken festmachen …"

Ob er denn nicht allmählich zu alt wird fürs Segeln? Nein. Doch nicht mit 82! Els segelt weiter.

Der Gurkenkapitän: Kölsche Schnute auf der Schute.

In den 60er-Jahren des letzten Jahrhunderts herrschte Aufbruchstimmung. Pioniere des Fahrtensegelns schrieben Geschichten: Rollo Gebhard, die Kochs, Erdmanns und Schenks. Ihre Bücher erreichten Rekordauflagen – und darunter mischte sich das Freiheitsgefühl der „Flowerpower-Generation". Lange Haare wurden auch im Yachtsport salonfähig. Einer von ihnen trägt sie immer noch: Herbert Marx.

Herbert Marx wurde von Friesen assimiliert und ihrer Kultur hinzugefügt. Widerstand war zwecklos. Seither spricht der Wattensegler mit Rauschebart eine einzigartige Mischung von kölsch-friesischem Dialekt. Dem Küstenleben hat sich der gebürtige Kölner voll und ganz verschrieben. Ehrenamtlich arbeitet er im Deutschen Sielhafenmuseum von Carolinensiel. Freunde nennen Herbert Marx einfach nur „Gurken-Herbert".

Digitale Kunstwelten mag er nicht. Aber wenn es um Tipps und Tricks zum Refit traditioneller Boote geht, ist er „up to date“. Maritimes Leben seit Jugendtagen; der 60-Jährige begann seine 9 Meter lange ANNE-BERTA bereits mit 24 Jahren selbst auszubauen. Wie früher mutierte die Zeeschouw zum Handelssegler: Bei Küstenevents verkauft er fässerweise „glückliche Gurken“ direkt von Bord. Das trug ihm seinen Spitznamen „Gurken-Herbert“ ein.

Wer ihn, seine Geschichten und Gurkenspezialitäten kennenlernen will, sollte einfach im August die „Wattensail“ in Carolinensiel besuchen. 70 der schönsten Plattund Rundbodenyachten von der deutschen und niederländischen Küste sind bei Livemusik zu bewundern. Auch Kinder lieben den knuffigen Kerl: Ein Fünfjähriger meinte, „Gurken-Herbert“ sähe aus wie der Pirat der Schwammkopf-Serie „Sponge-Bob“.

„Meine Gurken sind so frisch, die zappeln noch! Nur den Handel mit Seegurken habe ich wieder aufgegeben. Sie wehren sich beim Fangen und springen immer wieder aus den Fässern!“, erzählt er fröhlich.

Es sind Geschichten wie diese, die man zu gerne glauben möchte. Sie zaubern ein Lächeln auf die Gesichter. Dass er den Spitznamen „Gurken-Herbert“ trägt, wusste er in den ersten Jahren nicht mal, doch er nahm ihn gerne an. Die Idee des Gurkenverkaufs von Bord ist allerdings nicht einfach zu kopieren. Es reicht nicht aus, nur ein traditionelles Boot zu haben und sich ein bretonisches Fischerhemd überzuwerfen. Der Vollbart musste erst wachsen.

„Du ahnst nicht, welchen Beruf ich in meinem ersten Leben hatte. Ich war Vollstreckungsbeamter der Stadt Köln. Humor öffnete trotz trauriger Anlässe manche Tür. Das hätte ich gerne weitergemacht“, berichtet er. „Aber irgendwann wurde ich vom Außendienst an einen Computer verbannt und musste Tausende von Datensätzen eingeben. Lieber Vollstreckungsbeschlüsse im Rotlichtviertel eintreiben als am Computer sitzen. Das stieß saurer auf, als ein Fass Gurkenwasser auszutrinken. Mein Magen machte nicht mehr mit und ich wurde in den Ruhestand versetzt.“

Wieso ein 24-jähriger seine Zeeschouw ANNE-BERTA nennt.

„Berta war die Freundin meiner Oma. Sie schenkte mir 50 Pfennig, die ich als Zehnjähriger in den Daddelautomaten im Keller meines Onkels warf. Damit gewann ich eine Serie und zum Leidwesen meines Onkels 80 Mark. Das war der Grundstock meines Sparbuchs auf ein eigenes Boot. Damals verbrachten wir regelmäßig die Ferien in Holland. Alte Boote haben mich in diesen Ferien tief geprägt. Ich sparte zunächst auf eine BM-Jolle.“

Und woher stammt dann der Name ANNE vor dem Bindestrich? „Das war meine Bekannte. Als ich 24 Jahre alt war, wollte ich einen Wibo-Stahlrumpf zum Selbstausbau kaufen. Auf der Messe in Amsterdam riet sie mir aber zu einer breiten Zeeschouw, die viel mehr Platz im Rumpf hatte. Eine Werft in der Nähe von Groningen machte mir ein Angebot und lieferte den nackten Kasko per Tieflader nach Köln. Auf dem Kirchengrundstück eines Küsters baute ich den Rumpf aus und einen Yanmar-Diesel ein. Der Bau auf geweihtem Boden scheint mir Glück gebracht zu haben. Der 36 Jahre alte Einzylindermotor hat immer noch die brachiale Leistung von 12 PS.“

ANNE-BERTAs Holzausbau verdankt er seinem Irish Setter und einer Waschmaschinen-Drechselbank. Und das kam so: Nach dem Kauf des Rumpfes war Herbert beinahe pleite. Doch beim Spaziergang am Rheinufer freundete sich sein Irish Setter mit einem anderen an. Dessen Herrchen war Geschäftsführer der größten Holzhandlung der Region. Er mochte Herberts Hund und das Bootsbauprojekt des jungen Seemanns. Also durfte Herbert bei ihm vorfahren und zum Einkaufspreis das benötigte Holz einladen.

Mit seinem ehemaligen Postwagen vom Typ VW-Fridolin, 34 PS, fuhr Herbert vor. Unter anderem bekam er eine Kambala-Bohle, gewaltige 30 Zentimeter stark und 5,5 Meter lang. Fridolin ging achtern in die Knie. Schon nach der ersten Bodenwelle eines Bahnübergangs war die Fahrt zu Ende: Die gelbe Kiste hing mit den Vorderrädern in der Luft und ragte in das „Lichtraumprofil“ durchfahrender Züge. Dank damaligem VW-Heckantrieb konnte er zurücksetzen. Mit einem eiligst geliehenen Fuchsschwanz säbelte Herbert die Tropenholzplanke in zwei Stücke und sorgte wieder für Bodenkontakt der Räder. Der Küster lieh ihm später seine selbst gebaute Drehbank, bestehend aus einer Einspannvorrichtung mit Waschmaschinenmotor. „So habe ich die Belegnägel selbst gedrechselt. Einen hatte ich stets nach Seemannsart als Meinungsverstärker am Niedergang liegen, aber nie gebraucht. Unsere Schifferszene sieht zuweilen wild aus, ist aber friedlich und trägt die Sonne im Herzen!“

Nach zweijähriger Ausbauzeit schwamm ANNE-BERTA im Rhein. Dann erhielt sie ihre Takelage und einen Liegeplatz auf dem Heeger Meer. Eigentlich musste er die Niederlande einmal im Jahr mit dem Boot verlassen, weil sonst die Mehrwertsteuer des Nachbarlandes zu berappen gewesen wäre. Aber mit seiner Aufrechnung brachte Herbert die niederländischen Zollbeamten ins Grübeln. Er hatte sechs Semester ihre Sprache studiert und stellte ihnen folgende „Textaufgabe“:

„Der Rumpf wurde in der Nähe von Gronigen gebaut, erst in Deutschland erhielt die Zeeschouw den Holzausbau mit deutschem Holz, aber in den Niederlanden danach die Takelage. Rund 2000 Arbeitsstunden meiner Eigenleistung stecken im Rumpf, erbracht in Deutschland. Die wichtigsten Materialien wurden aber in den Niederlanden gekauft und folglich bereits versteuert. Wie groß wäre der nachzuversteuernde Anteil deutschen Holzes und privater Arbeit?“ Der Wirtschaftskrimi wurde nie aufgeklärt und war irgendwann durch den europäischen Wirtschaftsraum obsolet.

Auf andere Art schrieb ANNE-BERTA weiterhin europäische Seglergeschichte. Zur Wende war sie mutmaßlich das erste „West-Plattbodenboot“ mit Kurs auf die Küste der nun ehemaligen DDR. „Als ich in Timmendorf auf Poel anlegte, habe ich die DDR-Grenzer erst beim Klopfen an ihrer Baracke aufmerksam gemacht. Sie haben verwundert auf den platten Bug geschaut und sich gefragt, wie so etwas durch die Wellen kommt.“

Wie wird man zum Gurkenverkäufer?

Als Herbert Marx 1989 bei der SAIL in Hamburg mit einer Flotte von 30 Booten aus dem niederländischen Harlingen auf der Binnenalster vor dem Hotel Vier Jahreszeiten anlegen durfte, kam erstmals der Gedanke, mit dem Nachbau eines „Küstenarbeitsbootes“ den Kleinhandel alter Art sporadisch wieder aufzunehmen. Doch erst 2001 begann er bei der WATTENSAIL in Carolinensiel mit dem Geschäft. Für sein Bötchen kaufte er von einem Böttcher dekorative Fässer, passend zu vorhandenen Kunststoffeinsätzen. Ein Zugeständnis an das Lebensmittelgesetz, denn in Deutschland darf Verzehrgut nicht mehr aus schwer zu reinigenden Holzfässern verkauft werden.

Beim ersten Gurkenverkostungstag in Carolinensiel kam zufällig der Geschäftsführer eines großen Gemüseproduzenten aus Otterndorf an Bord. Er verbrachte in Carolinensiel seinen Urlaub. Herbert erhielt seine persönliche Ausnahmegenehmigung, direkt bei der Firma an der Niederelbe in Otterndorf vorfahren zu dürfen. Wo sonst nur LKW-Ladungen abgenommen werden, durfte er mit seinem „Bonsai-Bus“ vom Typ Suzuki Carry die Kleinmenge von 200 Kilo mit gerade einmal 20 Fässern abholen. Mehr passt nicht in die Kajüte der ANNE-BERTA, wenn sie noch halbwegs bewohnbar sein soll. Mit Leinen und dazwischengeklemmten Kissen wurde die Fracht gesichert. Diese Ladung segelte Herbert zur SAIL nach Bremerhaven und wurde schnell zum Star der Kaje. In nur drei Stunden war er ausverkauft, als ob in Bremerhaven Gurkennotstand herrschte. Ein Euro je Grünling füllte seine Bordkasse. „Den Preis habe ich seit zwölf Jahren nicht erhöht. Das ist kunden- und kopfrechnungsfreundlich“, schmunzelt er.

Eingeladen wurde er auf der SAIL zur Runde der Kapitäne aus aller Herren Länder. War sein Boot auch noch so klein, gehörte er als „Handelskapitän“ und dem Outfit des Seebären dazu. Einmal segelte er mit einer vollen Kajüte Spaghetti zurück, die durch einen Zustellirrtum im Morgengrauen auf ANNE-BERTA landeten anstatt auf einem russischen Großsegler.

Vom Kölner Finanzspürhund zum Touristenleitwolf von Carolinensiel.

Der Eigner der ANNE-BERTA erzählt. „Im Jahr 2001 suchten meine Frau und ich eine neue Heimat samt maritimer Aufgabe irgendwo am Wattenmeer. Carolinensiel war ideal, weil ich dort einen beinahe kostenlosen Liegeplatz in Verbindung mit ehrenamtlichen Aufgaben des Sielhafenmuseums bekommen konnte.“ Sie verkauften ihr gerade erst renoviertes Fachwerkhaus und zogen in ein kleines Häuschen in Deichnähe.

Irgendwie spürt man, dass im Deutschen Sielhafenmuseum Segler mitwirken: Es stellt mit Stationen zum Mitmachen das Leben in den Sielhafenorten ab Mitte des 19. Jahrhunderts dar. Themen sind beispielsweise Frachtsegelschifffahrt und Handwerk, Deichbau und Fischerei. Technikinteressierte sehen ein Schnittmodell eines uralten Zweizylinderdiesels, dessen Mechanik in Bewegung gesetzt werden kann. Im Museum ist eine Kinderkajüte mit „sprechenden Tauen“ besonders beliebt. Herbert erklärt die

Technik des Schöpfwerkes von Harlesiel oder erzählt Kindern Seemannsgeschichten an Bord des Museumsschiffes GEBRÜDER.

Sein Segelkumpel, der 55-jährige Jürgen Wolff, mit dem er oft auf See ist, engagiert sich im Museumsladen. Er präsentiert eine wahre Fundgrube maritimer Literatur kleiner Verlage, wie Segler sie selten finden.

Dass es das Museum und den malerischen Ortskern mit seiner ständig vertretenen Flotte klassischer Schiffe noch gibt, ist einer Gruppe von engagierten Einheimischen um Frerich Eilts zu verdanken. Sie sorgten dafür, dass der 1962 für Parkplätze zugeschüttete Hafen im Jahr 1987 wieder instandgesetzt wurde. Kaum war man fertig, kamen die Traditionsschiffe und ergänzten die malerische Kulisse. Ein gutes Beispiel für ein gelungenes Zusammenspiel von Einheimischen und Seglern.

Rund 70 ehrenamtliche Mitarbeiter helfen im Museum, weitere 20 gehören zum Kreis der Wattensegler von Carolinensiel. Unter ihnen hat „Gurken-Herbert" seinen Kreis geschlossen, den er mit dem Gewinn am Daddelautomaten seines Onkels vor 50 Jahren begann.

Jährlicher Höhepunkt der Szene ist an jedem zweiten Augustwochenende die WattenSail, eine Regatta nicht nur für Traditionsschiffe. Die schönste Flotte weit und breit lässt im Hafen von Carolinensiel ein buntes Meer von Flaggen und Farben entstehen. Highlights der Handelswaren sind vornehmlich grün in der Geschmacksrichtung Gewürz- oder Salzgurken. Neulich fragte jemand, ob er auch Spreewaldgurken hätte. „Nee", antwortete auf seine unnachahmliche Art der Gurken-Herbert. „meine glücklichen Gurken stammen von der See und nicht von der Spree."

Hugo Wehner: Der Segler, der ein besonderes Buch hinterließ.

Wie kann man mit 20 wissen, was man mit 40 oder 50 möchte? Es erstaunt mich immer wieder, dass sich die Liebe zum Reisen auf dem Wasser wie ein roter Faden durch mein Leben zieht. Der Autor Hugo Wehner ist daran nicht ganz unschuldig, obwohl er nur ein Buch geschrieben hat: Tagedieb und Taugenichts. *Es ist mein Lieblingsbuch. Und selbst Rollo Gebhard sagte mal zu mir, es sei wohl das schönste aller Segelbücher.*

Ursprünglich stammt Hugo Wehner aus Hannover. Äußerlich ein Anhänger der Hippieszene, unternahm er in den 70er-Jahren, als auch ich noch ziemlich lange Haare hatte, einen spektakulären Segeltörn: Zwar lief seine ursprüngliche Crew schon in Frankreich auseinander, aber mit seiner neuen französischen Freundin kam er bis nach Australien. TAGEDIEB hieß sein Boot und TAUGENICHTS der Honigbär, den er in Südamerika aufgabelte. Unterwegs machte Hugo „aus dem Bauch heraus" alles richtig und in der Praxis vieles falsch – wie die Mitnahme eines zuvor unbekannten Schmarotzers über den Atlantik. Oder die Fahrt von Panama zur Kokosinsel. Er segelte durch ein berüchtigtes Flautengebiet mit einem defekten Motor. Statt des Piratengoldes, das angeblich historisch verbürgt auf der Insel versteckt ist, fand er ein halb verhungertes Aussteigerpärchen aus Deutschland. Was Hugo so sympathisch macht, ist seine ehrliche Art. Jeder Fehler wird eingeräumt und mit Humor beschrieben. Dazu diese liebenswerten Geschichten über seinen Honigbären. Sein Bericht endet in Australien, wo er Arbeit fand und wegen des Verbots der Einfuhr von Haustieren seinen geliebten Honigbären in einem Zoo unterbrachte. Ich zitiere seinen letzten Buchsatz: „... weil ich innerlich nicht ruhiger werde, ist mir die Zukunft klar: ein Segelboot zu bauen, TAUGENICHTS zu klauen und einfach abzuhauen.“

Zu gerne hätte ich mehr von ihm gelesen. Wie ging seine Geschichte weiter? Im November 1998 las ich einen Bericht in der YACHT über den Piratenüberfall auf eine Familiencrew vor der jemenitischen Küste. Der Skipper berichtete, wie er mit seiner Frau und seiner neunjährigen Tochter auf einem 35-Fuß-Stahlsegler unterwegs war. Piraten kamen mit einem Boot längsseits und wollten ihn zwingen, sein Schiff auf den Strand zu setzen. Er konnte das Entern im letzten Augenblick verhindern und unter Beschuss mit seiner Familie entkommen. Noch ehe ich den Bericht ganz gelesen hatte, erkannte ich den Autor wieder: Hugo Wehner. Also war er doch wieder auf See. Ich schrieb ihm einen Brief, den die YACHT-Redaktion an ihn weiterleitete. Ein paar Tage später erhielt ich eine Antwort von ihm. Ich denke, dass er nichts dagegen hat, wenn ich seinen Brief auszugsweise wiedergebe. Denn so, wie sein Buch meine Sehnsucht nach maritimen Abenteuern gefördert hat, hat sein Brief auch meine weiteren Pläne beeinflusst.

Hugo Wehner schrieb mir einen Brief:

Hallo Holger,

es ist schön, zu erfahren, dass meine Segelerlebnisse eingefleischte Landleute zum Umstieg auf das Wasser bewegen. Ich dachte immer, beim Lesen von Tagedieb und Taugenichts *träte eher das Gegenteil ein ...*

Was das Segeln betrifft: Unser Törn von Brisbane via Christmas Island, Cocos Keeling, Sri Lanka und Oman in das Mittelmeer brachte uns ca. 20 Prozent Fröhlichkeit und 80 Prozent Missmut. Das Wetter spielte dabei eine grundlegende Rolle. Meist stürmisch an der australischen Ostküste. Im Indischen Ozean absolut kein Wind bis zur Christmas Insel. Von Cocos nach Sri Lanka war schön. Das „sanfte" arabische Meer jedoch „beschissen"! Immer rau und gegenan ...

Ja, und das Mittelmeer! Für mich gräulich und unverständlich stürmisch. Wer hier gern segelt, kann überall segeln. Dieses Jahr – das El-Nino-Jahr – bescherte auch dem Mittelmeer besonders schlechtes Wetter. Für mich hieß das von Mai bis Anfang November meist Sturm, 90 Prozent Gegenwind, dazwischen trügerische Flaute, dann 8 bis 9 Beaufort. Mein Geheimtipp, natürlich subjektiv: der Pazifik; Marquesas, Tonga, Fiji, Neuseeland. Vieles hat sich in den letzten 10 bis 15 Jahren geändert und nicht immer zum Besten ...

Dennoch: Der Pazifik ist immer noch die letzte Freiheit. Und natürlich Australien.

Unsere Zukunftsplanung: Das Schiff wird verkauft. Die Gründe sind vielfältig. Hauptgrund ist die soziale Isolation unserer Tochter von Gleichaltrigen. Auch möchte sie heim, was vorrangig ist und immer war. Also leider kein neues Buch von mir.

Wie geht es bei uns weiter? Nun, erst mal ein paar Jahre aufs feste Land, Schule und andere Interessen, denn für uns ist der Wechsel wichtig. Und später ... vermutlich ein Schiff. Ausschließliches Segelgebiet wird der Pazifik sein.

... wir sind seit 7 Tagen bei Freunden in Deutschland. Der Himmel liegt tiefgrau, es regnet, es ist nasskalt. Typisch deutsche Wetterlage. Der Makler schreibt, er hat einen Kunden für unser Schiff gefunden. Hoffentlich klappt es. So geht es zurück nach Alicante und hoffentlich bald wieder in das sonnige Australien.

Alles Gute und viel Glück für die anstehende „Traumreise in die Südsee".

Sei herzlichst gegrüßt,

Hugo Wehner

Dieser Brief war für mich das letzte Lebenszeichen von Hugo Wehner. Was aus Hugo wurde, ist nicht klar. Mehrere Autoren haben nach ihm gesucht – erfolglos. Ein Fahrtensegler schrieb mir aus Neuseeland, dass Hugo inzwischen verstorben wäre. Wer diese Frage beantworten kann, wird um Nachricht gebeten.

Dass er vorerst wegen seiner Tochter weitere Langfahrten zurückstellte, kann ich gut verstehen. Ähnlich ging es mir, als ich rund Südamerika segeln wollte und zuvor meine Jugendliebe wiederfand. Wir heirateten und ich wurde zum Zweitpapa einer kleinen Stieftochter. Grund genug, zwar weiter an Bord zu leben, aber die Langfahrt ein paar Jahre zu verschieben. Kap Hoorn kann warten.

Elina und Hartmut: Zwei Zugvögel zwischen Barcelona und Turku.

Elina Vesilahti und ihr Mann Hartmut Hecht pendeln zwischen europäischen Breitengraden. Im Sommer sind sie im Norden unterwegs, im Winter im Süden, aber immer auf dem Wasser. Schon Elinas finnischer Name ist maritim. Übersetzt heißt er „Wasserbucht". Ihr Mann, der 69-jährige Hartmut Hecht, kommt ursprünglich aus Bremerhaven. Die ein Jahr jüngere Finnin hat ihn 1965 geheiratet. Er hat ihre Staatsangehörigkeit angenommen. Vier Jahre lebten sie auf einem 7-Meter-Boot, seit sechs Jahren auf einem größeren Motorsegler. Auf dem Kanal du Midi waren sie wieder nach Norden unterwegs – ein wahrhaft „europäisches Paar".

Ich lernte die beiden im Bremer Hohentorshafen kennen. Einen Winter haben wir „Bord an Bord" zusammen verbracht. Ich fragte Elina: „Bei aller Romantik des Reisens im kleinen Boot: Gab es Momente, in denen du lieber wieder im Holzhaus an Land gewesen wärst?"

Sie antwortet: „Na ja, in seltenen Situationen bei Sturm führten uns die beengten Verhältnisse an die Grenze. Ich erinnere mich gut an unseren Biskaya-Törn bei Windstärke 8, als uns die französische Marine auch noch aus dem militärischen Sperrgebiet direkt wieder auf die offene See schickte.

Aber wirklich mulmig wurde es mir nur einmal im Nebel bei der Ansteuerung von Cherbourg. Dazu diese verflixten Tidenberechnungen. Einmal waren wir mit 13 Knoten im Nebel unterwegs."

„Ist Seefestigkeit eine der Grundlagen für Harmonie an Bord?", frage ich.

„Ganz sicher, aber da ist noch so viel mehr, weswegen wir auch im Kleinstboot gut zurechtkamen. Wir haben in unseren 48 Ehejahren alles gemeinsam gemacht. Hartmut bleibt in schwierigen Situationen völlig ruhig. Das gibt mir auch bei Sturm die Kraft und ich sage zu mir: ‚Da müssen wir durch.‘ Und dann im Hafen ist man stolz auf das gemeinsam Geleistete. Sein Humor bringt mich oft zum Lachen.“

Ich bin neugierig: „Warum habt ihr überhaupt vier Jahre mit Hund auf einem so kleinen Boot gelebt?“

„Das hatte emotionale Gründe. Das finnische Boot vom Typ Medusa hatten wir seit 1995. Es war ein kleines Raumwunder. Als Langkieler mit 3 Tonnen Gewicht lag es gut in den Wellen. Unsere erste zweijährige Reise begann 1999.

2001 war ich dann lebensgefährlich erkrankt und erkannte, wie wertvoll Zeit ist. Ich wurde gesund und arbeitete wieder als Krankenschwester. Mit der glücklichen Zeit der ersten Reise im Kopf wollten wir wieder los. Wir verkauften auch unser Waldhaus. Von Finnland aus ging es hinunter nach Barcelona.“

„Euer zweites Boot, der niederländischer Motorsegler HELENE, ist jetzt 11 Meter lang ...“

„Man wird leider nicht jünger. Und ich backe für mein Leben gern. Gerade habe ich Pulla-Kuchen gebacken. Eine finnische Spezialität. Denn wenn ich mit Mehl, Eiern und Teigrolle hantierte, konnte Hartmut nicht mehr in die winzige Kajüte. Im Winter war das unkomfortabel. Deutsche sind für uns Skandinavier Südländer und frieren so schnell …“

Ich muss lachen. „Dann ist Hartmut ein Warmduscher?“

„Er hat sich angepasst und sogar tagelange Ausflüge auf dem Hundeschlitten in Lappland bei minus 40 Grad unternommen. Ich bewundere seine Flexibilität. Als gelernter Zimmermann und später im Zweitberuf als Fernsehtechniker hat Hartmut in unserem eigenen Geschäft in Lahti gearbeitet. Es gibt wohl nichts, das er nicht reparieren kann.“

Viele Menschen träumen vom freien Leben auf dem Wasser, aber können sich nicht von ihren Bindungen lösen. Ich frage sie, was sie solchen Menschen rät.

„Man sollte sich nur konsequent von materiellen Dingen trennen, so wie wir von unserem selbst gebauten Blockhaus. Aber Familiäres bleibt. Unsere Tochter wurde in Finnland geboren und lebt in Bremen. Wir haben zwei Enkel, die ich manchmal sehr vermisse. Doch Entfernungen sind in Europa durch das Internet und günstige Flugverbindungen kein Problem mehr. Mit unseren 2000 Litern Diesel an Bord tanken wir zum Beispiel erst wieder im günstigen Luxemburg. Den nächsten Winter verbringen wir heizungsfrei in Barcelona. Da sind Familienbesuche per Flugzeug finanzierbar. Und nach Bremen fliegt man von dort oft preiswerter, als wenn man mit der Bahn aus der Nähe anreist.“

„Wie lange wollt ihr auf dem Wasser leben?“, frage ich.

„Solange wir die Lust am Wasserwandern, die Neugier auf Europa und auf die Menschen nicht verlieren. Und natürlich muss die Gesundheit mitspielen. Wir haben so viele Freunde in aller Herren Länder gewonnen.“

„Hand aufs Herz: Ihr habt in beiden Ländern lange gearbeitet. Wo möchtet ihr bleiben, falls Ihr an Land zurück müsst?“

„In der skandinavischen Wildnis haben wir ein besonders freies Lebensgefühl. Sie bleibt unsere wahre Heimat. Und die Gesetzesbücher sind dort nur halb so dick. Eines Tages kehren wir zurück. Hoffentlich zusammen!“

Von Seezwergen.

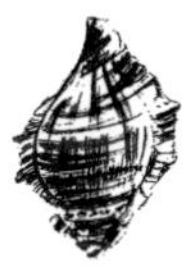

Immer wieder treffe ich Wassersportler, die sich bewusst für ein kleines, spartanisches Boot entscheiden. Weil ich selbst mehrmals von komfortablen 9 bis 10 Meter langen Booten zurück zum Trailerboot wechselte, weiß ich, dass Freude auf dem Wasser mit Größe nichts zu tun hat. Kleine Boote findet man auf Binnengewässern häufig, aber in Seehäfen sind Seezwerge selten. Vier Paare berichten von ihren großen Fahrten in winzigen Kajüten.

Gegen den Strom: Vom Glück auf 6 Metern.

Ihr erster gemeinsamer Törn nach Wangerooge begann für die Crew der HELGA mit einer Kollision: „Wohin soll ich steuern?" Monika Westerbur sitzt noch unsicher an der Pinne der Privateer 20, wundert sich über die Abdrift. „Halt einfach auf die rote Tonne zu", sagt Torsten. Er ist auf dem schmalen Vorschiff mit dem Bergen von Klüver und Fock beschäftigt. „Der Strom ist so stark", ruft sie noch und – rumms – hat die frisch lackierte HELGA etwas „Tonnen-Rouge" auf ihre grünen Wangen bekommen.

Klipperbug, Kuttertakelung, Klüverbaum – doch alles nur 6 Meter lang. Ihr erstes Segelboot zieht die Mittdreißiger Torsten Bünting und Monika Westebur in die Szene hinein. Die Privateer 20 lässt das junge Pärchen auf jedem Törn ein wenig mehr von der Seglerszene erleben. 1,23 Meter ist die „Kajüte" hoch. Trotzdem schwärmen sie von ihrer gemeinsamen Saison.

Torsten Bünting hatte keine Ahnung, was für ein Boot er von seinem Onkel gekauft hatte. Er nahm es, weil es im richtigen Augenblick da war. „Die 44 Jahre alte HELGA hatte neue Segel, aber Lack und Holz waren in einem erbärmlichen Zustand", erzählt er.

Der Energieelektroniker und Schweißer überholte das Boot bis in den letzten Winkel: „Aber versuch mal, mit einer Körpergröße von 2 Metern am Ende einer nur 30 Zentimeter breiten Hundekoje zu werkeln. Das ist eine Aufgabe für Entfesselungskünstler."

Wie sieht es mit der Seetauglichkeit aus? „Natürlich habe ich vor den Seegatten Respekt", sagt Torsten. „Bei nördlichen Winden sind sie tabu. Bei Windstärke 8 segelte ich einmal über die Otzumer Balje von Spiekeroog nach Langeoog. So habe ich die Grenzen des Bootes kennengelernt."

„Und weil ich Saxophon lerne, tun in der Weite der See den Nachbarn nicht die Ohren weh“, schmunzelt Monika. „Wer es mehrere Wochen zu zweit in einer 1,20-Meter hohen Krabbelhöhle aushält und das auch noch schön findet, passt zusammen.“

Torsten und Monika lieben ihre grüne Kiste, wissend, dass sie für das Wattenmeer taugt und nicht für die hohe See. Einen Törn auf der offenen Nordsee würden sie nur bei bester Wetterlage unternehmen, aber das Wattenmeer und sieben Inseln vor der Haustür bilden ein traumhaftes Revier: ein großes Abenteuer für ein kleines Boot.

Vollblutsegler im Folkeboot

Von gummigleichen Verrenkungen kann auch Folkeboot-eigner Gerd Peinemann-Zurheiden berichten: „Als ich Rückenprobleme bekam, wurde die Kajüte unserer Hansajolle zu klein“, berichtet der 180 Zentimeter große Skipper – und hat nun 160 Zentimeter „Sitzhöhe“ im Folkeboot.

Als ich Gerd treffe, frage ich ihn: „Hätte es nicht größer sein dürfen. Vielleicht jetzt, mit Ende 50?“

„Niemals. Meine Frau liebt das einfache Leben im Folkeboot!“ Petra Zurheiden stimmt ihm uneingeschränkt zu: „Es ist die unmittelbare Nähe zum Wasser; keine Reling, pures Segeln.“ Sechs Wochen waren sie gerade wieder unterwegs: von der Nordsee via Nord-Ostsee-Kanal in die Ostsee nach Samsö.

Folkeboote sind in der Nordsee selten: Dieses Pärchen favorisiert ihren skandinavischen Riss trotzdem, auch wenn sie nicht aufrecht trockenfallen können. Die beiden sind ein Team. Das sieht man schon beim Ablegen: Alles geht Hand in Hand; der Motor wird abgestellt, sobald das Großsegel steht. Eigentlich brauchen sie ihn nicht, so wie sie selbst in engen Steggassen ihre Manöver fahren. 31 Jahre sind sie verheiratet, vor 13 Jahren von Hannover nach Wilhelmshaven gezogen – des Segelns wegen.

Als ihr Kind noch klein war, waren sie zu dritt wochenlang mit der motorlosen Hansa-Jolle unterwegs: schwedische Schären, dänischer Limfjord. Auf einer Wiese hatten sie das erste Holzboot vor 29 Jahren entdeckt und wieder fit gemacht. Kein Problem für den Tischlermeister.

Nur seines zwickenden Rückens wegen wechseln sie auf ein hölzernes Folkeboot, segeln es sieben Jahre. Dann sollte es etwas pflegeleichter sein, ein Folke mit GFK-Rumpf, aber immer noch mit Holzdeck – „wegen der schönen Kajütdecke". So finden sie TJUMS und lassen dem Boot den Spitznamen der Tochter des Erstbesitzers. Aber ein neues Teakdeck wird spendiert. Es wurde selbst verlegt. Seither sind sie rundum glücklich an ihrem skandinavisch anmutenden Waldufer des Hooksieler Tiefs. Passt ein Folkeboot ins Wattenmeer? „Trockengefallen sind wir nicht, aber wir könnten Wattenstützen nachrüsten", erzählen sie.

Der Tiefgang ist mit 1,20 Meter moderat und bei 7,6 mal 2,2 Meter passt TJUMS in jede Box: „Mit Wehmut hat der Skipper einer veritablen 14-Meter-Yacht zu uns heruntergesehen und uns im Vergleich mit seinem gewaltigen Großsegel um die schnelle Seeklarheit beneidet."

Ihr Boot besitzt ein Groß- und ein Vorsegel an Stagreitern. 24 Quadratmeter Segelfläche – mehr gibt es nicht. Auch innen wirkt das Boot wie ein Daysailer. Da liegt nichts herum, obwohl sie urlaubsklar sind. Einsam fristet eine Batterie mit 36 Ampere im Kiel ihr Dasein, nur wenig beansprucht von ein paar LED-Leuchten. Die Pantry besteht aus einem Origo-Spirituskocher, einflammig. Und sie haben wegen der Optik keine Sprayhood, ergänzt Gerd. So erübrigt sich auch die Frage nach einem muffelnden Chemie-WC. Die Pütz muss reichen. Spartanisch wie die

Kajüte ist auch die Navigation: GPS, Kompass, Echolot sowie neuerdings als Backup bei Seenebel ein kleiner Kartenplotter. Und so segeln sie, dem Wasser so nah, wie sonst nur Jollensegler, aber auf einem Kielboot mit Sicherheitsreserven für schweres Wetter.

Großstadtpiraten auf zwei Kleinstbooten.

Nur sechs Wochen Leben an Bord sind einem Bremer Pärchen zu wenig. Ihre Freiheit auf dem Wasser hat keine Saison.

Lange Haare, ein goldener Ohrring, gerne im maritimen Ringelshirt: Jörg Juskowiak wirkt auf den ersten Blick nicht wie ein 50-Jähriger. Und seine Freundin Nomena Struß teilt zunehmend seine Freiheitsliebe, ohne ihre eigene aufzugeben.

Jörg lebt an Bord mitten in Bremen: Im Sommer im Hohentorshafen, im Winter im Museumshafen von Vegesack; nur den Bruchteil einer Wohnungsmiete betragen die Liegeplatzkosten in bester innerstädtischer Wasserlage.

Dabei ist er ein genügsamer Lebenskünstler, der niemandem etwas schuldig bleibt. Seit 2009 lebt er an Bord, zuerst auf 6, dann auf 7 Metern Länge. Beim Wechsel auf das „große Boot" übernahm seine Freundin Nomena Struß sein kleines Boot und blieb neben ihm am selben Steg.

Jörgs Hang zum Wasser begann in Recklinghausen beim Kanu-Verein am Rhein-Herne-Kanal. Während sich andere von ihrem Konfirmationsgeld ein Moped kauften, besorgte er sich ein Schlauchboot mit Außenborder. 1988 verschlug es den Friedhofsgärtner nach Bremen, um in einem Kurs sein Abitur nachzuholen. Dazu SBF See und BR-Schein. Für wenig Geld fand er eine Kolibri 560 am Weserstrand, zog die Segel hoch und schipperte bis Nordenham. Versehentlich rammte er die Ansteuerungstonne der Hunte, lernte dabei, wie wichtig Voraussicht ist und wie brüchig Sperrholz sein kann. Für 3000 Euro ersteigerte er bei Ebay eine Leisure 20. Als 2009 seine Ehe in die Brüche ging, zog er an Bord des Seezwergs.

Das Wetter spielt für Jörg Juskowiak beim Leben an Bord in Bremen keine Rolle mehr. Er nimmt es, wie es kommt, stellte im ersten Winter fest, dass der Heizlüfter keine Mühe mit der winzigen Kajüte hat. Eine Toilette gibt es nicht, aber Duschen und WC in der stadtnahen Marina an Land. Er gewöhnt sich an die Enge, hat nicht mal eine Kuchenbude – aber dafür genug Sonnenlicht für seine Kräutertöpfe im Cockpit. Im Sommer klappert er gerne die ostfriesischen Inseln ab. Manchmal geht es nach Helgoland – stets unter Segeln, weil der Suzuki-Außenborder im Schacht nach ein paar Minuten an seinen eigenen Abgasen erstickt.

2011 stößt er auf eine Reinke Omega, knapp über 7 Meter lang, aber nicht mit mehr Komfort, „ein verbastelter Eigenbau aus Stahl“, an dem er viel ändert. „Und Stehhöhe hatte ich mit meinen 1,84 Meter immer noch nicht.“

Zu dieser Zeit lernt er Nomena Struß kennen, Schauspielerin aus Berlin. Zwar hat sie eine kleine Zweitwohnung in Bremen, aber darin fühlen sich beide nicht recht wohl. Wenn sie zusammen sind, dann stets an Bord. Nur: Die Reinke ist dafür im Winter zu klein, die enge Vorschiffskoje wird bei großer Kälte zur Tropfsteinhöhle. Ein weiterer Grund für Nomena, ihre kleinere Leisure 20 zu behalten. „Es geht um ein gefühltes Stückchen Eigenständigkeit; mal eben ausbrechen und auf eigene Planken wechseln, wenn mir danach ist“, erklärt Nomena ihre Sicht der Dinge. „Freizeit verbringen wir mit unseren Booten oder fliegen zum Tauchen nach Malta.“

Weil ihnen 7 Meter auf die Dauer zum gemeinsamen Reisen doch etwas zu knapp erschienen, haben sich Jörg Juskowiak und Nomena Struß dann doch noch etwas vergrößert. Doch zwei Boote besitzen sie immer noch: Die Reinke wurde verkauft. Dafür kam eine betagte Emka 29, mit der sie bei frischem Aprilwind gleich zum „Punkkonzert" auf die Helgoländer Düne segelten.

Unterwegs mit einem winzigen Motorboot.

Zunächst hat niemand verstanden, warum die beiden Mittfünfziger Uwe und Anne von Hollen ihre Reinke Secura verkauften, um einstweilen so frei wie möglich nur noch mit dem winzigen Motorboot KEENTIED unterwegs zu sein. Dabei bietet der 4 Meter kurze Zwerg nichts, was man an einer Segelyacht schätzt: keine Stabilität, keine Eleganz, keinen Komfort.

Natürlich bietet ein winziges Motorboot nicht annähernd den Komfort wie ein Segelboot. Uwe und Anne lieben ihr Böötchen dennoch. In ihrer Nussschale KEENTIED wird jede Heckwelle zum Abenteuer.

„Damit wollt ihr verreisen?" Freunde zweifelten an ihrem Verstand. Doch warum sollte man als gestandener Erwachsener nicht die gleiche Freude im winzigen Boot empfinden wie zu Jugendzeiten mit Segeln aus Bettlaken?

„Ich bin an der Unterweser aufgewachsen, hatte ein umgebautes Rettungsboot mit provisorischem Mast. Dann folgte ein schneller 25er Jollenkreuzer und zuletzt die komfortable Reinke", erzählt Uwe.

„Wir wollten unsere Urlaubszeit nicht mehr nur dem Boot widmen. Mittlerweile sind wir sogar öfter auf unserer Lieblingsinsel Spiekeroog, lassen die Lütte für ein paar Euro Liegegeld da oder ziehen sie in Neuharlingersiel auf den Trailer." So schaufelten sie sich einen Zeitkorridor für andere Segelträume: Anne heuerte als Trainee auf dem Dreimaster CHRISTIAN RADICH an. Uwe segelte auf der Elbe an Bord der ILLBRUCK mit.

Um „bewohnbar" zu werden, musste die 2000 Euro günstige Hartschale vom Typ „Corsiva" ausgestattet werden. Dazu kam für 2500 Euro ein Suzuki-Motor. Mit 15 PS erreicht der rasende Zwerg bei glattem Wasser 18 Knoten. Ganz wichtig war die dunkelblaue Persenning mit motorumschließendem Mückennetz; nochmals 3000 Euro wurden hierfür fällig.

Uwe von Hollen studierte in jungen Jahren an der Seefahrtschule in Elsfleth. Als Offizier der Handelsschifffahrt war er weltweit unterwegs, bevor er als Schiffsmakler an Land blieb. Auch seine Frau Anne ist mit der Seefahrt aufgewachsen. Ihr Vater war Funkoffizier, den sie gelegentlich auf seinen Reisen begleiten durfte.

„Einfach zu reisen ist unsere Passion", sagt Anne von Hollen heute. „Wir waren weltweit als Backpacker unterwegs, haben in Südafrika zehn Tage in einem Kral gelebt.

Da ist KEENTIEDS Koje vergleichsweise komfortabel, besonders wenn man sich Coffee to go und belegte Brötchen bestellen kann."

Und wie ist es bei schlechtem Wetter? Sogar im April trifft man sie auf den ostfriesischen Inseln. „Bei Regen ist es wie das Leben in einer Trommel – aber ich bin eine Leseratte; Licht liefert die kleine Bordbatterie über LED. Und Lokale laden zum Verweilen ein."

„Bei 5 Beaufort fuhren wir nach Juist", erinnert sich Uwe von Hollen. „Unter kalten Duschen überquerten wir die Osterems weiter nach Borkum und dann ging es ein paar Tage später zurück über Norderney und Baltrum. Je nach Windrichtung und Stromzeit erkenne ich, wo die Fahrt sicher ist. Mit 20 Zentimeter Tiefgang ist das Abkürzen einfach, um Seegatten zu umfahren."

Planungsfreiheit: „Heute sind wir auf dem Meer, morgen vielleicht auf der Weser oder der Loire. So wuseln wir überall herum; daher auch der Bootsname KEENTIED, wie es zu unserem Leben passt", erklärt Anne die Namenswahl. „Keine Zeit" ist der norddeutsche Spitzname eines Wattvogels, des Sanderlings. Er läuft unentwegt den Spülsaum entlang und sucht nach Nahrung. Ende Mai fliegt er in drei Tagen 5000 Kilometer zu seinen arktischen Brutgebieten. Er ist ein flinker „Reisevogel".

Die Belohnung nach kippeliger Seefahrt stellt sich bei ihnen zur Nachtzeit ein: Wassernäher ist wohl kaum eine Koje. „Von keinem Boot aus können wir mit Blick auf die Salzwiesen einschlafen oder aufwachen. Wenn ich Meeresleuchten erleben will, plätschere ich nur mit der Hand an der Bordseite. Es sind diese kleinen Dinge, die uns verzaubern."

Trotzdem waren sie sich sicher, eines Tages wieder eine wohnliche Segelyacht anzuschaffen: Seit dem Frühling 2015 haben sie sich für etwas mehr Komfort, Segelgarderobe und einen Kiel unter dem Rumpf entschieden: Auf Spiekeroog liegt ihre Hai 710, Baujahr 1989. Das 7,1 Meter kleine Trailerboot von Nautic Plast hat die YACHT schon 1975 als „Raumwunder" beschrieben. Im Vergleich mit ihrem 4 Meter kurzen Motorboot ist es das wohl auch.

Kleine Boote kommen überall hin.
Weniger kann mehr sein.

Die Leichtigkeit des Seins … die Paare der kleinen Boote genießen sie, eben wegen ihrer Genügsamkeit. Zwar gingen die Ideen zu Minimalkonzepten von den Männern aus, doch erst das „Ja“ ihrer Gefährtinnen bildet die Basis für glückliche Fahrten.

Welchen Komfort man für sich benötigt, mag unterschiedlich sein, aber von einer höheren Deckposition aus eine gewisse Unerfahrenheit „der Kleinen“ zu vermuten, das ist nicht angebracht: Besonders im Fall der schwimmenden Nussschale KEENTIED oder bei ihrem Nachfolger, einer Hai 710, dürfte der Schluss auf angeblich geringe nautische Erfahrungen ihrer Eigner völlig danebenliegen. Als „Kapitän auf großer Fahrt“ kann Uwe von Hollen jederzeit einen 300.000-Tonnen-Tanker führen, ist aber mit seinen eigenen wenigen Bootsmetern einfach nur glücklich.

Von alten Schiffen und klassischen Schönheiten im Watt.

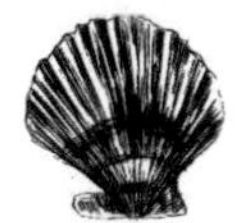

In alten Schiffen steckt eine Faszination, die sich allein durch ihr Alter, die Seemeilen auf ihrer Logge und die Stürme, die sie erlebt haben, nicht gänzlich erklären lässt. Diese Boote faszinieren mich besonders. Ich bin ihren Geschichten auf der Spur.

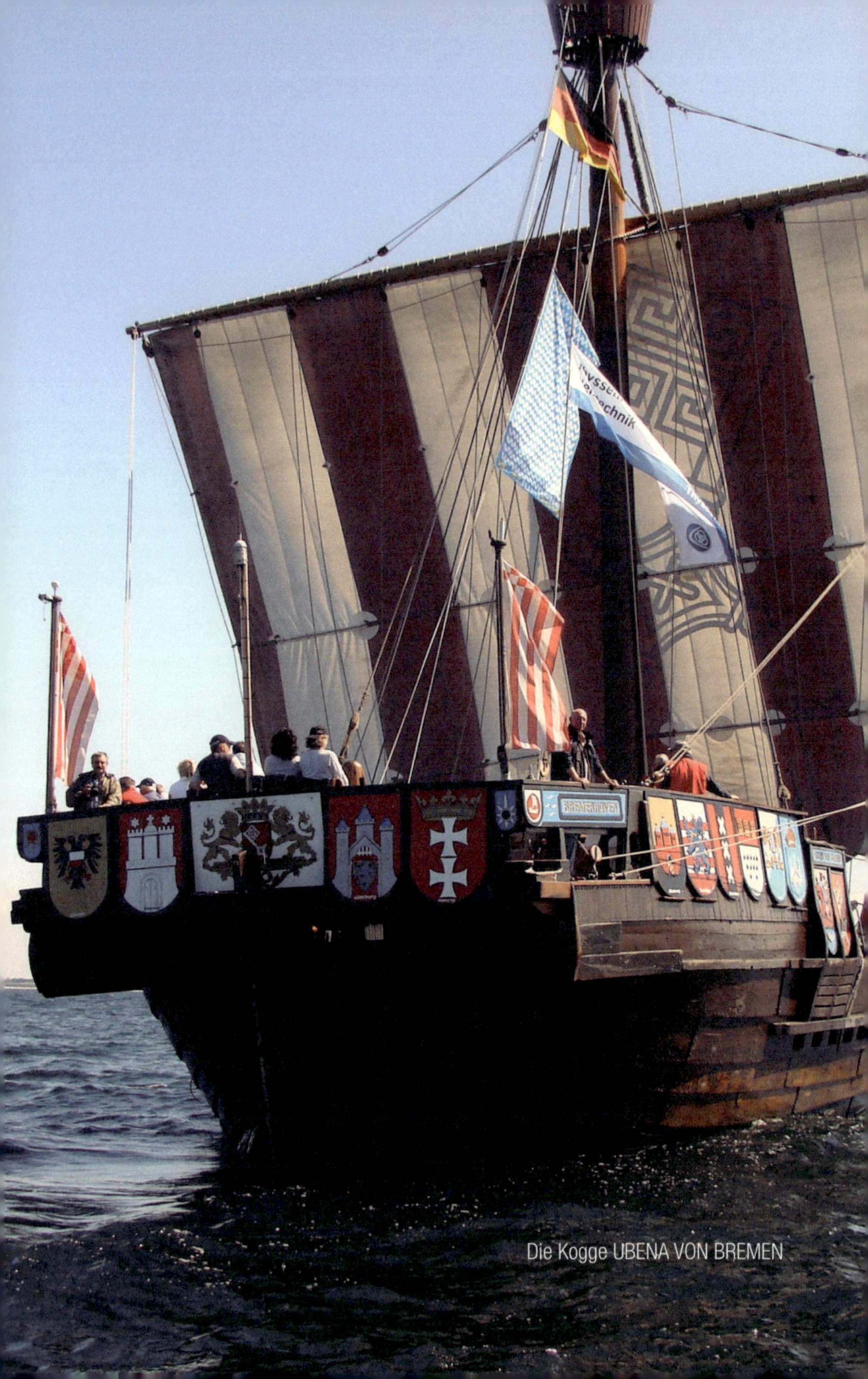

Die Kogge UBENA VON BREMEN

UBENA VON BREMEN: Unterwegs ins Mittelalter – Segeln auf einer Hansekogge.

Alte Schiffe geben manchmal große Rätsel auf. Zumal wenn die Schiffe nicht mehr die Meere befahren, sondern nur noch als archäologische Sensation zu bestaunen sind. Gründe genug, um sich zu fragen, was für eine Segelleistung etwa eine Kogge eigentlich hatte, gibt es also. Warum wurden sie so und nicht anders gebaut? Waren Koggen wirklich so behäbige Schiffe, wie wir denken?

Viele Vorurteile und Halbwahrheiten kursieren über historische Schiffe. Besonders fasziniert mich die Geschichte der Koggen. War ihr nicht gerade elegantes Verhältnis von 3:1 der Grund, warum sie irgendwann nicht mehr gebaut wurden? Oder hätten sie trotz ihres Gewichts auf bestimmten Kursen mit heutigen Segelyachten mithalten können? Warum setzte man im Schiffsbau zunehmend auf Wehrhaftigkeit statt auf Manövrierfähigkeit und Geschwindigkeit, wie sie etwa die Langschiffe der Wikinger boten? Und wie schafft man es, ein mittelalterliches Schiff auch heute noch wirtschaftlich zu betreiben? Fragen über Fragen, denen ich nachgehen wollte.

Wer einmal rund Skagen gesegelt ist, kann sich vielleicht am besten die Leistungen unserer Vorfahren auf dem Meer vorstellen. Besonders dann, wenn er gegen meterhohe Wellen kreuzen muss, nach Landmarken an flachen Küsten ausschaut oder angespannt nach dem Tonnenstrich zum Durchfahren der Brandung in den Seegatten sucht. Nun aber bitteschön wie im Mittelalter: Ohne Motor. Und ohne Seekarte, Kompass, Echolot oder GPS. In der Hand nichts als ein Büchlein mit vagen Segelanweisungen der Vorväter. Einziges Hilfsmittel ist ein Senklot mit „Lotspeise“, einer

Aussparung für Fett, um eine Bodenprobe des Grundes zu entnehmen und damit die vage Position zu deuten. Leben und wirtschaftliche Existenz hängen an Schiff und Ladung. Vor sich eine Takelage, die eine verlorene Höhe nicht mehr zurückgibt. Irgendwo hinter sich Seeräuber mit gewetzten Klingen. Rechts und links vom angesteuerten Hafen lauern Strandräuber mit falschen Feuern.

Kapitän Udo Rübesamen (68) begrüßt uns am Heimatliegeplatz der UBENA in Bremerhaven vor dem Auswandererhaus. Mit der zehnköpfigen Crew soll die Kogge um 3 Uhr mit Kurs auf Brunsbüttel auslaufen. Der pensionierte Wasserschutzpolizist hatte einst auf dem Bremer Schulschiff DEUTSCHLAND gelernt, war 13 Jahre bei der Handelsmarine und wurde Kapitän. In seiner 4 Quadratmeter kleinen Kapitänskammer auf der UBENA befindet sich auch die Koje seiner Frau Sigrid, die kurz nach Mitternacht mit opulenter Kaffeetafel aufwartet, damit die Crew gestärkt weiterarbeiten kann.

Der 370-PS-Deuz-Motor wird gestartet. Er verbraucht rund 30 Liter in der Stunde. 3000 Liter fasst der Tank. Maximal 8 Knoten sind mit ihm möglich. Das mittelalterliche Schiff verfügt über ein Renk-Tacke-Getriebe mit fester Welle und dreiflügeligem Verstellpropeller. Es ist sein Zugeständnis an die Neuzeit und die sichere Schiffsführung. Motorlos mag man mit so einem Kaliber nicht mehr zwischen Containerschiffen unterwegs sein.

Die futuristisch erleuchtete Promenade des neuen Hafens von Bremerhaven bildet einen einzigartigen Kontrast zu den Aufbauten der UBENA. Schwere, dunkle Planken. Dicke Taue. Bemalte Wappen. Man fühlt sich auf dem urtümlichen Schiff wie in einem Strom der Zeit, jeglichem elektronischen Schnickschnack entrückt, auch wenn erst die versteckte Technik ein entspanntes Fahren ermöglicht. Dank Bugstrahlruder dreht die Kogge auf dem Teller und legt mit nur einer Mittelleine, also mit weiterlaufendem Motor durch Eindampfen in die Spring, in der Schleuse an.

So einfach war das zu den Hochzeiten der Kogge nicht. Die ersten Schiffe als Vorstufen der Koggen, die sich erst später durch ihre hohen Kastelle auszeichneten, wurden um das Jahr 900 möglicherweise von anderen Vorbildern „abgekupfert", indem man bekannte Lastensegler deutlich vergrößerte. Man traf sich in Häfen und schaute sich ganz selbstverständlich die Bauweise anderer Boote an, so wie wir auch heute gerne über Stege schlendern zum „Bootegucken". Damals lagen da bereits die breiten Segellastschiffe der Wikinger. Haithabu an der Schlei, gegenüber von Schleswig, war ein Handelszentrum der Wikinger, zugleich Treffpunkt aller seefahrenden Händler zwischen Nord- und Ostsee. Ihre „Knorren" sahen ähnlich aus wie ihre eleganten Langboote, waren allerdings breiter und hochbordiger, um Handelswaren und Beute zu transportieren – mitunter sogar Pferde. Von ihnen übernahmen die Koggenbauer beispielsweise die Oberrahsegel und die Klinkerbauweise. Doch zunehmend ging es um große Warenmengen, von denen man in voluminösen Rümpfen einfach noch mehr transportieren konnte. Das alte Wort „Kogge" steht für „Muschel" ebenso wie für ein halbkugeliges Gefäß mit flachem Boden. Eine wahre Revolution im Schiffsbau läuteten friesische Koggen jedoch durch ihre mittschiffs angehängten Ruder ein; ein enormer Vorteil gegenüber kraftaufwendigen und wirkungsarmen Seitenrudern der Wikingerboote.

Der wirtschaftliche Aufschwung von rund 90 mittelalterlichen Hansestädten ist der Transportleistung der Koggen und ihren Besatzungen zu verdanken. Fraglich ist, ob die europäische Hochkultur ohne die wirtschaftlichen Vorteile regen Schiffshandels so schnell vorangekommen wäre. Vielleicht verdanken wir den mutigen Seefahrern mehr, als wir ahnen. Was wäre ein Stadtbummel ohne die mittelalterlichen Häuser von Lübeck, Wismar oder Rostock, Hamburg, Bremen oder Köln? Im wiedererstarkten Handel des Ostseeraums mit den Ländern des ehemaligen Ostblocks treffen wir nach dem Erlöschen der Hanse und dem letzten Hansetag des Städtebundes von 1669 auf „die neue Hanse“. Anders der Begriff „hanseatisch“. Er stammt aus dem 18. Jahrhundert und bezieht sich allein auf Hamburg, Lübeck und Bremen.

„Auch wenn ich hier so locker am Joystick sitze, so habe ich den Respekt vor den damaligen Seeleuten nicht verloren“, berichtet Udo Rübesamen. „Wir waren mal auf der Rückfahrt aus Wismar. In einem Weststurm konnten wir den Kurs auf Fehmarn nicht halten, weil sich die Kogge feststampfte. So blieb uns nur Rödby. Eine gewaltige Brandung stand vor der Hafeneinfahrt. Davor hätte kein Anker gehalten. Wir schossen an den Steinmolen vorbei. Bei Ausfall der Maschine wären wir unter den Fähranleger gedrückt worden. Wir mussten trotz unserer Technik um das Schiff kämpfen. Da frage ich mich wieder, wie sie das damals mit reiner Muskelkraft hinbekommen haben.“ Soweit er weiß, sind von etwa 3000 gebauten Koggen rund 2000 verloren gegangen.

„Die Kogge kann viel Wind ab, aber überkommendes Wasser rauscht das ganze Deck bis unter dem Kastell hindurch“, ergänzt ein Maschinist. „Einmal fand ich nur noch Schutz hinter der Theke und schaute stundenlang über den Rand, als wir mit dem Bug die Seen wegschaufelten und das Wasser kaum noch abfloss.“

Urahn der UBENA ist ein 600 Jahre altes Wrack. 1962 wurde es im Weserschlick gegenüber dem Bremer Europahafen gefunden und 38 Jahre lang mit unglaublichem Aufwand restauriert. Im Schifffahrtsmuseum von Bremerhaven ist es ausgestellt. 8 Millionen Besucher sahen es bisher. Gebaut wurde diese Kogge in Bremen im Jahr 1380 zu Zeiten des Piraten Klaus Störtebeker. Im selben Jahr wurde sein Name zum ersten Mal in einem Gerichtsprotokoll von Wismar urkundlich erwähnt.

Diese Kogge stand auf dem Bauplatz in der Nähe der Bremer Schlachte, als offensichtlich ein Hochwasser die Werft überflutete. Der Rumpf war noch nicht mit Teer versiegelt. 25 Tonnen Ballaststeine fehlten. 4 Kilometer trieb sie die Weser hinunter, ehe sie sank. Im Wrack fand man ein Teerfass, Werkzeuge der Arbeiter und sogar einen Schuh.

Durch die Nacht ziehen wir mit 10 Knoten an der Stromkaje des Containerhafens vorbei. Der Strom schiebt kräftig mit. Aus dem Seefunkgerät kommen die Anweisungen von Bremerhaven-Traffic an die großen Schiffe. Auch die UBENA wird erwähnt. Per Knopfdruck am Autopiloten erledigt der Kapitän die Ausweichmanöver. „Bringt mir bitte noch ne Muck Kaffee mit ohne alles“, ruft er zum Deck hinunter.

Viele ehemalige und aktive Berufsseeleute gehören zur Stammbesatzung. Mit an Bord sind die beiden „Maschinen-Mannies“, der 76-Jährige Manfred Schneider und der 46-jährige Manfred Grimm. Ihr Handwerk lernten sie bei der Bundesmarine. Die beiden kennen jeden Nagel und jede Leitung an Bord. Sie nehmen die Bodenbleche für einen Blick auf Welle und Stopfbuchse auf. Denn sinnbildlich stellt gerade der Rumpfdurchbruch der Schraubenwelle im Achtersteven die Verbindung zwischen historischem Holzschiff und modernem Maschinenantrieb dar. Manches sieht aus wie auf einer Segelyacht, nur größer.

Sobald Strahler die Kogge erleuchten, winken Arbeiter auf den Containerschiffen und rufen der Besatzung des historischen Frachtschiffs zu. Sie plötzlich aus der Dunkelheit auftauchen zu sehen erinnert an das Nahen eines Geisterschiffs. In der breiten Bugwelle blitzt es millionenfach auf. Meeresleuchten des Planktons. Zauberhafte Gegensätze.

Zu verdanken sind diese Fahrten einer Gruppe von Enthusiasten aus Bremerhaven unter Leitung des Kapitäns Gerhard Bessau. Zum Nachbau gründete man die „Hanse-Koggewerft e.V.“ Der Vorstand etablierte eine geeignete Mannschaft. Darunter befanden sich unter anderem Schiffsbaumeister und Elektroingenieure, die noch heute ehrenamtlich das Schiff hegen und pflegen.

Sinn des Projekts war, Erkenntnisse über die Abmessungen des Segels, des Mastes, der Rah sowie über die Takelage zu ermitteln, damit Forschungssegeln durchgeführt werden konnte. Diese Informationen fehlen Historikern völlig, denn von der Takelage des Wracks war nichts mehr übrig.

Ein Rätsel gab beispielsweise der Zweck des Gangspills auf dem Achterdeck auf. Es wurde unter anderem zum Verholen des Schiffs per Warpanker benutzt. Diente es vielleicht auch dazu, durch Umlenkblöcke bei schwerer See mittels Taljen die gewaltige Ruderpinne zu bedienen? Schließlich gab es noch keine Steuerräder. Das erste dokumentierte Beispiel eines Steuerrads soll dasjenige der HMS STIRLING CASTLE gewesen sein. Dieses Linienschiff der Royal Navy ging 1703 in einem Sturm unter. In der Übergangszeit gab es den sogenannten „Kolderstock", einen senkrecht durch das Oberdeck gehenden Hebel, der auf die Pinne wirkte.

Zusammen mit Experten des Schifffahrtsmuseums waren unzählige Recherchen zu leisten. Baupläne existierten nicht. Man kannte Koggen nur von Gemälden und Münzen. Und das Eichenholzpuzzle aus 2000 Wrack-Einzelteilen lag noch im Konservierungstank.

Am Wrack fand man angekokelte Planken. Während des Baus wurden sie über offenem Feuer gebogen. Je nach Windrichtung war das eine ungeheuer schweißtreibende Arbeit, weil man sich den Standort beim Biegen nicht aussuchen konnte und die Holzoberfläche gegen Brand mit Wasserlappen gekühlt werden musste. Doch trotz rußgeschwärzter Gesichter gaben die Zimmerleute nicht auf. Die Verbindung der Planken der UBENA erfolgte mit rund 7000 handgeschmiedeten Nägeln.

45 Festmeter Eichenholz wurden aus dem Spessart, Dobruck und dem Weserbergland geliefert. Holzanalysen des Deutschen Schifffahrtmuseums belegen, dass das Holz der Originalkogge aus diesen Gebieten Deutschlands stammt.

Bremer Schiffbauer erhielten das meiste Holz mit Flößen.

Die UBENA VON BREMEN erlebte ihren Stapellauf 1990. Im Jahr darauf startete sie zu ihrer medialen Jungfernfahrt von Lübeck nach Danzig unter dem Kommando von Kapitän Hans-Joachim Möller. Es war nach 600 Jahren die erste Fahrt einer Kogge auf dieser Route, über die früher Weizen und Mehl von der Ostsee bis in die Niederlande und nach Flandern transportiert wurden. So sah man in Danzig die im Jahr 1350 erbaute große Mühle am Kanal Raduni, von der die damaligen Koggen ihre Ladung bezogen. 18 Wasserräder produzierten bis zu 200 Tonnen Mehl an einem einzigen Tag, was drei Schiffsladungen der UBENA entspricht. Die größten Koggen hatten eine Tragfähigkeit von bis zu jenen 200 Tonnen.

„Ich mag, wie unsere Leute zum Schiff stehen und sich dafür einsetzen", sagt der Kapitän. „Bei uns gibt es keine Vereinsmeierei. Sogar Familien können mitfahren und sich einbringen. Ganze 26 Euro kostet die jährliche Mitgliedschaft, aber Bootsarbeiten gehören dazu. Wir haben kürzlich ein neues Deck verlegt, denn niemand möchte wie im Mittelalter unter tropfenden Planken in mit Fett getränkten Seehundfellen schlafen …" Tatsächlich hatte damals nur der Kapitän eine kleine Kammer unter dem Kastelldeck. Für die Mannschaft gab es keine Kajüten. Man baute sich Schlafnester auf der Ladung und war durch die lose aufgelegten Decksplanken weiterhin der Witterung ausgesetzt. Darum brauchte man sich beim Innenausbau der UBENA an keine Vorgaben zu halten.

Die Schiffsdaten der UBENA sind im Vergleich zu einer Segelyacht gewaltig: 23,20 Meter lang und 7,60 Meter breit ist sie. 7 Meter ist das Kastelldeck hoch. Der Laderaum umfasst 160 Kubikmeter. 80 Tonnen Ladung kann sie tragen. Ihr Tiefgang beträgt 2,25 Meter. Auf dem Kielbalken ruhen 35 Tonnen Bleiballast – ein Zugeständnis an die Schiffssicherheit. Früher nahm man dazu Findlinge. Die UBENA verdrängt insgesamt 140 Tonnen. Vergleichsweise klein ist im Verhältnis dazu die Segelfläche: Das rotbraun-weißgestreifte Stammsegel mit dem Bremer Schlüsselwappen hat 100 Quadratmeter, kann aber durch zwei Tuchstreifen, sogenannte „Bonnets“, von je 50 Quadratmetern Größe erweitert werden. Der Mast wurde später um 2 Meter auf 21,60 Meter gekürzt, um Ostseebrücken passieren zu können. Die 18 Meter lange Rah, die im Seegang so bedrohlich über dem Deck schwingt, hat in der Mitte einen Durchmesser von 30 Zentimetern und außen von 15 Zentimetern . Sie wird mit einer dreifachen Talje, einem Umlenkblock, über das waagerecht liegende Bratspill unter dem Kastelldeck geführt. Bedient werden Rah und Segel mit Brassen zum Kastell und Konterbrassen zum Vorschiff.

„Koggen können im rechten Winkel zum Wind fahren, aber sich nicht von Untiefen freikreuzen“, bestätigt Udo Rübesamen.

„Wir haben das mehrfach getestet. Mehr als 90 Grad zum Wind sind nicht drin. Eine Halse ist Standard und dauert rund 10 Minuten. Wenden sind problematisch. Der kritische Krängungswinkel beträgt 25 Grad. Um das Material zu schonen, segeln wir maximal bis Windstärke 6. Wir können praktisch nicht reffen, sondern nur die Bonnets abnehmen. Unter Vollzeug erreicht die UBENA bei günstigem Wind bis zu 7 Knoten. Heute weht leider nur ein laues Lüftchen mit 1 bis 2 Beaufort von achtern, was unser 600 Kilogramm schweres Segel nicht mal in Form bringen, geschweige denn für nennenswerten Vortrieb sorgen könnte.“

Vier Koggen wurden inzwischen nachgebaut. Bereits in der YACHT 1991 hatte die Redaktion den zweiten Nachbau des Bremer Wracks, die KIELER KOGGE, auf ihre Segeleigenschaften getestet. Dabei fanden die Redakteure mit mathematischer Akribie heraus, dass die maximale Höhe am Wind bei günstigen Bedingungen ohne Stromversatz nur 74 Grad beträgt. Doch diese geringe Höhe geht durch Windabdrift wegen der langen Dauer der Manöver wieder verloren.

Die Besatzungen bestanden in früheren Zeiten je nach Fahrtgebiet aus rund 20 Seeleuten und Soldaten, um die hochbordigen „Dwarslöper“ in engen Fahrwassern notfalls mit Ruderbooten oder Warpankern schleppen zu können. „Manpower“ war stets vonnöten, denn alles andere als friedlich konnte bereits das Territorium friesischer Häuptlinge im Labyrinth der Sandbänke und Inseln der damaligen Unterweser sein. So sicherten die Rüstringer erst nach Verhandlungen im Jahr 1334 den Bremern gegen Lieferung von Bauholz freies Geleit zu – außer für Koggen mit Bierfässern …

Ging es ans Leben, konnte man auf den hohen Kastellen der Koggen mit Armbrüsten, Speeren und Steinschleudern die wertvolle Fracht verteidigen. Erst wenn Enterhaken flogen, folgte an Deck der Schiffe das Hauen und Stechen. Damit es möglichst nicht dazu kam, hatte die hohen Kastelle gegenüber den flachbordigen Wikingerschiffen Vorteile. Wer im niedrigen Boot zum Angriff rudern musste, konnte weder einen Schild gegen den Pfeilhagel erheben noch die deutlich höher stehenden Schützen treffen. Die Kogge sei so unverletzlich gewesen wie eine Festung, so heißt es bereits in einem Bericht über einen Kampf in der Ostsee aus dem Jahr 1214.

Versuche, Wikingerboote mit erhöhten Kampfplattformen auszustatten, setzten sich nicht durch. Und so erließ der dänische König Erik Menved im Jahr 1304 per Dekret, dass seine Flotte von Langschiffen auf Koggen umgestellt werden sollte.

Beim Überholen sehen wir auf eine Segelyacht hinunter. Sie hat ungefähr die Höhe eines Wikingerbootes. „Da wird einem klar, wie überlegen man vom hohen Deck eine Kogge mit Bogen oder Armbrust verteidigen konnte“, sagt Hansjürgen Pietsch. „Bei der Marine fuhr ich auf Schnellbooten. Gewöhnen musste ich mich an die Geräusche der Kogge unter Deck. In schwerem Seegang knarren die Planken in sämtlichen Verbänden.“

Der Neubau: Er ist ein gelungener Spagat zwischen Historie und Wirtschaftlichkeit. Der Verein verfolgte nach Beendigung der Forschungsaufgaben das Ziel, die Kogge weiterhin in damaliger Segeltechnik auf überlieferten Schifffahrtsrouten einzusetzen. Chartertermine füllen den Schiffskalender. Auch Einzelkojen werden oft gebucht. Für zeitgemäßen Komfort gibt es neben einer Kombüse eine große Messe, zwei Toilettenräume, eine Dusche und insgesamt 14 Kojen.

Rund 4500 Seemeilen legte der Nachbau im letzten Jahr zwischen Emden und Stettin zurück. Auf Hafenfesten werden an Bord mittelalterliche Gewänder und Rüstungen der gotischen Epoche getragen. Rund 100 Mitglieder bringen sich ehrenamtlich dafür ein.

Dank versteckt eingebauter Technik reichen für Fahrten unter Maschine vier Personen aus. Zum Segeln sind zwölf Personen notwendig. Früher benötigte man allein zum Hochhieven der Rah über das Bratspill fünf Seeleute. Mit dieser baumstammgroßen „Walzenwinde“ unter dem Achterdeck konnte man Lasten und Ankertrossen mit bis zu 2,8 Tonnen Zugkraft einholen.

Die Kogge wurde als Traditionsschiff unter Aufsicht des Germanischen Lloyd gebaut. Sie erhielt als Experimentalbau die bemerkenswerte Registernummer 00001. Danach wurde die UBENA für mittlere Fahrt zugelassen und kann im Gebiet westlich der Linie Brest / Bergen, einschließlich der Ostküste von Großbritannien und der Ostsee gefahren werden. In der Zentrale des Schiffes unter Deck ist heutzutage alles zu finden, was moderne Seefahrt auszeichnet. UKW-Funk, Kurzwelle, Windanzeiger, AIS-Sender, elektronischer Kartenplotter. Das Equipment ist mit Tochtergeräten am Pult des Kapitäns verbunden.

„Wir kennen die Marotten unserer alten Dame recht gut“, sagt Manfred Schneider. „Einmal ist bei der Ansteuerung von Bremerhaven ein Ruderseil gerissen. Wir hatten noch kein Bugstrahlruder und lagen in starkem Strom auf Kollisionskurs mit der Pier. Ich bin an die Pinne gesprungen und konnte Schlimmeres verhindern. Die Pinne ist schon ein echtes Ungetüm. Früher standen in schwerem Seegang vier Männer daran, die für jeden Ausschlag 3 Meter hin und her laufen mussten. Sie waren unter dem Kastelldeck ja blind wie Maulwürfe, konnten weder über den Bug noch zu den Seiten etwas sehen. Kommandos kamen von oben vom Deck. Wahrscheinlich wurden sie mit einer schwenkbaren Latte angezeigt."

Unter Wasser kam ein vierschichtiger bitumenhaltiger Anstrich zum Einsatz. Alle anderen Außen- und Innenbereiche erhielten einen mehrlagigen Leinöl-Firnis-Überzug. Der Rumpf ist weitgehend dicht. Kalfatert wird mit Hanf. Im Mittelalter nahm man Moos und Tierhaare, die mit Teer verklebt und in die Fugen geschmiert wurden.

Der Bau des Schiffes hat seinerzeit rund 5,3 Millionen Mark gekostet. Die Finanzierung erfolgte durch geförderte Arbeitsbeschaffungsmaßnahmen, Landes- und Stadtmittel sowie etwa 40 Prozent Eigenkapital des Vereins. Heute sind rund 150.000 Euro Betriebskosten im Jahr zu erwirtschaften, damit das Schiff erhalten werden kann. Sponsoren helfen zwar, aber der Unterhalt kommt aus vielen Quellen zusammen. Die handwerkliche Eigenleistung der Mitglieder gehört ebenso dazu wie der Souvenirshop an Bord. Wenn Veranstaltungsbesucher das Schiff stürmen, übernimmt Helene Pätzold das Kommando. Sie muss über manche Frage schmunzeln. Beispielsweise darüber, wie viele der „Originalplanken von 1380" in der UBENA verbaut wurden. Und ob man davon nicht ein Stückchen haben könne …"

Bei Sonnenaufgang erreichen wir den Leuchtturm „Roter Sand". Zweimal auf den Knopf des Autopiloten gedrückt, schon dreht die Kogge wie von Geisterhand aus dem Weserfahrwasser um 20 Grad nach Osten. Der 140 Tonnen schwere Rumpf bügelt die kabbelige See der Nordergründe platt. Sanft hebt und senkt sich der Bug. „Wir haben mit der modernen Frachtschifffahrt eines gemeinsam: den steten Termindruck. So müssen wir pünktlich bei Veranstaltungen und Charterfahrten erscheinen. Sonst würden wir gerne mehr segeln, aber die Wirtschaftlichkeit zwingt uns leider zu Kompromissen", ergänzt der Kapitän.

Wir drehen in den Tonnenstrich der Außenelbe ein. Containerschiffe überholen. Sie sind heutzutage bis zu 400 Meter lang und transportieren 20.000 Container. Trotzdem hat man auf unserem Kastelldeck das Gefühl, sich auf einem riesigen Schiff zu befinden.

Wir laufen an der Alten Liebe in Cuxhaven ein. Touristen zücken ihre Fotoapparate. In kaum einer Minute hat Kapitän Rübesamen das Anlegemanöver abgeschlossen. Meine Frau und ich gehen von Bord. Kurz darauf steuert die UBENA wieder auf die Elbe hinaus, Kurs Brunsbüttel. Die Crew winkt zum Abschied. Eine liebenswerte Truppe von Zeitreisenden auf einem wohl einmaligen Boot. Abwechselungsreicher kann historische Seefahrt kaum sein!

Koggen: Schiffe voller Rätsel.

Warum verschwanden die Koggen wieder von den Meeren? Die Blütezeit der Koggen fällt mit der Warmphase des Mittelalters zusammen. Sie ermöglichte sogar die Besiedlung Grönlands. Zyklone zogen im Vergleich zu heute 3 bis 5 Breitengrade nördlicher durch. Die Handelswege der Koggen lagen überwiegend in Hochdruckwetterlagen mit geringer Sturmhäufigkeit. Dieser Warmphase folgte die „Kleine Eiszeit" der Jahre 1425 bis 1460 mit zunehmender Starkwindhäufigkeit. Die Schiffe des 15. Jahrhunderts waren damit härteren Bedingungen ausgesetzt. Koggen mit ihrer Neigung zum Feststampfen, ihren fehlenden Kreuzeigenschaften und noch relativ geringem Ladungsschutz waren dem nicht mehr gewachsen. Die „Holk“ mit ihren weicheren Formen und besseren Kreuzeigenschaften wurde nach und nach zum vorherrschenden Schiffstyp.

Warum war die Bergung und Restaurierung des Wracks so bemerkenswert? Der Fundbereich des Wracks umfasste 1400 Quadratmeter. Das Strombett der Weser musste bis zu 5 Meter tief mittels einer Taucherglocke durchsucht werden. Danach mussten die 45 Tonnen wiegenden Bruchstücke jahrelangen Tests zur besten Konservierungsart unterzogen werden, um die zerstörte Zellstruktur des Holzes zu stabilisieren. Dazu verwendete man Polyethylenglykol, ein farbloses wasserlösliches Kunstwachs. Zwischenzeitlich kämpfte man gegen Mikroben. Aus dem instabilen Nassholzfund ist nach mehr als 30 Jahren Tränkdauer ein stabiles Ausstellungsstück geworden. Diese Forschungsergebnisse kamen beispielsweise einem 8000 Jahre alten Boot zugute, welches man in Nigeria geborgen hat.

Was bedeuten Mastkreuz und rote Fahne? Den Wachen eines Hafens signalisierte man schon von Weitem die friedliche Absicht und die Inanspruchnahme des Marktrechts. Das auf dem Masttopp angebrachte Kreuz und darunter eine rote Fahne galten als verbindliche Rechtszeichen. 1225 wurde es in einem Heldenepos so beschrieben: „Einen vanen und ein kriuze, er an den masboum bant, damit er si bewiste, daz in fride waere bekannt.“

Von Handelswegen und Fahrtzeiten.

Für die Fahrt von Hamburg nach Flandern und zurück veranschlagte man rund sieben Wochen, nach Norwegen oder Gotland zwölf Wochen. Die Fahrtsaison reichte vom 22. Februar bis 11. November. Ins weit entfernte Nowgorod gab es darum je Schiff nur eine Fahrt.

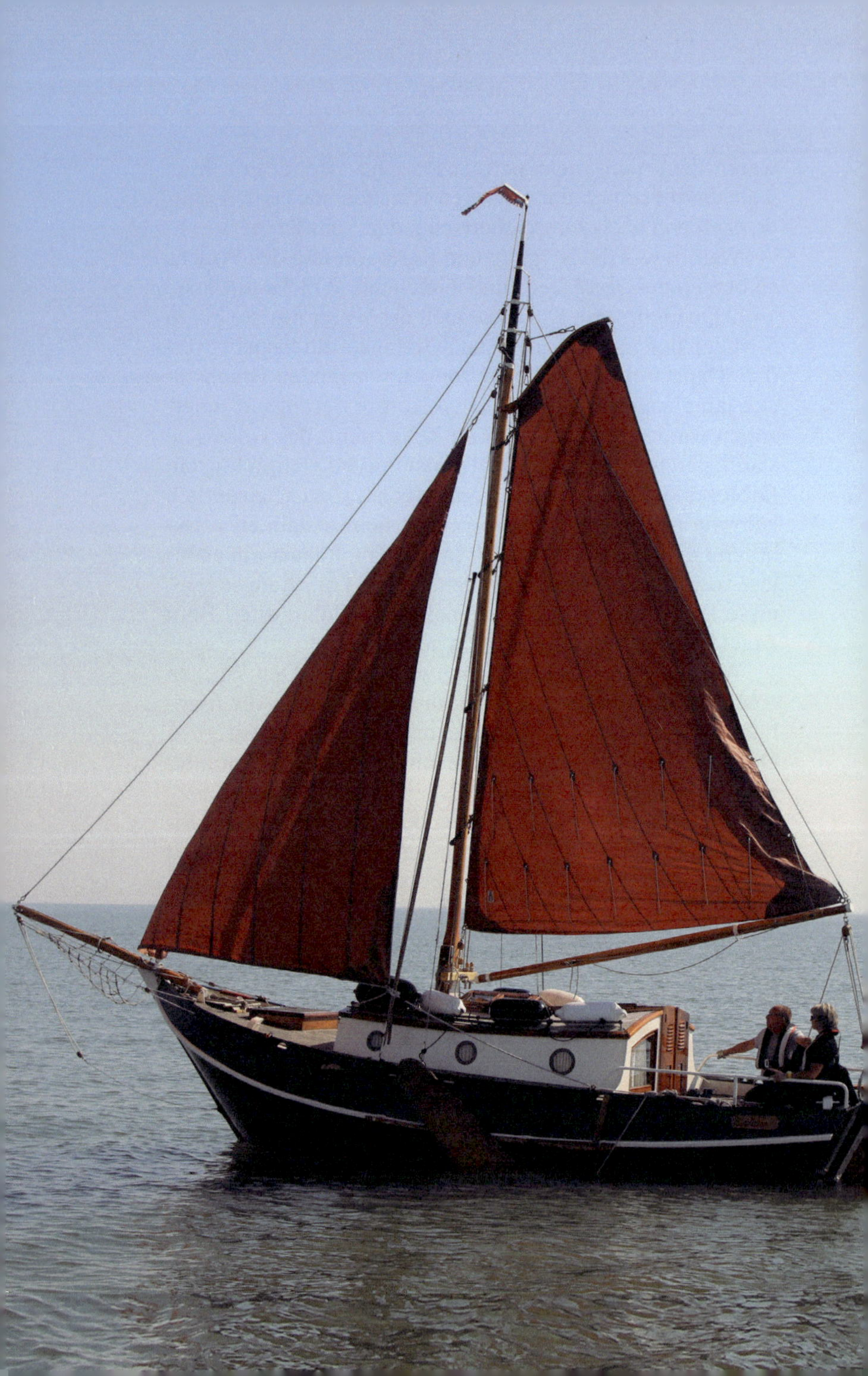

Die Grundel HELENE

So sehr mich die Bordgemeinschaft der Koggensegler auch begeistert: Persönlich ziehe ich ein eigenes Boot vor. Auch Chartern ist nicht mein Ding.
Ich suche die Verbundenheit mit einem eigenen Boot.
Dass es nie zu spät ist, mit dem Segeln zu beginnen oder vom Motor- zum Segelboot zu wechseln, zeigt das folgende Beispiel zweier Ästheten.

Immer sind es die gleichen Reaktionen, wenn dieses Boot auftaucht: „Ist das Boot niedlich! Schau mal, die beiden Bullaugen nach vorne raus. Die sehen wie Augen aus!"

„Stimmt", entgegnet Birgitt. „Und der Bug mit der weißen Scheuerleiste sieht aus wie ein lachender Mund." „Das Boot hat sogar eine lange Pinocchio-Nase", fällt der kleinen Josephine dazu ein. Damit meint sie den Klüverbaum.

Auf der Jade vor Hooksiel kreuzt das kleine Plattbodenschiffchen unseren Kurs. Proportionen und Assoziationen machen jeden, der es sieht, neugierig. Wir fahren eine Wende und fragen das Pärchen, um welchen Schiffstyp es sich handelt. Aha, eine Grundel 750. Nie gehört. Aber Plattbodenschiffe haben alle bestimmte „Hinsehfaktoren": mal klassisch, mal verspielt, dann wieder urig. Bei einer Grundel fällt besonders die hohe Kajüte im Verhältnis zur Bootslänge auf. Eben diese Unverhältnismäßigkeit im Zusammenhang mit den runden Bullaugen lässt vermuten, dass der Konstrukteur zuvor PIXI-Kinderbücher der 60er-Jahre illustriert haben könnte. Oder dass das Boot gar einem Kinderbuch entsprungen ist.

Was man mit einem so flachgehenden Boot auf der Nordsee alles unternehmen kann? Eigentlich alles. Außer bei Windstärke 10 nach Helgoland segeln. Zwar können auch kleine Plattbodenboote viel Wind vertragen, aber die ehemaligen Arbeitsboote wurden in erster Linie für mäßigen Seegang konzipiert. Länge und Tiefgang prädestinieren diese Grundel sogar für das Steinhuder Meer. Der niedrige Mast, leicht zu legen, ist auch für Binnenreviere mit unbeweglichen Brücken bestens geeignet. 50 Zentimeter Tiefgang, der Rumpf aus solidem Stahl. Sogar auf versandeten Flüssen in trockenen Sommern ist das noch ideal!

Wenn beispielsweise Motorbootfahrer beklagen, dass sie mit 80 Zentimeter Tiefgang auf der Aller zwischen Verden und Celle kaum noch fahren können, so wären sie beim Umstieg auf Plattbodensegler wieder unabhängig von ausbleibenden Baggerarbeiten, zumal das Mastlegen vor Brücken sogar während der Fahrt kein Problem ist.

Regina und Peter Kunze erklären sich spontan bereit, ihre HELENE unter die Lupe nehmen zu lassen. Sie haben ihren Liegeplatz im Wilhelmshavener Segelclub in Hooksiel und kommen eigentlich vom Motorboot – ihr bisheriger Untersatz LUMPI hat noch keinen Käufer gefunden. Mit dem Segeln selbst haben sie nur geringe Erfahrungen. Regina macht gerade den Sportbootführerschein und nimmt Unterrichtsstunden. Wir haben sie auf der Jade beim ersten Probesegeln überrascht. Damit ist das segeltechnische „Ergründen der Grundel" für sie ebenso neu wie für uns als Kielyachtsegler.

„Meine ersten Segelerfahrungen habe ich 1989 als Marinesoldat in Flensburg auf den typischen Marinekuttern gesammelt. Aber das drillmäßige Hantieren mit Leinen und die Behäbigkeit dieser Boote mochte ich nicht besonders", sagt Peter. Eigentlich war er U-Boot-Fahrer und noch auf der bekannten U-10 unterwegs. Das Boot ist heute im Marinemuseum von Wilhelmshaven ausgestellt. „Ich war im Bereich der Waffenleitung und Ortung eingesetzt, wertete am Sonar sozusagen die PING-Töne aus."

Mittlerweile haben sie sich in Hooksiel niedergelassen. Versetzungen sind für die beiden Mittfünfziger nicht mehr zu erwarten. Auch Regina braucht sich nun beruflich nicht mehr zu verändern. Als eine Lebensversicherung fällig wurde, kamen sie auf den Kauf eines Plattbodenschiffs.

„Ich liebe Dinge mit traditioneller Note", berichtet Regina. „Beispielsweise alles aus der viktorianischen Epoche. Unsere Wohnung ist auch so eingerichtet. Auf einem maritimen Flohmarkt fand ich eine wunderschöne Messinglampe, die aber auf dem modern designten Motorboot als Fremdkörper wirkte. Auf der HELENE hat sie einen Ehrenplatz gefunden. Sie passt perfekt zu dem tannenhonigfarbenen Holz samt Messingwaschbecken und klassischem Wasserhahn."

Die beiden lieben das Leben auf dem Wasser. Komfort, ähnlich wie in ihrem gemütlichen Zuhause, sollte das traditionelle Boot haben, aber gleichzeitig nicht zu groß und leicht zu bewegen sein. Stehhöhe, Toilettenraum, bequeme Vorschiffkojen mit Platz für die Füße und für das Wattenmeer wenig Tiefgang für große Zeitfenster zum Überqueren der Sandbänke. Ein stabiler Rumpf, der auch mal etwas aushält, um nicht ständig angespannt Instrumente beobachten zu müssen.

„Vom Ortungsspezialisten mutierte ich beruflich zum Informatiker", sagt Peter dazu. „Aber in meiner Freizeit möchte ich keine Elektronik mehr sehen." Und so sucht man auf der HELENE vergeblich nach Instrumenten. Es gibt sie einfach nicht. Kein Log, kein Echolot. Nur Handpeilkompass und mobiles GPS liegen für Notfälle im Schapp, falls Seenebel aufkommt. Vielleicht wird im nächsten Jahr ein Kartenplotter beschafft, um leichter in unbekannten Gewässern unterwegs zu sein. Bisher kommen sie auch so bestens zurecht. „Wenn es rumpelt, ist es einen halben Meter tief. Immer dem Bootshaken nach, dann kommt man weiter", fasst Peter seine Erfahrungen zusammen.

Vereinsfreunde rieten ihnen zunächst vom Kauf eines älteren Stahlbootes ab. Zu arbeits- und pflegeintensiv sei das. Dazu das Teakdeck. Der Holzmast. Die mit Klarlack überzogenen Schwerter. Doch Familie Kunze wollte ausprobieren, ob ihnen der Umgang mit diesen Booten überhaupt gefällt. So buchten die beiden einen viertägigen Plattbodenkurs in den Niederlanden bei einer Yacht-Charteragentur in Sneek und dazu für eine Woche ein Plattbodenschiff. Die resolute Skipperin Lenike nahm sie täglich für vier Stunden unter ihre Fittiche. Sie segelte mit ihnen die 9,5 Meter lange Zeeshouw DOLLE DRIES. Rund 1400 Euro zahlten sie für Ausbildung und Charter.

„Die Zeeshouw kam mir im Vergleich mit unserem kleinen Motorboot wie ein schwerfälliger Panzer vor. Darum mussten wir uns jeden Tag auf neue Manöver vorbereiten und der Skipperin vorher unseren Plan erklären. Wenn es klappte, änderte sie sofort etwas und fragte nach Plan B. So haben wir in kürzester Zeit viel gelernt und die Angst vor engen Hafenmanövern verloren“, sagt Peter.

Außerdem war das gemeinsame Lernen für die beiden als Paar wichtig. Keiner war „Vorreiter oder Schlaumeier“, der den anderen mitziehen musste. Am Ende dieser Entscheidungsfindungswoche stand für sie der Wechsel vom Motor- zum Segelboot fest. Und ein Plattbodenschiff sollte es sein, weil jedes für sich einen eigenwilligen Charakter hat und traditionelle Bootsbaukunst verkörpert. Aber es sollte deutlich kürzer als die plattnasige Zeeshouw ausfallen und zur besseren Übersicht einen niedrigeren Bug haben.

In der Marina der Firma Heech by de Mar im friesischen Heeg standen rund 40 gebrauchte Plattbodenschiffe zur Auswahl. Der Inhaber Martin Koekebakker erklärte ihnen zunächst die Unterschiede der Schiffstypen. Bei ihm fanden sie ihre HELENE und verliebten sich sofort in sie. Ein gepflegtes Boot, innen wie außen mit schimmernden Flächen. Nur ein paar Klarlackarbeiten an Vorluke und

Nagelbank waren fällig. Die rotbraunen Segel und sämtliches Tauwerk sahen aus wie neu. Und wegen des schön geschnitzten Holzemblems werden sie ihr „Bootje“ nicht umtaufen. Schließlich ist es erwachsen und trägt diesen Namen seit seiner Geburt im Jahr 1979. Das kunstvolle Messingschild der „LURO-Yachtwerft aus Enkhuizen“ ist noch erhalten. Dort wurden zahlreiche Grundel-Boote gebaut.

An einem sonnigen Nachmittag treffen wir uns am Steg vom Wilhelmshavener Yachtclub wieder. Zunächst besichtigen wir die Kajüte. Auf einem Boot mit flachem Boden und nur 7,50 Metern Länge die Stehhöhe von 1,80 Meter vorzufinden überrascht angenehm. Selbst der Toilettenraum und das Vorschiff weisen noch 1,72 Meter auf. Dass in Enkhuizen Werftprofis gewerkelt haben, ist unverkennbar. Sämtliche Holzarbeiten bieten größtmögliche Qualität. In Möbelgeschäften wären sie in der Sonderabteilung für gehobene Ansprüche zu finden. Alle Stöße sind auf den Millimeter genau verleimt. Das immerhin 33 Jahre alte Boot hat keinen Eigengeruch. Da ist nichts, was verräterisch muffelt. Ein gutes Zeichen für eine saubere Maschine und zeitgemäße Isolierung hinter den Wegerungen. Das Schiff ist absolut trocken! Die taubenblauen Polster sind einwandfrei vernäht. Selbst die Gardinen haben eine klassisch-maritime Note.

Die Pantry, auf der Steuerbordseite längs eingebaut, ist für ein Boot dieser Größe perfekt geraten. Das Holz um die wunderschöne Messingspüle herum hat keinerlei Wasserschäden erlitten. Alles sieht ausgesprochen gepflegt aus. Kein Wunder, dass die neue Skipperin hellauf begeistert war. Der alte Grundsatz, dass im Haushalt der Mann die Vorauswahl trifft, aber die Frau nach Wohlfühlfaktoren über Wahl oder Nichtwahl des neuen Zuhauses entscheidet, könnte hier voll zum Tragen gekommen sein.

Gibt es auch Negatives zu berichten? Wegen der kleinen Bullaugen ist es im Vorschiff recht dunkel. Deckenstrahler sorgen jedoch für indirektes Licht. Mit einem Scheibeneinsatz in der hölzernen Vorluke wäre mit wenig Aufwand mehr Tageslicht möglich. Das Hauptschott wird entgegen aller Klassik von einem silbernen Flachbildschirm dominiert. „Okay, unser TV ist optisch ein Schuss ins Knie“, gibt Peter zu. „Aber wir verbringen trotz unserer nahen Wohnung in Hooksiel auch bei schlechtem Wetter jede freie Minute an Bord. Sich ebenso komfortabel und geborgen fühlen wie zu Hause ist einfach klasse.“

Wir starten die Volvo-Maschine. Sofort pröttelt der 12-PS-Einzylinder los und hält sauber die niedrige Drehzahl. Wie bei einem Lanz Bulldog möchte man versuchen, die Takte mitzuzählen. Doch der durchdringende Warnton geht nicht aus. Wir prüfen das Motoröl. Alles okay. Peter wundert sich, gibt aber offen zu, dass er als Informatiker von Motoren wenig Ahnung hat. Wir finden einen Wackelkontakt am Stecker des Öldruckgebers. Das ist leicht zu beheben und so legen wir ab.

Der Motorraum ist kaum schallisoliert. Der Jockel im Cockpit ist daher nicht zu überhören, doch der dumpf-sanfte Ton ist nicht unangenehm. Vibrationen sind im Cockpit nicht zu spüren. Die gibt es seltsamerweise nur auf dem Vordeck. Es schwingt wie eine Massageliege. Mit 4,7 Knoten schiebt der Motor das Boot bei Marschfahrt und mäßiger Drehzahl dahin. Wir reduzieren etwas und belassen es auf dem Hooksmeer mit seinen natürlichen Ufern bei vorschriftsmäßigen 4 Knoten. Das Kielwasser wirft keine nennenswerten Wellen auf und so gibt es keine Beschwerden von den Liegeplätzen der Wangerland-Marina.

Im alten Hafen von Hooksiel, der mit seinen roten Backsteinfassaden so niederländisch wirkt, ist die erste passende Fotostation. Touristen bewundern das hübsche Boot von der hohen Promenade aus. Die Grundel dreht problemlos auf der Stelle. Das Ruder ist jedoch nicht vorgetrimmt und erfordert kräftigen Druck. Stehend zwischen die Knie genommen, steuert sich der Plattbodenrumpf recht einfach und hält überraschend gut den eingeschlagenen Kurs. Lässt man die Pinne los, entscheidet sich die Grundel nach ein paar Gedenksekunden willkürlich für eine Richtung und dreht nur noch Vollkreise. Eine „automatische Sicherheitsreserve", sollte man einhand über Bord fallen.

Tatsächlich fehlt wie auf den meisten Plattbodenbooten die Seereling. Eben darum und wegen des niedrigen Freibords fühlt man sich dem Wasser so nah. Ein intensives Gefühl, wie es auf hochbordigen Yachten verloren geht. Doch Unsicherheit kommt dank der beiden Handläufe auf dem langen Kajütdach nicht auf. Strecktaue zum Einpicken können auf dem Dach angebracht werden. Über die niedrige Bordwand käme man gut wieder an Bord.

Wohin das Auge fällt, der Anblick gefällt. Es ist kein Wunder, dass Regina immer wieder über das ganze Gesicht strahlt, wenn sie über ihr Boot erzählt. Welche Assoziationen hat man beim Blick über das Deck? Die große Schiffsbreite, der Klüverbaum mit Fangnetz und die sanften Bewegungen der rund 3,5 Tonnen wiegenden Yacht vermitteln den Eindruck, sich auf einem richtig großen Segler zu befinden. Und obwohl sie keinen Kiel hat, krängt das Schiff nicht besonders stark, wenn jemand auf dem Seitendeck steht.

Bei achterlicher Brise auf dem Hooksmeer setzen wir die Fock. Das geht mit den traditionellen Stagreitern leicht und schnell. Auf dem breiten Vordeck findet man sicheren Stand. Das Fall wird auf der Nagelbank belegt. Ab geht die Post.

Die HELENE trägt schmale Seeschwerter. Es gibt auch Binnenausführungen mit breiten Schwertern, die beim Segeln die Abdrift vermindern, aber die Belastungen wären im Seegang für Schwertbolzen und Lager nicht gesund. Das Leeschwert haben wir in Sekundenschnelle vorher abgefiert und seine Talje belegt. Zuerst gehen wir an den Wind und schauen, wie ein kielloses Boot damit kreuzt.

Und tatsächlich läuft es respektabel am Wind, solange man nur eine hohe Geschwindigkeit beibehält.

Aufrechtes Segeln, beim Reffen zuerst das Großsegel reduzieren, keine Höhe kneifen und hohe Geschwindigkeit halten: Das sind die einfachen Regeln für Seitenschwertboote. Eingespielte Crews sorgen dafür, mit dem nötigen Schwung durch die Wende zu gehen und das Leeschwert genau im Moment des Übergangs zu fieren, damit es sich nicht an der Streichklampe bekneift. Dann fallen sie ab und nehmen zuerst wieder gehörig Fahrt auf. Das Luvschwert, welches auf dem neuen Kurs vom Rumpf weggedrückt wird, kann man wegen der zusätzlichen horizontalen Drehachse des Schwertbolzens in Ruhe aufholen.

Auf der Rückfahrt lassen wir noch einmal die Maschine mit Volldampf laufen. 5,7 Knoten zeigt das GPS. Ein guter Wert für „das kleine Dickerchen", das die possierliche HELENE notfalls gegen den Strom einen Fluss hinaufschieben könnte.

Wer gemütliches Wasserwandern liebt, ist mit einer Grundel bestens beraten. Und was das Winterlager betrifft, so haben es Plattboden-Eigner besonders leicht. Sie brauchen keine Lagerböcke. Selbst das Überwintern im Eis wäre für diese soliden Stahlschiffe kein Problem. Ein bollernder Schiffsofen passt bestens dazu.

Gefragt, was für die beiden Neusegler der Unterschied zum Motorbootfahren sei, antwortet Peter: „Mit unserem Motorboot brauchten wir stets ein Ziel. Einfach nur rumzufahren hat weder Sinn noch Spaß gemacht. Mit HELENE ist das ganz anders. Ihre braunen Segel setzen, die in der Sonne nicht blenden. Den Blick über das Deck unseres schwimmenden Holzschuhs schweifen lassen. Dann einfach nur in Ruhe fahren. Das Wohin ist völlig egal. Und dabei vielleicht Reginas Vanilletee aus den messinggefassten Glastassen genießen."

Versonnen stehen wir danach auf dem Steg und lassen die Blicke über die vielen Boote streifen. An HELE-

NE würde man auch ohne Testfahrt immer wieder hängen bleiben. Und dann liegt da ein dunkelgrüner Zwerg am Steg gegenüber. Er ist sogar noch kürzer, ausgestattet mit breiteren Schwertern und knuffigem Aufbau. Das Süllbord des Vorschiffs ist besonders kunstvoll geschweißt worden. Eine Grundel 6.65 namens MIEN WICHT.

„Uiii, die ist auch total süß", schwärmt die kleine Josephine. Der Eigner restauriert sie gerade. Im letzten Jahr waren die Seitenschwerter dran. Der ehemalige Kasko hat zunächst einen Probeausbau bekommen. Zum nächsten Frühjahr soll alles fertig werden. MIEN WICHT wird in der Nähe seines Wohnorts auf der Weser bei Nienburg fahren. Zum glatten Wasser des Flusses passen die breiten Binnenschwerter. Im Sommer ist die kleine Grundel dann wieder zum Urlaubstörn im Wattenmeer unterwegs. Vorsaison binnen, im Urlaub buten. Eine schöne Kombination, wenn man fernab der Küste lebt.

Vielleicht sollte man tatsächlich ein Kinderbuch zu diesem Motiv illustrieren? Kleines Boot auf großer Fahrt? Welche Abenteuer warten hinter dem nächsten Kap? Kein Graben ist dafür zu flach. Fantasievolle Vorstellungen versprechen diese Törns in jedem Fall: „Grenzenloses Ergrundeln".

Was zeichnet eine Grundel aus?

Die Grundel ist ein Plattbodenschiff von ca. 6 bis 8,50 Meter Länge, manchmal auch länger, die aus der Entfernung ziemlich leicht zu erkennen ist. Sie ist ursprünglich vom Punter abgeleitet und hat einen geraden, stark nach vorn fallenden Vorsteven und einen platten Spiegel. Sie wurde an erster Stelle für Fischfang, den Transport von allerlei Gütern, aber auch schon bald für die Vergnügungsfahrt genutzt.

Die übliche Takelung war eine Topptakelung. Der Mast steht ziemlich weit vorn und die kleine Fock wird meist auf einem sogenannten „Botteloef“, einem festen stählernen Ausleger auf dem Vorschiff, gefahren. Heutzutage sehen wir auf der Grundel meist ein Gaffelgroßsegel mit einer gebogenen Gaffel und losem Unterliek. Die Form der Seitenschwerter variiert zwischen dem schmalen, tief absenkbaren Seeschwert und dem breiten Seitenschwert für untiefes Wasser.

Es gibt verschiedene Typen. Die kleinste Ausführung, und sogar noch „eine Spur „niedlicher“, dürfte die Grundel 6.65 sein. Mit den Maßen von 6,65 Meter mal 2,53 Meter bei einem Tiefgang von weniger als einem halben Meter ist dieser Seezwerg für die flachsten Gewässer zu gebrauchen.

Allerdings hat sie trotz Stehhöhe keinen separaten Toilettenraum, sondern nur ein WC neben dem offenen Hauptschott. Das Angebot ist vielfältig. Die meisten Modelle auf dem Gebrauchtmarkt stammen aus den 70er-Jahren, wie beispielsweise die Grundel Gipon, Grundel 7.60 oder die veritable 10.50. Von allen Booten gibt es wiederum zahlreiche Ausführungen als Werft- oder Privatbauten in Stahl- und Holzbauweise. Die Preise beginnen bei 5000 Euro. Für gepflegte Boote werden durchaus auch 20.000 Euro bezahlt. Ein besonders edles Exemplar, wie beispielsweise die 10,30 Meter lange Grundel eines Bootsbaumeisters aus Bremerhaven aus dem Jahr 1965, wurde für 49.000 Euro offeriert. So sagt der derzeitige Eigner, der schon acht historische Yachten restauriert hat, dass ihm die harmonischen Linien dieses Bootstyps am besten von allen gefallen haben.

Ein Tipp für alle Probesegler: Martin Koekebakker ist Inhaber der niederländischen Firma Heech by de Mar. Er nimmt Liebhabern von Plattbodenschiffen Sorgen bei Kauf und Vermietungskonzepten ab. Dass die Pflege von Rund- oder Plattbodenschiffen etwas mehr Geld als bei pflegeleichteren GFK-Booten kostet, ist klar. Aber wer einmal mit einem traditionellen, klassisch gebauten Segelschiff fährt, hat bei guter Pflege die Sicherheit einer soliden Wertbeständigkeit. Zu Koekebakkers Charter- und Verkaufsflotte gehören derzeit 30 Charter- und rund 70 Gebrauchtboote.

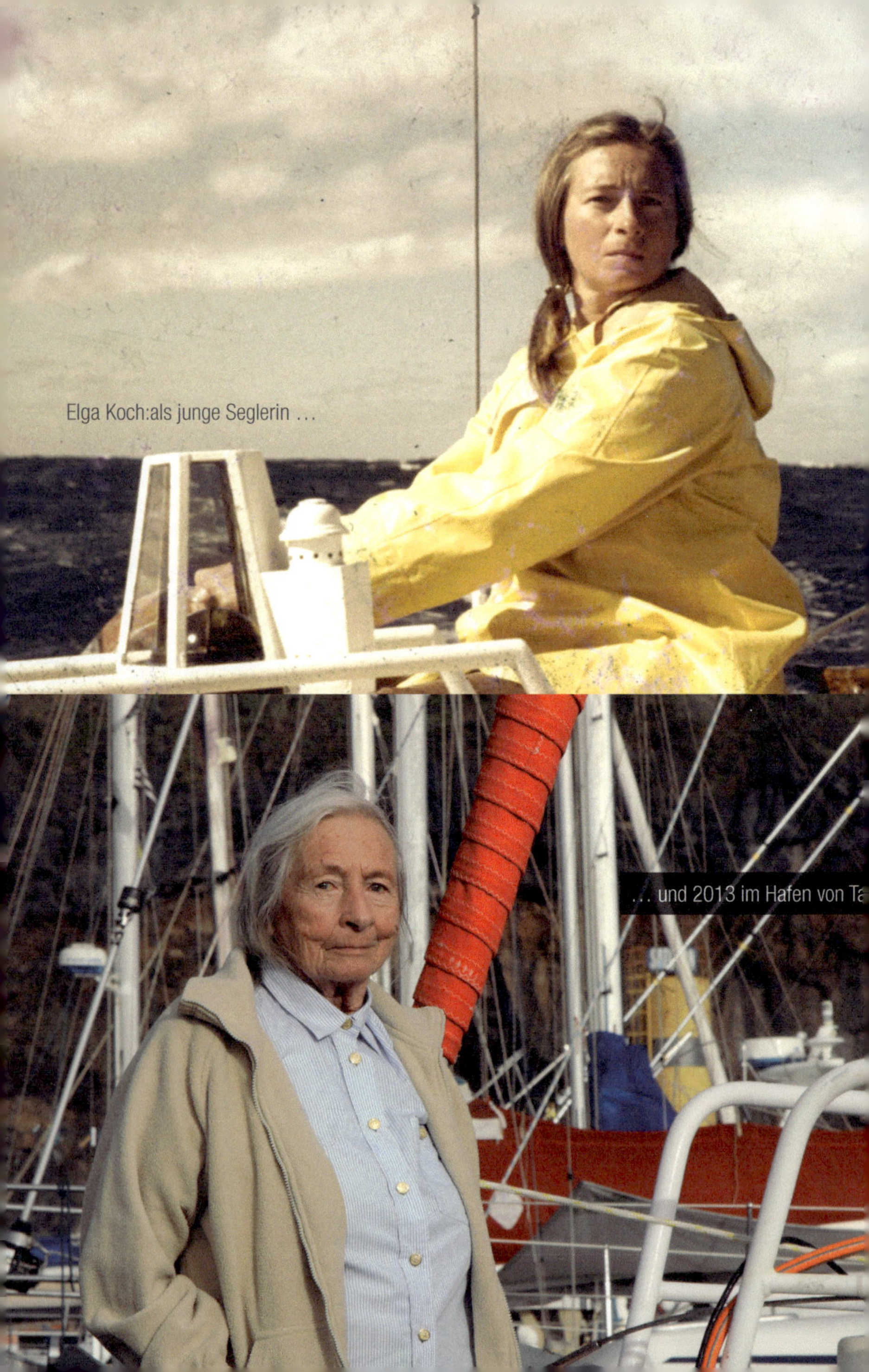

Elga Koch:als junge Seglerin …

… und 2013 im Hafen von Ta

Vom Segeln rund um die Welt.

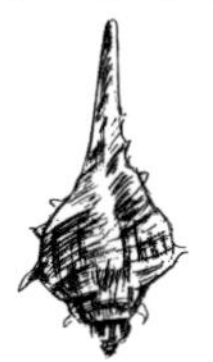

Der Traum, einmal um die Welt zu segeln, begann so richtig erst in den 60er-Jahren des 20. Jahrhunderts, als legendäre Segler wie Rollo Gebhard, Wilfried Erdmann oder Elga und Ernst-Jürgen Koch zeigten, dass die Welt auf einen Schlag jedem Segler offen stand. Hier ist die Geschichte eines legendären Schiffes: der KAIROS, mit der Elga und Ernst-Jürgen Koch die Weltmeere erkundeten.

KAIROS: Der günstige Augenblick.

Manche Schätze liegen in unmittelbarer Nachbarschaft, ohne dass man davon ahnt. Fast immer lohnt es sich, den Schatz ihrer Geschichten zu heben.

Da liegt sie also. Die legendäre KAIROS. Entdeckt in der Bootshalle des Segelclubs Nordenham nach einem Tipp des Hafenmeisters von Norddeich. Elga und Ernst-Jürgen Koch segelten mit diesem Boot als erstes deutsches Ehepaar um die Welt. 1964 begann ihr dreijähriger Törn. Sie gehören zu den Pionieren unter den deutschen Segelpärchen. Ihr Buch *Hundeleben in Herrlichkeit* und die beiden weiteren Bücher der Trilogie erzielten Rekordauflagen.

Dabei ist an der KAIROS wenig Auffälliges. Das schlanke Stahlboot mit der Baunummer 8 der Beister-Werft gehört zur legendären „Delphin-Klasse". 9,60 mal 2,85 Meter waren damals die Maße einer veritablen Yacht. Christine (51) und Stefan Schreiber (53) kauften sie 1987. Ihre drei Kinder wurden darauf groß. KAIROS mutierte vom Weltumsegler- zum Weser- und Wattenboot. Wandeln zwischen Seglerwelten. Von Familie Schreiber wird sie liebevoll gehegt und gepflegt. Mit unglaublichem Aufwand erhielt die Yacht eine Kernrestaurierung.

Zunächst entfärbte und entrostete der Skipper den Rumpf mit einem Hochdrucknagler. Sämtliche Rostpartikel werden entfernt, ähnlich wie beim Sandstrahlen. Dazu brauchte er doppelten Gehörschutz, kräftige Arme und tolerante Nachbarn.

Das hohle Schwert, äußerlich ein Schwenkkiel, schweißte er aus Stahlblechen neu zusammen und packte gleich 200 Kilogramm Bleiballast mit hinein. Die Schwertwinde schafft das zusätzliche Gewicht: Mit 90 Umdrehungen reduziert sich der Tiefgang des Kielschwerters von 180 auf 90 Zentimeter.

Unter dem innen liegenden Ballastbeton im Rumpf blühte der Rost. Eine Tonne Beton und Eisenschrott stemmten sie hinaus, schweißten neue 5-Millimeter-Bodenbleche ein und vergossen darauf Bleibarren mit Epoxydharz. Das Ruder wurde etwas nach achtern verlegt, weil der Ruderkoker ebenfalls neu geschweißt werden musste. „Damit manövriert sie sich leichter“, ist sich Stefan Schreiber sicher. In die neue Ruderhacke kamen Kühlwasseranschlüsse zum Motor mit einem Tank als Kielkühlung hinein: Das Kühlwasser des Motors wird nicht mehr von außen angesaugt, sondern zirkuliert durch die geschlossene Ruderhacke und wird durch das vorbeiströmende Wasser gekühlt. So kann sich die KAIROS auch durch Schlamm wühlen. Ein offener Seewasserkreislauf würde verstopfen. Geschwungen wie die Heckflossen eines Cadillac sind die Übergänge des Unterwasserschiffs von Kiel, Skeg und Ruder. Allein dieser Stil der 50er-Jahre fesselt den Betrachter. Unwillkürlich fragt man sich, wie sie sich wohl steuern mag. Ist sie luvgierig? Wie liegt die Pinne in der Hand?

Weitgehend im Original erhalten blieben die Inneneinrichtung und der Holzmast; er glänzt wie ehedem in makellosem Klarlack. Seit 55 Jahren trieb er das Boot mit seiner schon damals überdimensionierten Verstagung über alle Meere. „Auch die Mastwinschen stammen aus der ersten Serie“, berichtet Stefan Schreiber. „Unten mussten wir etwas Totholz abschneiden und stattdessen einen Klappmastfuß montieren. Tadellos sind die gegossenen Beschläge. Nur die Saling wird künftig nach achtern gepfeilt montiert. Zusammen mit den neuen innen liegenden Püttingen können wir die Genua dichter fahren und mehr Höhe aus der betagten Lady herausholen.“

Früher verfügte das Großsegel über eine Baumrollvorrichtung, so mussten Vorsegel zum Reffen gewechselt werden. Im Seegang dauerte das 25 Minuten. „Außen nass und unter dem Ölzeug durchgeschwitzt“, beschrieb Ernst-Jürgen Koch einen Vorsegelwechsel in der Biskaya. Und das triefende Segel musste erst zusammengelegt werden, um es in der kleinen Kammer zu verstauen.

Auf dem gesamten Deck verschwand der alte Treadmaster-Belag. Die Kanten bogen sich auf. Rostnester lagen darunter. Ebenso verschwanden die sperrigen Bügel im Cockpit. Sie sicherten die petroleumbeleuchtete Kompasssäule. Stefan Schreiber hat sie für Elga Koch aufgehoben, weil sie sich im Seegang wohl stets daran festgehalten hat. „Das Cockpit war mit Kompasssäule, Bügeln und dem Traveller total verbaut. Trotzdem sind wir lange so gesegelt. Aber nun brauchen wir für unseren dritten Lebensabschnitt etwas mehr Platz. Denn zahlreiche Cockpitkletterjahre haben auf fünf Schienbeinpaaren Tausende blauer Flecke verursacht“, entschuldigt er die Veränderungen an seinem ruhmreichen Boot. „Und um einem Bandscheibenvorfall in meiner Halswirbelsäule vorzubeugen, habe ich die Bodenbretter tiefer gelegt“, berichtet der 1,93 Meter große Skipper. „So bekomme ich annähernd Stehhöhe für mich und meine ebenfalls groß geratene Familie.“

Und weil sie ohnehin gerade beim Schweißen waren, konstruierten die Schreibers eine feste Seereling. Den alten Stützen war nicht mehr zu trauen. Die neue Version ist nicht schön, aber solide und passt durchaus zum Riss. „Man wird ja nicht jünger, aber irgendwann wackeliger auf den Beinen“, sagt der Skipper dazu. Er muss es wissen, denn beruflich leitet er ein Altenheim. Die Passatsegel der Kochs hängen darin zur Dekoration an der Decke des Speisesaals.

Im Vergleich zu modernen Yachten verfügt die KAIROS weiterhin nur über spartanischen Komfort. Die Kinder schliefen in den beiden Hundekojen. Für Stefan Schreiber waren die Liegeflächen ohnehin zu kurz. Früher gab es an Bord auch keinen Toilettenraum. Heute verfügt KAIROS zumindest über ein verstecktes Porta Potti.

Ähnlich einfach ist die Pantry. Das ausziehbare Spülbecken wurde zum Entleeren herausgenommen. Es hatte keinen Abfluss. Borddurchlässe gab es einzig für den Motor.

Im Juni 2013 durfte KAIROS wieder schwimmen und aufs Wasser. Beim ersten Treffen im Winter zeigte uns der Skipper das Sperrholzpuzzle in der Hallenecke. Hinter den Wegerungen fand er noch so manche exotische Insektenleiche aus der Südsee. „Im Boot waren nur noch Verkleidungen der Bullaugen und Decken. Aber auch von den Schotten und Regalen möchte ich möglichst viel erhalten. Da steckt noch jede Menge Arbeit drin!"

Die KAIROS haben wir in einer Anzeige gefunden. Sie wurde als bekannte ‚Weltumsegleryacht' angeboten. Mit meinem sachverständigen Segelkumpel Meinhard auf dem Beifahrersitz und einem Ultraschallmessgerät in der Tasche machten wir uns damals auf nach Heiligenhafen." Meinhard krabbelte und schabte stundenlang wortlos herum. Sein Resümee fiel zunächst vernichtend aus: „Du brauchst einen neuen Ruderkoker, neue Lenzrohre und einen neuen Motor. Der Innenausbau ist auch total unpraktisch. Den würde ich rausreißen. Aber sonst ist das Boot gut. Kannst du kaufen!" Trotz dieses Befundes schlug Stefan Schreiber zu. „Wir segelten die KAIROS stolz nach Hause. Ich weiß nicht mehr, wie oft wir auf das Boot angesprochen wurden. Doch wir waren uns jahrelang nicht sicher, ob wir für 25.000 Mark eine legendäre Yacht oder ein Fass ohne Boden bekommen hatten. Die Vorbesitzerin schien einerseits erleichtert und andererseits traurig zu sein."

Ob der Käufer etwas von der legendären Reise der KAIROS wusste? „Wir hatten natürlich die Bücher der Kochs gelesen. Zufällig erfuhr ich auf einem Seglertreffen in Cuxhaven von Erich Wilts, dass sie auf La Palma lebten. Er kannte die Kochs gut. In den Osterferien 2002 flogen wir mit der ganzen Familie hin und lernten Elga Koch kennen. Ihrem Mann ging es leider gesundheitlich nicht gut, sodass wir ihm nicht mehr begegneten."

Vom Fahrtensegeln in alten Zeiten.

2013 traf ich die 84-jährige Elga Koch auf der kanarischen Insel La Palma im Hafen von Tazacorte. Das Haus der „Grande Dame des Fahrtensegelns“ stand am Berghang über einer Bananenplantage, ein paar Kilometer weiter. Sie starb ein Jahr später infolge eines Brandes.

Als ich Elga Koch kennenlerne, bin ich fasziniert: „Frau Koch, der Konstrukteur Ihres Bootes war Theodor Stölken aus Hamburg. KAIROS lief als Baunummer 8 der Delphinklasse vom Stapel. Warum haben Sie sich für diesen Bootstyp entschieden?“

„Damals gab es nur Holz- und Stahlsegelyachten. Undichte Planken wollten wir nach den Erfahrungen mit unserem ersten Boot nicht mehr abdichten. Wir kauften den Kasko und ließen den Innenausbau von einer Firma in Elmshorn erledigen.“

„In Gedanken waren Sie schon auf einer Weltumsegelung?“

„Dafür wurde KAIROS geplant. Wo der Toilettenraum gewesen wäre, war die „Segelkammer“ für Passatsegel und Langfahrtausrüstung. Als Toilette diente eben eine Pütz. Nachdem klar war, dass wir keine Kinder bekommen konnten, fragten wir uns, womit wir unser Leben ausfüllen sollten. Dann wollten wir wenigstens die Welt sehen.“

„1963 segelten Sie nach Schottland?“

„KAIROS hat sich gleich bewährt. Es war noch früh im Jahr. Nachts an der Pinne nur 7 Grad, an Bord keine Heizung. Das erklärt, warum uns später tropische Breitengrade lockten.“

„Woher kommt der Schiffsname?“

„Er entspringt der griechischen Philosophie und steht für den ‚günstigen Augenblick‘, etwas grundlegend Neues zu tun. Wir hatten drei magische Momente: der Aufbruch 1964, die zweite Reise ab 1978 und die Niederlassung auf La Palma 1985."

„Wegen des Seegangs mussten auf KAIROS die Luken meistens geschlossen bleiben. Erst später auf der Rückfahrt im Atlantik montierten Sie eine provisorische Sprayhood über dem Niedergang?"

„Das waren ja auch ständige Kreuzkurse gegen an. Bis dahin ging es ohne …"

„Auf dem Weg nach Antigua nahm Sie nachts bei stürmischem Passat ein Roller aufs Korn. Er löschte die Laterne in 2 Metern Höhe, füllte das Cockpit und hätte Sie ohne Sicherheitsleine herausgespült. Die beiden kleinen Cockpitlenzer brauchten lange, bis das Wasser ablief. Wie empfanden Sie solche Momente, wenn die Naturgewalten auf Sie einprügelten?"

„Natürlich hatten wir dabei auch große Angst, die Kontrolle über das Boot zu verlieren. Man fühlt sich so klein angesichts der Wucht der Elemente. Irgendwann handelt man nur noch. Gedanken ans Aufgeben stellen sich nicht, denn man will es einfach ‚rund' machen und abschließen, was man sich vorgenommen hat."

„In der Bucht von Balboa wurde vor der Fahrt im Pazifik das Unterwasserschiff überholt. Trockenfallen mit seitlich ausgebrachten Ankern an Groß- und Fockfall, damit KAIROS aufrecht stehen blieb. Bemerkenswert! Das wäre doch ein Tipp für Wattenmeersegler, die nur einen Monokiel haben?"

„Wir hatten selbst ein flaues Gefühl im Magen, dass KAIROS auf die Seite fallen könnte, während wir darunter arbeiteten. Wäre Wind aufgekommen und ein Anker hätte nicht gehalten, hätte es ein Unglück geben können. Das Experiment haben wir nie wiederholt!"

„„Es weht mit Stärke 11. KAIROS läuft mit nacktem Mast 4 Knoten. Segel zu bergen, ein einziger Kampf. Auf allen Vieren krieche ich nach achtern und falle gefühllos ins Cockpit', haben Sie in Ihrem Buch geschrieben. Was war Ihre Sturmtaktik?"

„Da gab es nur Beidrehen oder mit langen Leinen achteraus vor dem Sturm abzulaufen. Mit Langkielern haben wir im Beidrehen sehr gute Erfahrungen gemacht."

„Sie berichteten weiter: ‚Die Gezeitenströmung in die Einfahrt der Lagune von Takaroa ist stark. Über das Riff eingespültes Wasser setzt als anhaltender Strom aus der Lagune mit bis zu 9 Knoten hinaus. Laufen Gezeitenströme, so scheint Stauwasser beim unteren Meridiandurchgang des Mondes einzutreten.'"

„Wir sind nicht eingelaufen. Mit 10 PS ist solchen Strömungen nicht zu begegnen. Dafür erwartete uns Stromnavigation im nächtlichen Riffgebiet. Abgesehen davon, dass von dem ‚unteren Meridiandurchgang des Mondes' kaum noch jemand eine nautische Information ableiten kann, waren Entscheidungen oft mit der betrüblichen Wahl zwischen Pest oder Cholera verbunden. Wir mussten mit großen Sicherheitsreserven navigieren. Manchmal wurde es eng."

„Auf Bora Bora lagen Sie vor Anker und langen Heckleinen an der Pier. Nicht längsseits, um sich kein Ungeziefer an Bord zu holen?"

„Ungeziefer war ein immer wiederkehrendes Problem. Die Schwärme von fliegenden Kakerlaken auf Fidschi kamen sehr gerne bei romantischen Sonnenuntergängen. Malaria war ebenfalls weit verbreitet. Paradiese haben ihre Tücken. Man muss damit leben …"

„Südafrika, Vorbereitung auf die längste Teilstrecke von 7500 Seemeilen bis England, nur zwei Tage Zeit auf der Slipanlage zur Überholung des Unterwasserschiffs …"

„… und der Korrosionsschutz war teilweise zu erneuern. Aushärtezeiten konnten nicht eingehalten werden. Aber KAIROS hatte 4 Millimeter starke Bleche. In den paar Monaten auf See hätte nichts durchrosten können."

„Die Rückkehr über Helgoland. Hunderte Segler auf der Elbe. Wie haben Sie diesen Ansturm empfunden?"

„Die Marine schickte uns ein Schiff entgegen. Die ‚Alte Liebe‘ in Cuxhaven war schwarz von Menschen, dazu vier Boote der Wasserschutzpolizei. In Wedel am Yachthafen standen eine Rednertribüne und Stuhlreihen. Vertreter des Hamburger Senats waren auch da. Das war einfach wunderschön. Erst auf Helgoland hatten wir erfahren, was uns erwartet. Die Realität hat alles übertroffen.“

„Was haben sie danach noch mit KAIROS unternommen?“

„Wir sind nur noch ab und zu auf der Elbe gesegelt. Einmal mit einem Fernsehteam bis hinter Brunsbüttel. Sie brauchten Aufnahmen vom ‚Seegang‘, um Hintergrundszenen zur Dokumentation über unsere stürmischen Ozeanpassagen zu haben.“

„KAIROS haben Sie 1972 in Wedel ohne Tränen verkauft?“

„Es war in dem Moment einfach nur noch ein ‚verkauftes Boot‘. Eins von vielen Opfern für etwas Größeres, für unsere neue Zukunft. Wir hatten es an einen Segler in Rodgau verkauft, der es dann an eine Werft in Heiligenhafen weiter veräußerte.“

„Wie ist das heute, wenn Sie die Bilder der restaurierten KAIROS von Familie Schreiber aus Nordenham sehen?“

„Da werde ich natürlich sentimental. Die Familie hat unglaublich viel Arbeit in die Restaurierung gesteckt. Ich kann mich wieder an jedes Detail erinnern: der Mast mit den Winschen, alles noch original! Wie gerne würde ich noch einmal mit ihr ablegen. Nur für ein paar Meilen …“

Von der Weltumseglung ins Wattenmeer: Das zweite Leben der KAIROS.

Wie fühlt es sich an, Eigner eines berühmten Schiffes zu sein? Als ich die Gelegenheit hatte, die heutigen Eigner der KAIROS kennenzulernen, stellte ich Christine und Stefan Schreiber viele Fragen.

Ich kann nicht anders. Ich muss einfach fragen: „Was lieben Sie an diesem Boot?"

„Die Linien haben uns von Anfang an gefallen. Dann die Gemütlichkeit innen. Als wir bei der Besichtigung das erste Mal in der Kajüte saßen, kam sie uns riesig vor. Auch die Bewegungsfreiheit an Deck ist einfach toll. Mittlerweile ist es wie in einer langen Beziehung. Wir haben uns aneinander gewöhnt. Sie gehört einfach zu uns. Sich von ihr zu trennen wäre nicht richtig. Wir sind auch Fans von Hiscocks Buch *Segeln in Küstengewässern*. Schiffe die dort beschrieben sind, sehen einfach klassisch aus. Das ist es wohl, was die Liebe am Anfang ausmachte."

„Warum haben Sie nie ein Boot mit mehr Komfort und größerer Stehhöhe angeschafft?"

„Sicher haben wir auch mal zu komfortableren Schiffen geschielt. Als die Kinder noch alle mitgesegelt sind, war es oft eng. Wir träumten von einer Achterkajüte. Doch jetzt ist es für zwei Personen vollkommen ausreichend. Es ist alles da und gut erreichbar. Im ersten Urlaub zu zweit kam uns das Schiff richtig groß vor. Vorher hatten wir ein deutlich kleineres Schiff besessen – 6,50 Meter, sehr schmal und mit einem Langkiel. Damit sind wir sechs Wochen auf der Ostsee gesegelt. Diese Einfachheit auf Booten finden wir heute noch toll. Gut, mittlerweile wollen wir auch eine ‚richtige' Toilette haben und überlegen, ob wir nicht auch mal eine Kühlbox einbauen … Was seglerische Performance angeht, so packt uns schon manchmal der Ehrgeiz, wenn die anderen vorbeiziehen oder deutlich mehr Höhe laufen. Doch dann freuen wir uns schnell wieder über unser Schiff. Es ist eben einzigartig. Wir haben das Boot nie infrage gestellt. Für uns ist und bleibt es einfach das schönste Schiff im Hafen!“

„Gab es kuriose Erlebnisse?“

„Über Verwechslungen haben wir gelacht. Wir wurden gefragt: ‚Das ist doch das Boot von Erdmann?‘ Meistens wussten die Leute aber um die KAIROS Bescheid und betrachteten die Yacht ganz fasziniert. Zu Christines Geburtstag sind wir im Dezember ausgelaufen und haben die Nacht in der Schweiburg geankert, einem Nebenarm der Weser. Sternenklarer Himmel, es war um die null Grad kalt, der Dieselofen bullerte. Wir hatten uns etwas Leckeres gekocht. Das war so richtig romantisch. Dann fielen wir trocken. Nur hatten wir genau auf einer Abbruchkante geankert. Das Schiff legte sich mächtig auf die Seite und der Ofen ging aus. Das war zu viel Schräglage für die Dieselleitung. Sofort wurde es richtig kalt an Bord und irgendwie gar nicht mehr gemütlich. Am nächsten Morgen war an Deck Eis und alle Leinen waren steif gefroren. Es war trotzdem noch ein toller Tag.“

„Motorprobleme gab es reichlich?“

„Kurz nach dem Kauf haben wir den damaligen 10 PS Saab Diesel gegen einen selbst marinisierten Peugeot-Diesel (2 Liter Hubraum!) ersetzt. Im starken Strom unseres Weserreviers wollten wir Reserven haben. Doch der Motor ging während eines Urlaubstörns bei den ostfriesischen Inseln kaputt. Im Winter haben wir aus einem Unfallwagen wieder einen Peugeot-Diesel eingebaut, der ein paar Jahre später im Nord-Ostsee-Kanal stehen blieb; natürlich am Beginn unseres Urlaubs. Die Einspritzpumpenwelle war gebrochen. Mit an Bord waren unsere drei Kinder und meine Schwester. Wir haben zwei Tage in Rendsburg gelegen. Sechs Personen zwischen Werkzeugen, Diesel und

Schrauben. Die Crew ging den ganzen Tag von Bord. Seither kennen wir jeden Laden in Rendsburg. Wieder einige Jahre später ging die Einspritzpumpe erneut im Nord-Ostsee-Kanal kaputt. Da muss ein Klabautermann leben, der keine französichen Maschinen mag … Wir haben ihn dann endgültig rausgeschmissen und einen 18 PS Kubota eingebaut. Er stammt zwar aus einem Kühlcontainer, aber läuft bisher ohne Probleme."

„Wurden sie wegen der Farbänderung kritisiert?"

„Anfangs haben wir das Schiff weiß gelassen, dann den Aufbau in „Milka-Lila" abgesetzt. Der Rumpf war zeitweise dunkelblau. Das Blaugrün ist jetzt schon seit Jahren unsere Farbe. Über Geschmack kann man nicht streiten. Wir liegen mit unserem Schiff in einem Verein, da wird natürlich alles diskutiert und kommentiert. Aber das gehört ja irgendwie dazu."

„Haben Sie die Absicht, selbst mit KAIROS im Kielwasser der Kochs zu fahren?"

„Vor zwei Jahren haben wir das Buch wieder gelesen. Unser Sohn Thore war da gerade für ein halbes Jahr in Neuseeland. Er berichtete voller Begeisterung davon. Als wir dann Kochs Schilderung über Neuseeland lasen, fanden wir den Gedanken faszinierend. Aber wir sind keine großen Langstreckensegler. Holland, Dänemark, Schweden – das sind unsere Ziele gewesen. Trelleborg, Ystad, zurück über Bornholm, Fehmarn. Aber abends bevorzugen wir einen Hafen oder einen Ankerplatz. Später sind wir auch mal durch den Limfjord gefahren. Wir schipperten dann von Thyborøn nach Helgoland. Es war ungünstiger Wind und wir sind fast zwei Tage nonstop unterwegs gewesen. Wir waren froh, wieder einen Hafen anzulaufen. Tagelang nur auf dem Wasser zu sein ist nicht unsere Art. Aber wie die Kochs wenigstens auf eigenem Kiel nach Schottland und weiter über Loch Ness und den Kaledonischen Kanal zu den Hebriden zu segeln, das würde uns noch reizen."

„Ihr persönliches Traumrevier?“

„Das Wattenmeer geht schon direkt vor unserer Haustür los. Ankern im Suezpriel, nachts die Skyline von Bremerhaven oder die ostfriesischen Inseln. Das Glucksen in den Ohren, wenn das Wasser wieder kommt.“

„Familie Koch hat nur einmal gewagt, mit seitlich ausgebrachtem Anker am Großfall trockenzufallen. Wie lösen Sie das Problem?“

„Wenn der Wind nicht zu stark ist, geht das sehr gut. Auf einem unserer Bilder ist das zu erkennen. Bei dem kurzen Kiel sind Wattenstützen oder Querliegen auch möglich.“

„Möchten Sie im Ruhestand vielleicht weiter weg segeln?“

„Eher nicht. Sicher gerne länger mal segeln ohne Zeitdruck, aber besonders weit muss das gar nicht sein. Wir könnten uns einen ganzen Sommer im Wattenmeer zwischen den Inseln vorstellen.“

Weltumsegelung: Den Traum gelebt – und dann?

„Das schönste und das schlimmste Erlebnis ist, ein Ziel erreicht zu haben." Diese alte Weisheit trifft auf Ruth und Bernhard Ulrich zu.

Am Ende waren sie 14 Jahre unterwegs. Sie haben den Kreis geschlossen: Eine Weltumsegelung auf ungewöhnlichen Kursen liegt in ihrem Kielwasser. Im Jahr 2000 startet das Schweizer Ehepaar mit einer Stahlyacht an der Unterweser in Berne von der Sliprampe der Deters-Werft. 2014 kehren sie zur selben Werft zurück. Die Flaggen von 85 Ländern zieren ihr Schiff. Nun sind beide in den Siebzigern. Es wird Zeit, sich von ihrer Yacht zu trennen. Und zugleich Abschied zu nehmen von einem Segelabenteuer, das sie am Leben von Menschen rund um den Globus teilhaben ließ.

13 Meter Schiffbaustahl, 3,80 Meter breit, Tiefgang 1,85 Meter: Was für ein Bootstyp ihre ANN-KRISTIN eigentlich ist, wissen Ruth und Bernhard Ulrich noch immer nicht. Die rote Doppelknickspanterin erscheint als Promenadenmischung aus Reinke, Roberts und van de Stadt. Dass ihnen derlei Kleinigkeiten egal sind, mag ein Charaktermerkmal des Pärchens sein. Pures Segeln, einfaches Reisen, Lust am Leben. Den Wellen ist es egal, welcher Bootstyp sie durchschneidet. Warum sollten sie also danach forschen?

Weil sie schon immer so dachten, suchten sie nicht mal nach einem eigenen Bootsnamen; sie ließen den alten einfach stehen: ANN-KRISTIN ist der Name der Tochter des Selbstbauers, der ihnen den unfertigen Stahlrumpf 1998 offeriert hatte. „Der Mann versprach den zügigen Ausbau des Rumpfes, wir überwiesen weitere Teilbeträge. Doch schließlich segelten wir mit dem halb fertigen Boot los."

Der Ingenieur Bernhard Ulrich legt selbst Hand an, egal was gerade fehlt oder fehlerhaft ist. Pünktlich zu seinem Ruhestand im 60. Lebensjahr werfen sie die Leinen los, geben sich zehn Jahre, aus denen schließlich 14 werden sollten. Den Törn unterbrechen sie alle zwei Jahre, um Verwandte und Freunde zu besuchen, oder wenn sie gezwungen werden. Beispielsweise als Bernhard 2008 einen Herzinfarkt in Mozambique erleidet und Ruth das Boot allein mit einem Freund ihres Sohnes nach Durban segelt, nicht ohne bei der Ankunft scheel angesehen zu werden: Was macht die reife Dame mit dem jungen Kerl? Danach ziehen sie sich ein halbes Jahr in ihr Haus am Zürichsee zurück.

Nach der Erkrankung des Skippers wählen sie trotzdem keinen bequemen Barfußkurs zurück. Ihre Reise führt sie über St. Helena gen Südamerika, Patagonien, Chile – dann in einem Rutsch rauf zum Panamakanal, Jamaika, Kuba, weiter die US-Ostküste und den Intracoastal Waterway, in Kanada einen Abstecher in den St.-Lorenz-Strom und dann bis nach Grönland: „Wir haben mit einfachen Mitteln viel von der Welt gesehen", erzählt Ruth. „Freundschaften und Bindungen sind geblieben. Wir verschickten jedes Jahr 60 Postkarten in die Heimat zu unseren Freunden nach Küsnacht. Und eine an die Deters-Werft in Berne." Und so kommen sie nicht als Exoten heim, auch wenn sie den Orinoco hinaufgefahren sind oder als seltene Yachtreisende sogar Taiwan ansteuerten. Sie bekommen bei der Rückkehr dieselbe Unterstützung zum Refit wie damals beim Start. Und so begrüßt sie Werftchef Klaus Deters 14 Jahre später beim Aufslippen: „Schön, Sie wiederzusehen!"

Wie ist es nun für sie, ihr maritimes Refugium zu verkaufen? „Wir sehen das eher als notwendiges Übel", sagt Bernhard. „Ich bin bald 75 Jahre und höre lieber rechtzeitig freiwillig auf, bevor mich das Alter dazu zwingt." Ich klettere die Leiter hinauf an Bord und sehe mich um: dunkles Holz, wenig Licht, Geruch nach Diesel. Die Kajüte hat den Charme einer Wohnküche mit integrierter Werkstatt.

Da ist wenig drin, was sich mit romantischer Verklärung verbinden lässt. „Unser Blick geht voraus, selten zurück: Die Yacht war zum Reisen und Schlafen da, weniger ein gemütliches Zuhause. Heimat blieben stets unser Haus, dazu unser altes Boot auf dem Zürichsee und eine kleine Berghütte auf der Alp, in der wir sehr gerne leben."

Und trotzdem, wie verkraftet man diesen Abschied? „Gedanklich fing er schon in der Karibik an", erzählt Ruth offen, „es war ein Ende in mentalen Etappen: Auf Kuba dachten wir ans Aufgeben, denn wir hatten so viele Reparaturen. Kuba war aber nicht der richtige Ort zum Aufhören, denn unter Tränen ging das noch nicht. Die US-Ostküste und Grönland wollte ich auch noch sehen. Wir sind ja im Berufsleben nie verreist. Unsere Segelsanduhr war einfach noch nicht abgelaufen. Das fühlte sich nach dem Aufslippen an der Weser bei Klaus Deters erst gut und richtig an."

Rückblick: Ruth ist 20, als sie ihre Großmutter in den USA besucht, mit einem Schiff nach Europa zurückreist und zum ersten Mal die Weite des Atlantiks lieben lernt. Dass sie ihn später über die Kapverden auf eigenem Kiel in 21 Tagen überquert, hätte sie sich damals nicht träumen lassen. Segeln lernen sie und Bernhard auf dem Zürichsee. Ruth ist 40, als sie noch immer im Optimisten über den Zürichsee schippert, auch im Winter. Nachdem sie zehn Jahre auf eine freie Boje warteten, können sie daran einen 8,80-Meter Kajütsegler vom Typ Clipper 2000 festmachen. Beide legten das unbeschränkte Schweizer Hochseeschifferpatent und das Deutsche Funkzeugnis ab. Dann packt sie das große Fernweh. Sie lesen Bücher von Rollo Gebhard, Wilfried Erdmann, Bobby Schenk und den Kochs. Das wollen sie auch: allen erzählen von ihren Abenteuern. Und so halten sie den Dampf im Kessel, um den Traum ja nicht verlöschen zu lassen.

Während der Fahrt ins Mittelmeer bauen sie ihre Kajüten weiter aus. Ihr OM 617 schiebt ANN-KRISTIN mit

85 PS durch Sturm und Flauten. Der marinisierte Fünfzylinder-Reihenmotor von Daimler-Benz aus den 70er-Jahren gilt noch heute als ausgesprochen zuverlässig und ist leicht zu warten. Einen Törnplan haben sie nur grob, denn zehn Jahre um die Welt zu segeln lässt alle Möglichkeiten offen. Dass ihr Traum zu Beginn mit traumatischen Ereignissen verbunden sein würde, ahnen sie nicht. Und so fahren sie durch den Suezkanal, um im Roten Meer zu tauchen. Beim obligatorischen Landausflug zu ägyptischen Sehenswürdigkeiten werden sie als allein reisende Westeuropäer erstmals mit der brutalen Realität konfrontiert: „Dort fielen mehrere Schweizer Touristen einem Anschlag zum Opfer, darunter Menschen aus unserem Dorf."

Sie bekommen die Bilder nicht aus dem Kopf, kehren ins Mittelmeer zurück und meiden danach islamische Länder. Müssen sie doch in Tunesien, Indonesien oder den Malediven einklarieren, fühlen sie sich einfach nicht mehr wohl. Doch das liegt nicht an ihrer mangelnden Anpassungsfähigkeit: Ruth und Bernhard sind selbst nachts in Gegenden zu Fuß unterwegs, die weiße Touristen tunlichst meiden. So besuchen sie allein südafrikanische Townships oder einsame Ankerplätze in Papua Neuguinea, wo sie seit vier Jahren die ersten Segler sind.

Religiöse Ressentiments schrecken sie ab, Kleinkriminalität oder „Schiffsfriedensbruch" hingegen nicht: „In Papua Neuguinea kletterte nachts ein Unbekannter an Bord und verschwand wieder, als er Bernhard sah. Später stellte sich heraus: Es war der Dorfsonderling und der Chief fragte sie, wie er bestraft werden solle. Darauf verzichteten sie und erhielten „ihrer Güte wegen" mehr Freundlichkeit als zuvor – samt kleiner Geschenke, für die sie sich kaum revanchieren konnten. „Vielleicht beruhen die durchweg schönen Erlebnisse auch darauf, dass wir überwiegend dort waren, wo der Massentourismus noch nicht seine Einflüsse entfalten konnte. Und wir waren konsequent, haben nie

Bakschisch bezahlt, was vielleicht als Zeichen mentaler Stärke aufgenommen wurde. Andererseits haben wir auch die ärmsten Menschen auf gleicher Ebene angesprochen. Äußerlich waren wir stets ebenso arm wie sie. Und wenn wir Gäste an Bord hatten, bewirteten wir sie mit Kaffee und Kuchen."

Was noch dazukommt: „Die meisten Reisenden würden nie mit so einem zerfledderten Bordbuch im Schapp unterwegs sein", schmunzelt Bernhard. Aber manchmal sind Fremde zu Gast oder Behördenvertreter kommen an Bord. Jeder kann sehen, dass hier nichts zu holen ist. Und so sorgt Understatement für Sicherheit: „Südafrikanische Junkies, die sich sonst als Tagediebe durchschlagen, haben uns mit Handschlag begrüßt und oft auf unser Boot aufgepasst. Das muss man sich mal vorstellen!" Vielleicht liegt es auch an ihrem Lächeln.

Es öffnete ihnen überall auf der Welt die Türen. Sie haben andererseits Segler erlebt, die wegen ihrer Arroganz kaum ein Bein auf den Steg bekamen: Auch in der Karibik sind die Leinenhelfer keine „Boys zum Fingerschnippen" – warum sollte man sie nicht mit Sir oder Mr. in Verbindung mit einem „Excuse me: please, would you help us …" ansprechen?

Den Reiz ihrer Reise machen immer wieder besondere Menschen aus, denen sie begegnen: „Da war ein sehbehindertes Seglerpärchen aus den USA. Ihre Sehleistungen betrugen nur 10 und 20 Prozent. Er sah nur den Bug, sie etwas weiter in die Ferne. Von Kalifornien schipperten sie trotzdem nach Australien, kauften sich in Neuseeland eine andere Mittelcockpityacht, erlitten im Sturm einen Knockdown in Indonesien. Dann brach der Kontakt leider ab und wir wissen nicht, was aus ihnen geworden ist. Wir haben erst Anfang 2010 das Internet und E-Mails für uns entdeckt."

Im Golf von Bengalen werden sie vor Piraten gewarnt. In der Region scheint jeder jeden zu belauern; selbst Frachtschiffe fahren ohne Positionslichter. Mulmig wird ihnen, als ein Fischerboot mit Vollgas auf sie zurast. „Doch dann wollten sie uns nur Zigaretten und Kokosnüsse schenken." Als die Fischer ablegen, qualmt deren Maschine, auf hoher See ist das auch für genügsame Seeleute eine lebensgefährliche Situation. Bernhard kann ihnen mit einem Ersatzschlauch helfen. Und so schippern die Ulrichs unbehelligt weiter, leben eine Zeit lang unter Seenomaden auf Borneo. „Dass wir überall sehr freundlich begrüßt wurden, lag oft an unserer Schweizer Flagge. Man verwechselte uns wohl mit dem ‚Roten Kreuz'.

Dabei hatten wir nur homöopathische Medikamente an Bord. In Mozambique wurden wir gebeten, einem gebrechlichen alten Mann zu helfen. Nach drei Stunden war er wieder fit, was kaum an unseren Globuli gelegen haben kann. Doch danach hatten wir sehr viele neue Freunde!"

Gibt es ein Land, das sie besonders gerne wiedersehen würden? Ruth und Bernhard schwärmen von Namibia, ihrem Ausflug zum Stamm der Himba und die herzliche Aufnahme. Verwundert trafen sie später auf Island auf eine Frau aus Namibia, die es durch Heirat auf die Insel im Nordmeer verschlagen hat. Es sind diese kleinen Begebenheiten, die für sie das Salz in der Suppe der Weltumsegelung ausmachen. Mehr Angst als vor Sturm und Überfällen hatten sie davor, auf volle Boote mit Flüchtlingen zu treffen. Was macht man, wenn man von einem Fischerboot hört, das völlig überfüllt ist? So fingen sie vor Sri Lanka über Inmarsat-C eine Notmeldung auf – weitab von ihrem Kurs – wonach sich ein Flüchtlingsboot mit 100 Menschen in Seenot befand. Mit Entsetzen stellten sie fest, dass die indische Küstenwache die Flüchtlinge ihrem Schicksal überlassen wollte. Was hätten sie tun können?

Neuland betreten sie im wahrsten Sinne des Wortes in Taiwan: Die Behörden scheinen keine Erfahrungen mit ausländischen Seglern zu haben. Freizeitschipper werden wie Frachterbesatzungen behandelt. Dokumente gibt es nur in chinesischer Schrift. Eineinhalb Tage dauert so ein Procedere. Ihr Sohn, der als Fotograf dort lebt, und die taiwanesische Schwiegertochter helfen weiter, so können sie selbst einklarieren, statt 500 Dollar an einen Agenten zu bezahlen. Trotzdem: Selbst beim Verholen zum Dieseltanken im Nachbardock gibt es Probleme. Als sie von Kautchung nach Taipeh segeln, werden sie von einer Fregatte aufgebracht: Aufgrund der latenten politischen Probleme mit China sind taiwanesische Offizielle ausgesprochen vorsichtig, was das Einlaufen in ihre Hoheitsgewässer angeht. Unter so viel Anteilnahme fühlen sie sich auf ihrem Kurs aber ebenso sicher wie später in Chile und Argentinien, wo jeden Tag eine Meldeauflage per Funk einzuhalten ist.

Kopfzerbrechen bereiten ihnen auf ihrer Reise jede Menge technische Ausfälle. Bernhard nimmt das Bordbuch aus dem Schapp. Da steht alles drin, was er in 14 Jahren repariert hat: Kabelbrüche, Glühkerzen, ein gebrochenes Vorstag, Antennenhalter abgefallen, Wechselrichter durchgebrannt, Ölabsaugpumpe verstopft und hundert andere Dinge. In der Tat: Beim Blick in die Motorbilge wenden sich verwöhnte Mechaniker mit Grausen ab, doch durchrosten wird da nichts. Wochenlang segeln sie ohne Maschine. Ihre längste Etappe legen sie nur unter Segeln zurück: von Tonga nach Neuseeland … Was für eine Ruhe auf dem Stillen Ozean!

Zweimal touchieren sie ein Riff, die Fehler verzeiht ihnen die Stahlplatte unter dem Kiel. Als sie in Argentinien abermals verdreckten Diesel tanken, verstopfen monatelang ihre Filter. 800 Liter Treibstoff schwappen ausfallträchtig in beiden Tanks. Ihr Waterloo sollen sie trotzdem erst auf der Schlussgeraden erleben: Vor Grönland versagt die Lichtmaschine. Das Bordnetz bricht bald zusammen, was übel ist, weil sie mit elektronischen Seekarten auf zwei Notebooks navigieren. Ihre Maschine lässt sich nicht mehr starten und dann zerreißt im Sturm ihre Rollgenua. Sorgen machen sie sich nun auch noch wegen der Growler: Die kleinen, fast gänzlich unter der Wasseroberfläche liegenden Eisberge sind erst spät zu erkennen. 12 Stunden segeln sie nur unter Großsegel, um ganze 4 Seemeilen bei Wind gegen Strom voranzukommen. Als der Wind dreht, erreichen sie den schützenden Hafen um 3 Uhr morgens in völliger Dunkelheit. Dann lassen sie ihr Boot wegen des frühen Wintereinbruchs in Grönland zurück, bis sie sich im Frühling 2014 auf die Schlussetappe machen: Im September liegt die Wesermündung vor ihnen.

Mussten sie fremde Hilfe in Anspruch nehmen? „Als Bernhard in Mozambique einen Herzinfarkt hat, konnte ich ihn nicht allein ins Dingi bekommen“, berichtet Ruth. Als eine Dhau vorbeisegelt, hat ihr die Besatzung gegen Geld geholfen, ihn an Land in eine schwedische Klinik zu bringen. Dann ist sie allein an Bord: Sturm kommt auf, der Anker hält nicht und der Motor springt wieder mal nicht an. „Ein Polizeiboot hat mich in den Hafen geschleppt.“ Ähnliches erlebten sie später vor Port Elizabeth: „Bernhard hatte sich eine Rippe gebrochen. Der Kühler war defekt und Wasser schwappte im Motoröl. Ein Schlepper half uns weiter. Doch das war in 14 Jahren auch schon fast alles.“

Was möchten sie anderen Seglern für ihre Weltumsegelung mit auf den Weg geben? „Lernt unbedingt Sprachen! Bernhard spricht Englisch und Französisch. Ruth spricht Englisch, Spanisch, Italienisch und Portugiesisch. Das öffnet mit einem Lächeln alle Türen.“

Und was denken Ruth und Bernhard über Trauminseln wie die Malediven, was deren Reisefreundlichkeit angeht? Die Ulrichs meinen, dass der Schein trügt: „Pauschaltouristen auf Devisen-Inseln können sich nicht vorstellen, wie es ist, als Fahrtensegler mit Schikanen und Betretungsverboten überzogen zu werden. Man muss im

Norden einklarieren und darf viele Südinseln nur in Begleitung eines „Agenten“ anlaufen. Wie herrlich ist es dagegen, im Indischen Ozean im unbewohnten Cargos-Archipel: sieben Wochen freies Ankern, selten mit mehr als 20 Yachten …“

Sie lieben die abgelegenen Ecken. „Im Orinoco-Delta schenkten uns Indianer einen Korb voller Krebse, aber ich wusste nicht, wie man die zubereitet“, berichtet Ruth. „Sie luden uns in ihre Pfahlhütten ein und zeigten uns die Zubereitung. Weil wir auf das Geschenk nicht vorbereitet waren, besuchten wir sie am nächsten Tag nochmals und brachten ihnen T-Shirts, die so lange von Hand zu Hand gingen, bis sie jemandem passten. Ihre Frage, was unser Boot ‚kostet‘, war schwer zu beantworten: Statt einer Hütte hätten wir eben das Boot gekauft. So konnten sie das verstehen.“

So geht es weiter: Bananenstauden in der Südsee, ein Sarong oder in Blätter gewickelter Kochfisch in Borneo. Er wurde überreicht mit den Worten: „Danke, dass ihr uns eure Zeit geschenkt habt.“ „Im hohen Norden beschenkten uns Inuit mit warmen Mützen und Jacken, wofür wir uns nur mit grünem Tee bedanken konnten.“ An der Wand hängt eine Muschelkette aus winzigen Schalentieren: ein spontanes Geschenk eines Fischers von Malaita auf den Salomonen. Ein sehr kostbares Geschenk. „Für so ein Geschenk bekommt man sonst schon eine Frau zum Heiraten“, lacht Bernhard. „Wir luden den Fischer und seine Sippe zum Tee ein, nicht ahnend, dass 20 Leute kommen würden. Zum Kaffee reichten wir notgedrungen Kräcker und Nutella. Was für ein Genuss! Das bunte Kaffeekränzchen werden wir nie vergessen.“

All diese Bilder bleiben in ihren Herzen. „Wir wollten kein Buch schreiben; sonder haben nur einen Reisebericht über Patagonien verfasst. Aber wenn wir mit diesen Bericht andere zum Aufbruch verleiten können: Die Welt ist noch immer groß genug. Es lohnt sich, sie anzusehen!“

So endet ihre Reise rund um die Erde. Ein paar Wochen später können sie auch ihr Boot verkaufen. Sie kehren endgültig zurück in ihr Land der Berge und den Kreis ihrer Freunde.

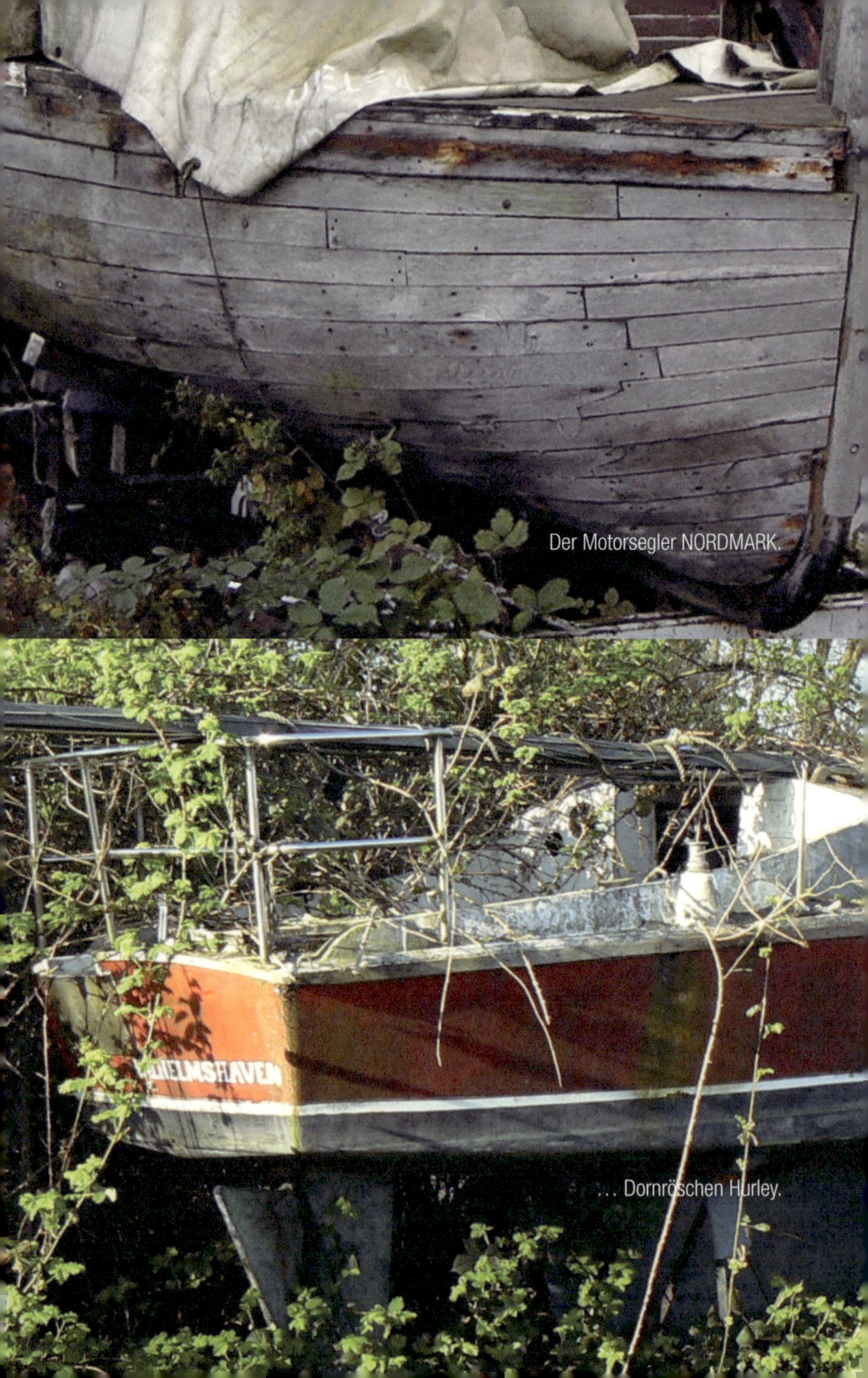

Der Motorsegler NORDMARK.

… Dornröschen Hurley.

Von Dornröschen-Schiffen.

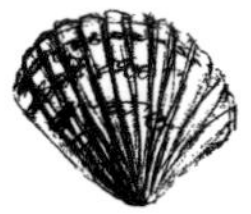

Oft stöbere ich in den „Friedhofsecken" von Bootslagerplätzen. Das ist ein Fest für die Kamera – und so manche Geschichten von Menschen und ihren verlassenen Gefährten kommen in diesen Winkeln ans Tageslicht.

Nächstes Jahr kommt KURTCHEN in die Werft.

Wie Dornröschen liegt eine rote Hurley 22 unter Dornenranken verborgen im Tiefschlaf. Die einst schmucke kleine Yacht scheint von allen guten Geistern verlassen. Kommt ein Prinz vorbei, der sie mit einem gelungenen Refit zurückholt ins Leben?

Vor fünf Jahren hat ein Recke versucht, sie zu befreien. Doch wie schon vor Jahren das Boot verstrickte auch er sich kläglich in den Brombeerdornen unklarer Verkaufsabsichten eines Insolvenzverwalters. 2000 Euro für ein Wrack mit einer Tonne Regenwasser im Rumpf? Das war unverhältnismäßig viel. Und so schlummert die kleine Hurley weiterhin in Wilhelmshaven und wartet auf ihren Erwecker.

In manchen Ecken von Vereinsanlagen und Werften findet man Yachten, die helfende Hände benötigen. Unter grüner Patina könnte sich so manches Schnäppchen verbergen. Ich habe mich in Wilhelmshaven und in Hannover am Mittellandkanal umgesehen. Die „Verdammten der Friedhofsecken" scheinen alle unter ein und demselben Problem zu leiden: dem Fehlen konsequenter Entscheidungen. Mitunter haben sich Eigner aus dem Staub gemacht und ihre Schätzchen einfach der Nachwelt zur Entsorgung hinterlassen. Andere hatten gesundheitliche, wirtschaftliche oder familiäre Probleme, die ihre Yachten zu Vollwaisen machten. Dazu gehörte seit fast 40 Jahren der Rumpf einer 15 Meter langen Blauwasseryacht an der Bahnstrecke Hannover – Seelze. Ein aufgegebener Traum? Tausenden von Bahnreisenden zwischen Hannover und Bremen fiel das Boot täglich ins Auge. Die Yacht hätte nur noch lackiert werden müssen und doch sollte sie den nur 100 Meter entfernten Mittellandkanal erst nach 30 Jahren wieder erreichen.

Die Entsorgung eines Bootes ist nicht einfach. Im Gegensatz zu Autos gibt es für Boote keine Verwertungsplätze. Kommt das Krematorium – die Müllverbrennungsanlage – nicht in Betracht, sollte die Entscheidung, sich vom Boot zu trennen, rechtzeitig zu realistischen Preisen öffentlich gemacht werden. Internetportale sind besser geeignet denn je: Ein paar Detailfotos und einige Zeilen mit konkretem Text reichen, um die Sorgen loszuwerden. Aber selbst verschenkt ist mitunter noch zu teuer. Warum nicht ein paar Euro dazugeben und so Entsorgungskosten und Liegeplatzgebühren sparen?

Bei manchen Kähnen ist der Krantermin im Frühjahr spannend. Schwimmen sie oder gehen sie gleich unter?

In Wilhelmshaven nutzt ein Eigner seine betagte Sperrholzyacht nur, um mit dem Boot zum Angeln auf die Nordsee hinauszufahren. Es kursierten Gerüchte von diversen technischen Problemen. „Nächstes Jahr kommt KURTCHEN in die Werft.“ Den Satz hörte jeder, der den Mann vorsichtig auf den Zustand des Bootes ansprach.

Irgendwann war keine Rede mehr von der Werftrenovierung. Dafür hatte er ein Schild an den Rumpf geheftet: „Zu verkaufen / 26.999 Euro“. Wer es sah, konnte es nicht glauben. Ein Skipper wollte ein Komma hinter die 26 setzen und die letzte 9 streichen. Natürlich fand sich niemand, der so viel investieren wollte. Also behielt der Mann sein Boot.

Doch es schien ihm mehr Last als Freude gebracht zu haben. Jedenfalls dem Fluchen nach zu urteilen, das man während des Aufziehens von Planen vernehmen konnte. Kaum war KURTCHEN aus dem Wasser, wurde eine große Baumarktplane darübergezogen, um das arme Boot vor Feuchtigkeit zu schützen, die vom Himmel kam ...

Im nächsten Jahr dauerte das Absetzen des Bootes länger. Die Stützen fanden nicht den richtigen Platz. Das Boot hatte sich verzogen. Bedenklich bogen sich seine weichen Sperrholzplatten durch. Es knackte lautstark im „Gebälk“. „Macht nichts“, sagte der Eigner hoffnungsfroh, „Holzboote sind flexibel.“ Kurz darauf wurden die feuchten Platten mit dem Hochdruckreiniger malträtiert und die letzten Fasern ausgespült. Für den Winter wurde das Planenpaket erneut verschnürt.

Es dauerte nicht lange, da zeigte die Natur dem Menschen, welchen Blödsinn er gemacht hatte: Der erste Herbststurm des Jahres brachte KURTCHEN wieder ans Tageslicht. Sozusagen ein Omen. Als wenn eine Stimme spräche: „Lass’ endlich Luft und Licht ans Boot! Spann’ eine solide Plane als Zeltdach! Sorge für Luftzug!“

Doch das Aufatmen des Bootes währte nur kurz. Tage später erschien er mit einer neuen Plane. Kein Regentropfen durfte das „Moderboot“ befeuchten. KURTCHEN wurde fester denn je verschnürt. Das war im November. Der Krantermin würde im April folgen; fünf Monate ohne Luftzirkulation – ein Treibhaus für Pilze und Sporen jeglicher Art. Als wäre das noch nicht genug, musste das geschundene Boot ein Gewicht von einer halben Tonne Regenwasser auf dem Vorschiff tragen. Es stand weit über die vorderen Auflagepunkte der Stützen hinaus. Dort bildet sich ein gewaltiger Wassersack. Ob die weichen Sperrholzplatten diesem Druck standhalten konnten? Kommentar des Eigners zum Vorschlag, doch wenigstens für Belüftung zu sorgen: „Noch mehr Arbeit investieren? Das Aufziehen der Plane war schon mühevoll genug. Und der Schimmel ist nicht so schlimm. Nächstes Jahr kommt das Boot in die Werft. Wird alles wieder wie neu!“

Alle waren gespannt, was im April zum Vorschein kam, wenn das orangefarbene Überraschungsei ausgepackt wurde. Armes Moderboot. Irgendwann war es verschwunden. Hoffentlich kam es rechtzeitig in tatkräftige Hände.

Hurley 22: das „Dornröschen“ von Rüstersiel.

Bastlerboote finden selten noch ein neues Zuhause. Zu aufwendig ist ein Refit und zu teuer. So bleiben sie verlassen und altern vor sich hin.

Wem das Boot einmal gehörte, war nicht klar. Ein Menschenfreund soll es einem Segelverein in Wilhelmshaven für die Jugendsegelgruppe geschenkt haben. Allerdings war daran viel zu restaurieren. Zudem fand die Jugendarbeit auf Jollen statt, für die eher Finanzierungsbedarf bestand. So bat man einen Bootshändler um Verkaufshilfe. Er übernahm den Rumpf und spendete 1500 Euro in die Jugendkasse des Vereins. Ein paar Monate später fand er einen Interessenten, der das „Bastlerboot“ für 1200 Euro kaufen und wieder seetüchtig machen wollte. Weil der Mann keinen Trailer hatte, mietete er den Lagerplatz auf dem Gelände. Der Plan schien gut zu sein, denn so wäre das gespendete Geld wieder hereingekommen.

Ungeahnt entwickelten sich die Dinge anders. Zehn Jahre später war die Hurley immer noch da und wurde von der Dornenhecke überwuchert. Denn nach Abschluss des Vertrages bat der Käufer wegen eines „kurzzeitigen finanziellen Engpasses“ um Ratenzahlung von monatlich 100 Euro, zuzüglich der Miete für den Stellplatz. Doch nach zwei Raten passierte monatelang nichts mehr.

Stattdessen meldete sich ein Insolvenzverwalter und forderte die Herausgabe des Bootes. Der Käufer hatte Privatinsolvenz angemeldet. Dem Antrag folgte der Vermieter nicht. Er war schließlich „bis zur vollständigen Bezahlung von Boot und Liegeplatzgebühren“ weiterhin der Eigentümer, doch ohne Verfügungsrecht. Zugleich war er als geprellter Verkäufer und Liegeplatzinhaber auch Gläubiger, fand sich jedoch in der Reihenfolge weit abgeschlagen auf den hinteren Plätzen wieder und wäre beim Verkauf leer ausgegangen.

Auf die Wandlung des alten Kaufvertrages mit Rückzahlung von 200 Euro ließ sich der Insolvenzverwalter, der von Booten wenig verstand, nicht ein. Stattdessen setzte man den Preis mit 2000 Euro zur Versteigerung an, für den sich natürlich niemand fand. Aus berechtigtem Interesse war das Boot ohne Bezahlung der Liegegebühren, die nach zehn Jahren den Wert des Rumpfes weit überstiegen, nicht herauszugeben. Und so konnte das Boot nicht einmal als „Kuschelhöhle“ für den örtlichen Kindergarten aus der Dornenhecke befreit werden. Währenddessen füllte sich das von oben undichte Boot weiter mit Regenwasser und mutierte zur Zisterne. Dem zusätzlichen Gewicht waren die Stützen des alten Trailers nicht gewachsen. So entstand neuer Arbeitsaufwand, um den Rumpf auszupumpen. Nun hat sich zwar alles geklärt, aber das Wrack könnte man nur noch als Sondermüll entsorgen. Dornröschen schlummert auf unbestimmte Zeit weiter unter seiner Dornenhecke.

Der Motorsegler NORDMARK.

Grasssoden, eine vermodernde Plane und Stauwasser gaben einem einstmals hübschen Motorsegler den Rest.

Das Vermieten von Stellplätzen ist unkompliziert, solange die Anschrift des Eigners stimmt und sich die Eigentumsverhältnisse nicht ändern. Es muss im Jahr 1999 gewesen sein, als der Eigner die NORDMARK zum Refit in Rüstersiel abstellte. Niemand konnte mir sagen, warum der Eigner nicht weiter daran gearbeitet hat. Eigentlich war die Yacht handwerklich solide und kunstvoll gebaut worden.

Zehn Jahre später trug diese Schiffsmumie nur noch den vermoderten Rest einer Plane. Grassoden wuchsen auf dem Deck. Stauwasser hatte dafür gesorgt, weil das Boot nicht im richtigen Winkel zum Ablaufen des Regenwassers stand. Irgendwann bestellte er einen Container für das Wrack. Mit einer Kettensäge machte der Mann Kleinholz aus dem Rumpf. Wegen der Farbreste war das Holz zum Verbrennen ungeeignet und offiziell Sondermüll. Letztendlich war der Mann Realist genug, um sich von seinem Traum zu verabschieden. Es erschien ihm nicht sinnvoll, noch länger Liegeplatzgebühren dafür zu bezahlen.

Der „Sylter Kutter“ mit den silbergrauen Planken.

So manche Liebe hält nicht ewig. Auch nicht die zu einem Boot. Zurück bleibt ein verlassenes Schiff.

Ein erfahrener Segler und Ingenieur hatte sich im Jahr 2007 im Internet in den hölzernen Kutter SILVER CONDOR verliebt – ein Oldie von 1936. Eigentlich besaß er eine zuverlässige Reinke Secura an der Jade. Aus der Nähe von Mönchengladbach fuhr der Ingenieur regelmäßig 340 Kilometer an die Küste. Vielleicht war das hier ja ein Boot, um darauf zu leben? 12,5 Meter lang, 4,5 Meter breit, 20 Tonnen schwer, solide Eichenplanken.

Die Maschine aus dem Jahr 1966 war noch okay. Zum „Schnäppchenpreis“ von 4000 Euro bekam er das Boot.

Im Wasser liegend sah das Boot so vertrauenswürdig aus, dass er es noch im Januar über Helgoland nach Wilhelmshaven überführte. Dort hatte er einen Lagerplatz gefunden. Erst wollte er den Rumpf mit GFK beschichten. Doch der Holzprofi einer Werft sagte ihm, dass das Boot mit ein paar neuen Planken wieder fit gemacht werden könnte. So blieb der Kutter zum Restaurieren an Land. Zu seinem Entsetzen musste der Skipper feststellen, dass sich bald sämtliche Plankengänge öffneten. Selbst das Heck sprang in zwei Teile. Zu allem Unglück ging der Inhaber des Geländes pleite.

Bald erhielt der Skipper die Aufforderung, seinen Kutter umgehend zu entfernen. Zurück ins Wasser war jedoch unmöglich. SILVER CONDOR wäre augenblicklich gesunken.

Es blieb ihm nur der Transport zu einem „Übergangslagerplatz“, bis ein Verkauf vollzogen wäre. Er fand ihn zehn Kilometer entfernt auf einem anderen Gelände und wurde wieder 1500 Euro los: Ein Autokran zum Aufladen, ein Schwerlasttransport samt Polizeibegleitung und noch ein Autokran zum Abladen. Weitere Plankengänge rissen dabei. Mit Grausen wandten sich Kaufinteressenten von diesem Wrack ab. Andere wollten nur das Deckshaus kaufen.

So gingen die Jahre ins Land. Der Skipper ist froh, wenigstens noch seine solide Reinke zu haben. Doch bei jedem Törn fällt der Blick auf die SILVER CONDOR. Die buddhistische These, dass viel Besitz nur belastet, trifft im wahrsten Sinne des Wortes auf dieses Schiff zu: Stellplatzgebühren, aber niemals fahrbar.

Der Trailersegler SASKIA.

Beinahe hätte SASKIA eine neue Aufgabe als Spielschiff für Kinder gefunden. Doch es sollte nicht sein ...

SASKIA war ein wirklich günstiges Kajütboot samt Trailer. Angeboten wurde es in einem kleinen Dorf in der Nähe von Minden. Fotos sahen so vielversprechend aus, dass sich die Anfahrt von 200 Kilometern für die Schiffsbesichtigung zu lohnen schien. Wenige Lackier- und Sperrholzarbeiten sollten nötig sein. Ich war für einen Kindergarten auf der Suche nach einem maritimen Spielgerät. Eine Kuhle für den Kiel buddeln, schon würde das Boot felsenfest und kentersicher seinen letzten Hafen finden. Ideal für die träumenden Nachwuchsmatrosen. Bei der geringen Kletterhöhe des Rumpfes hätte sich niemand verletzen können.

Den Mast kürzen, scharfkantige Ecken rundschleifen, fertig wäre das Spielschiffchen für die Kinder. Vielleicht fände sich jemand, der an Bord „Käpt'n Blaubär"-Geschichten vorlesen würde?

Doch leider offenbarten sich beim Besichtigen des Decks Stabilitätsprobleme infolge jahrelanger Vernachlässigung: Die Sperrholzverbände waren aufgequollen und drohten nachzugeben. Um das Boot kindersicher umzubauen, hätte die gesamte Deckskonstruktion erneuert werden müssen. So erübrigte sich das Projekt.

Seelze statt Südsee: ein Katamaran am Mittellandkanal.

In einer Ecke der Marina Rasche steht seit 15 Jahren ein seetauglicher Fahrtenkatamaran.

Der 12 Meter lange Wharram-Kat vom Typ „Narai" ist aus Sperrholz-Kevlar-Epoxy gebaut. Planen müssten wieder neu gespannt werden. Darunter lagern Baumaterial und ein Motorroller. Grüne Algen auf weißem Rumpf zeigen, dass die Arbeiten schon lange ruhen. Der Eigner hatte einst von Polynesien geträumt. Dann lernte er die Frau seines Lebens kennen. Doch Langfahrtpläne waren nicht ihr Ding. Um ihr wenigstens das Küstensegeln in nördlichen Breiten schmackhaft zu machen, vergrößerte er die Kajüte. Das kostete viel Zeit. Wirklich überzeugen konnte er sie nicht. Nach eigenen Worten musste er sich eines Tages entscheiden: „Segeln oder Kuscheln?" Er entschied sich für die zweite Option, kaufte ein Haus und verwarf Moorea. „Was soll ich mit 72 Jahren noch bei den Hula-Mädchen? Ich suche jetzt junge Leute, die am Boot mitarbeiten, mitsegeln und denen ich es dann vererben kann."

Besser nicht BETTINA.

Der Hafenmeister deutet auf die klassische Holzyacht BETTINA. „Das ist mein größtes Sorgenkind auf dem Gelände", brummt er grimmig.

Zuerst sollten die Boote restauriert werden; dann wuchsen den neuen Eigentümern die Arbeiten über den Kopf. Viel zu oft bleibt am Ende vom großen Traum, ein Boot zu besitzen, nicht viel übrig. Auch bei diesem Schiff ist Hopfen und Malz verloren. „Soweit ich weiß, hat der Eigner die katastrophale Kiste für 5000 Euro bei Ebay ersteigert. Auf der Kanalfahrt nach Hannover soll sie schon geleckt haben wie ein Sieb."

Gut einen halben Meter hat der Rumpf auf der Pallung nachgegeben. Das „Kielschwein" ist eingedrückt, wo es stabil sein müsste. Zwischenzeitlich soll die Yacht ebenfalls über Ebay einen neuen Käufer gefunden haben. Doch angesichts des Reparaturstaus hat der Mann seinen „Auktionsgewinn" nie abgeholt.

Das Ende vom Lied: „Der Eigner, mit dem ich den Liegeplatzvertrag habe, schiebt Verantwortung und Folgekosten auf den neuen Käufer. Doch der hat sich nicht bei mir gemeldet. Ich habe keine Ahnung, wem das Boot nun tatsächlich gehört. Wenn wir Pech haben, bleibt die Werft dauerhaft auf den Entsorgungskosten sitzen."

Was von Bootsträumen übrig blieb.

Zuerst sollten die Boote restauriert werden; dann wuchsen den neuen Eigentümern die Arbeiten über den Kopf.

Andere hatten einfach nur Pech, als sie sich auf Zusagen verließen. Das kann passieren, ist einfach menschlich. Es gehört Mut dazu, sich überhaupt an Refit-Projekte zu wagen. Aufwendige Bauprojekte sind angesichts eines großen Gebrauchtbootmarktes kaum noch rentabel.

Aber anstatt eine schwere Entscheidung zu fällen und die Boote rechtzeitig zu verkaufen, werden sie zu spät angeboten oder die Preise zu hoch angesetzt. Und schwupps, schon wachsen Dornenhecken über das einstmals schmucke Schiff und eine Menge Träume vom freien Leben auf dem Wasser verrotten an Land. Doch das muss nicht sein ...

PETER PAN: Vom Wrack zum Spiegelkabinett.

Nicht jede Geschichte einer verlassenen Yacht muss schrecklich enden. Manche Geschichte endet wie die vom Aschenputtel – es muss nur der richtige Prinz des Weges kommen.

Es war einmal … ein nackter Stahlkasko, 18 Meter lang. Eingewachsen in Dornengesträuch stand er an der Bahnstrecke Bremen – Hannover. 40 Jahre sahen Bahnpendler den rostigen Rumpf, dessen morsche Pallungen umgefallen waren. Bloß noch zwei Stützen hielten ihn aufrecht. Beim nächsten Sturm würde das 30 Tonnen schwere „Stahlmonster von Seelze" umstürzen. Der Bootsrumpf war von allen guten Geistern verlassen, denn seit dem Tod des Besitzers war für das Gelände der Stadtverwaltung keine Pacht mehr bezahlt worden.

Niemand hätte einen Cent darauf gewettet, dass dieser Rumpf jemals schwimmen würde, bis ich 2013 mit der Recherche begann und dadurch der Kontakt zwischen Stadtverwaltung und der nahen Werft zustande kam. Denn welcher private Käufer sollte sich schon für einen rostigen Rumpf interessieren, der aus Zeichnungen der 60er-Jahre stammte und der unter 150.000 Euro niemals fahrfertig sein würde? Alles sprach dafür, die rostige Rumpfhülle durch den Hochofen zu jagen.

September 2016: Frank Antefuhr, Geschäftsführer der Marina-Rasche-Werft am Stichkanal Hannover-Linden, kommt aus seiner Werkstatt und zeigt auf eine blaue Yacht, deren Bugkorb sich wie eine Kanzel 2 Meter über den Bug hinaus erstreckt. Er erinnert an die Auslage der Calypso des Meeresforschers Jacques-Yves Cousteau. Man ahnt: In voller Fahrt hier zu stehen wird das Gefühl des Fliegens über Wellenkämme vermitteln. Noch fehlt die Takelage, denn die beiden Stahlrohre, die auf dem Deck lagen, waren nicht mehr zu gebrauchen. Das gilt auch für Berge von beinahen wertlosen Teilen, die der Eigner in einen Seecontainer eingelagert hatte: „Der Container wog allein 15 Tonnen", erzählt Frank. „Außer 200 Meter bester Edelstahlwanten war davon aber nichts für den Weiterbau zu verwenden."

Nun liegt die Yacht im Wasser des Werfthafens. Mehrere Bootsbaubetriebe haben sich hier angesiedelt. Die Trailerbootszene des Steinhuder Meeres gehört auch zum Kundenstamm. Hier liegen Motor- und Segelboote mit gelegten Masten. Acht Yachten und Traditionsschiffe sind ganzjährig bewohnt. Sie haben sogar eigene Briefkästen – ein Idyll am Stadtrand.

Drei Jahrzehnte lang hatte das Gespensterschiff zuvor keiner mehr betreten. Dabei wirkte der düstere Rumpf so, als würde der Baumeister gleich zurückkommen, worauf die Handschrift mit Kreideskizzen an der Niedergangstür und die gestapelten Styroporplatten schließen ließen. Dennoch: Eine rosa Toilette mit ebensolchem Waschbecken, kombiniert mit marmorierten Plastikverkleidungen, hatte den typischen Style der 70er-Jahre. Mangels einer Leiter am fünf Meter hohen Rumpf hatten selbst Vandalen dieses Refugium gemieden, aber der Rumpf war trocken und pottendicht. Doch was sollte nun werden?

Frank Antefuhr geht voran und zieht die provisorische Schiebetür mit dem Teppichrest am Steuerstand auf, die schon seit Baubeginn den Zutritt notdürftig verwehrte. Anscheineinend hat sich bis auf die Außenlackierung nicht viel getan. Der Steuerstand gleicht einer Werkstatt und die Tür in das Innere des Rumpfs trägt noch immer die gelben Kreideskizzen und Hinweise des Baumeisters. Es kommen Zweifel auf, ob man über diese Yacht schon etwas berichten kann. Frank Antefuhr lächelt: „Das geht allen Besuchern so. Wir haben in Bug und Heck begonnen, um uns zur Mitte hin vorzuarbeiten. Der geschlossene Steuerstand ist die Werkstatt geblieben und wird erst zuletzt fertig. So kann man in Ruhe sägen und feilen, muss bei schlechter Witterung kein Werkzeug wegräumen und kann trotzdem schon im Rumpf komfortabel leben. Meine Frau Ilonka hat gerade Kaffee fertig. Gehen wir doch in die gute Stube.“

So öffnet er die Tür und plötzlich verharrt man staunend, als würde man aus einer Schlosserwerkstatt in eine luxuriöse Hotelsuite gebeamt: Der Stahlkasko birgt ein glänzendes Spiegelkabinett: Acrylglasdecken, Hochglanzholzflächen aus dem Lackierautomaten, Spiegeltüren, Hightech-Pantry und, und, und … Der 5 Meter breite Rumpf des Backdeckers bietet Platz ohne Ende. Das Ehepaar hat auf eine Gästekajüte verzichtet und die Yacht konsequent für zwei Personen ausgebaut. „Wir haben keine Kosten gescheut, aber wir wollten auch zeigen, wie man Serienmöbel bei großzügigen Platzverhältnissen mit seetauglicher Yachtbauweise kombinieren kann.“

Dabei schien die Vollendung des bulligen Backdeckers mit Poopdeck und klobigem Steuerstand, dessen blind gewordene Scheiben von Siechtum und Vergänglichkeit zeugten, völlig unrentabel zu sein. Angesichts der enormen Höhe mit fester Reling und Kutterhaus – schon der Kiel geht 2,70 Meter tief – würde ein Landtransport an der nächsten Bahnbrücke 100 Meter weiter scheitern. Der Abtransport wäre nur durch Kranversatz Schritt für Schritt bis zum Kanal möglich. Und ob die Maschine zur Fahrt auf dem Kanal jemals laufen würde, war unklar: Der Gashebel fehlte. Welcher finanzkräftige Prinz sollte sich in das rostige Dornröschen hinter dem Gestrüpp verlieben? Geschenkt war eigentlich noch zu teuer. Und die Marktlage für einen schier unverkäuflichen Knickspanter dieses Kalibers musste von Laien der Stadtverwaltung erst ermittelt werden, bis der Rumpf für einen symbolischen Preis von der öffentlichen in private Hand wechseln konnte.

Die Marina-Rasche-Werft hatte ihn zunächst übernommen, den Kranversatz zum Werftgelände organisiert und tatsächlich einen Interessenten gefunden, der die Yacht fertigstellen wollte. Allerdings schien er den erforderlichen Aufwand unterschätzt zu haben, als er die Werft mit den Arbeiten beauftragte. Zunächst war der Rumpf von provisorischen Holzverkleidungen zu befreien. Dann kam das unumgängliche Sandstrahlen. Ein ungeheurer Aufwand ebenso wie die Versiegelung mit mehreren Anstrichen. Schon in dieser Phase offenbarte die wie so oft idealistisch gerechnete Kalkulation ihre Schwächen.

Doch bevor der neue Eigner sich vollends verrannte, riet man ihm zur Wandlung: Frank Antefuhr nahm den Kasko zurück. Er stellte sich nur kurz die Frage, ob er 30 Tonnen Stahl ausbauen oder hochofenfertig zerschneiden sollte. Heute meint er dazu: „Ich brachte es einfach nicht übers Herz, ihn zu verschrotten. Ich beriet mich mit meiner Frau, ob wir das Projekt privat stemmen könnten. Und wenn ja, zu welchem Zweck?“ Nach ein paar Tagen kannten sie das Ziel: „Wir würden ein Zwei-Personen-Wohnschiff daraus bauen, unseren Bungalow an Land vermieten, um so schnell wie möglich an Bord zu ziehen, und das nautische Equipment für die große Fahrt nach und nach installieren.“

Warum bauten sie das Fahrtenschiff nicht gleich segelfertig weiter? „Wir sind 51 Jahre alt und müssen noch ein paar Jahre arbeiten, wollen aber jetzt schon auf dem Wasser leben. Bis dahin chartern wir irgendwo auf der Welt Segelyachten.“ Von der Arbeit auf der Werft weiß Antefuhr, welche Entwicklungssprünge zuweilen gemacht werden: Trinkwasseraufbereitung, Solarmodule, Wind- und Wassergeneratoren. „Das wird doch jedes Jahr leistungsfähiger und oft auch günstiger angeboten.“

Man sieht dem blauen Riesenrumpf an, dass er vor langer Zeit entworfen wurde. Vielleicht ist es ein früher Roberts-Riss? Unterlagen gab es keine mehr. Drei Boote dieses Typs wurden von Enthusiasten in Hannover gebaut, zwei wurden fertig. Dieses nicht. Algenspuren zeugten davon, dass der Kasko damals kurze Zeit im Wasser lag, als er von Hannover-Vinnhorst am Mittellandkanal zum letzten Bauplatz an der Bahnstrecke nach Seelze geschleppt wurde. Manche Segler, die noch Zeugen der frühen Bauphase waren, munkelten, dass einfach das Material verwendet worden war, welches in größeren Mengen verfügbar war. Nicht anders ist zu erklären, dass sämtliche Bleche 8 Millimeter stark sind. Normalerweise hätten nur die Bodengänge 6 Millimeter und das Oberdeck bestenfalls 4 Millimeter Blechstärken. Aber sogar die Fensterrahmen haben Wandstärken eines Eisbrechers: „Wenn man einen Lukendeckel aufnimmt, sollte man die Rückenschule beachten und Schuhe mit Stahlkappen tragen“, lacht der Skipper. „Jedenfalls muss ihr Erbauer ein begnadeter Schweißer gewesen sein, weil er diese Platten so makellos in ihre Form gezwungen hat, dass vor dem Lackieren nicht ein Gramm Spachtel nötig war.“

Auch bei diesem Metallrumpf ist eine lückenlose Isolierung wichtig, um keine Korrosionsnester zu schaffen: Wenn es kälter wird, bildet sonst Kondenswasser tropfende Flächen hinter den Verkleidungen, die bei Frost vereisen und bei Tauwetter die Isolierung durchfeuchten. Mancher merkt das erst, wenn Holzverkleidungen schwarze Flecken bekommen – dann fault das Holz vom Deck nach innen durch. Eine einzelne Holzplatte lässt sich optisch aber nicht so einfach austauschen, wenn sie klar lackiert wurde. „Deshalb wurde der Rumpf lückenlos isoliert und eine Dampfsperre angebracht. Die Acrylglasflächen der Deckenverkleidungen sehen nicht nur hell und glänzend aus; sie sind auch gegen jede Art von Feuchtigkeit resistent. Holz verändert sich unter UV-Einstrahlung, bei Acryl bleibt alles, wie es ist.“

Aus Acrylgas sind auch die Türen. Und der düstere Durchgang zum Achterschiff erhielt eine innere Scheibe zum hellen Steuerhaus. Im Vorschiff ist ein Duschbad mit allen Finessen installiert, das einem Wellnesscenter zur

Zierde gereichen würde. Und selbst das Hänge-WC kommt über den Marmorplatten gut zur Geltung. Um ein großzügiges Raumgefühl zu schaffen, wurden Holztüren mit Acrylglasspiegeln verkleidet. Und doch … Die Eigner haben aus Respekt vor dem Erbauer alles von ihm erhalten, was sich noch integrieren ließ. Sein provisorischer Sanitärraum, ursprünglich an der Steuerbordseite eingebaut, verlor nur das rosa WC und das altvordere Waschbecken. Darin entstand Platz für einen großzügigen Hauswirtschaftsraum, in dem die marmorierten Kunststoffplatten der 70er-Jahre als Wandverkleidungen erhalten blieben. Und im Wohnzimmer wurden die senkrechten Profilholzbretter sorgfältig eingefasst und mehrfach lackiert. Die dunklen Flächen harmonieren bestens mit hellen Möbeln eines skandinavischen Einrichtungshauses. „Aus den Ausschnitten der Kochfeldplatte und der Spüle habe ich ein mehrstöckiges Gläserregal gebaut, das von Gewindestangen getragen wird“, ergänzt Antefuhr. „Alle Holzplatten schoben wir dann durch die Lackiermaschine der Bootsschreinerei ‚Das Blaue‘, die gleich nebenan ihren Sitz hat. Makelloser können Oberflächen nicht sein.“

Wie hat er den Ausbau eigentlich so perfekt kombiniert? „Ich habe nur die Grundflächen vermessen und alles mit einem Gebäudedesignprogramm am PC entworfen. Bad, Pantry und Schlafbereich wurden so lange verändert, bis wir zufrieden waren. Der Vorteil von Metallbooten ist ja ihre Stabilität. Ein Schott konnte einfach entfernt werden und bei 8 Millimeter starken Platten verzieht sich sowieso nichts mehr. Den Umzug vom Bungalow an Bord haben wir noch nicht ein Mal bereut.“

Das merkt man auch an der Pantry, die einer Landhausküche durchaus nahekommt. Damit diese Wucht aus Holz und Edelstahl auch seegerecht verankert wird, wurden ihre Segmente durch 19 Millimeter starke Gewindestangen mit den Bodenwrangen verbolzt. Hier fehlt es an nichts: Vier Induktionsplatten. Backofen mit einschiebbarer Tür. Mikrowelle. Kühlschrank mit Eiswürfelbereiter. Waschmaschine. Geschirrspüler. Bei 30 Tonnen Rumpfgewicht kommt es auf eine Tonne mehr oder weniger nicht an. Und auch nicht auf große Tanks: 2000 Liter Diesel, 1000 Liter Wasser, 1000 Liter Fäkalien und 200 Liter im Heißwasserboiler.

Hebt man die Bodenplatten, geht es noch einmal mehr als zwei Meter abwärts. Im vorderen Bereich sollen später 10 Tonnen Ballastblei eingegossen werden, sobald die Yacht auf große Fahrt geht. An ihrem derzeitigen Liegeplatz muss darauf noch verzichtet werden, weil der Kanal zum Ufer hin nur 2,80 Meter tief ist und sie jetzt schon 2,70 Meter Tiefgang hat. Im hinteren Bereich des 1,5 Meter breiten Kiels ist die Maschine eingebaut. Der Hanomag-Henschel-Diesel hat 100 PS und wurde noch nie gestartet. „Wenn wir Pech haben, leckt danach die Stopfbuchse, weil sich die Welle noch nicht darin drehte. Aber einfahren können wir sie jetzt nicht, weil dem Steuerstand noch die Instrumente und die Hebelschaltung fehlen. Also warten wir, bis der Motor tatsächlich benötigt wird. In der Oldtimerszene bekomme ich dafür aber noch alle Teile“, ist sich Antefuhr sicher.

Zurück in die Kajüte: Damit man bei all der Wohnlichkeit nicht vergisst, dass man auf einer Yacht ist, sind diverse Bulleyes erhalten geblieben. Einige liegen im Durchgang zum Heck so tief, dass man mit ausgestrecktem Arm die Wasseroberfläche berühren könnte. Dass sich bei knapp 5 Metern Breite unter dem Poopdeck ein weiterer Wohntraum verbergen würde, war zu vermuten. 2,80 Meter breit ist die Doppelkoje mit ihrer durchgehenden Matratze – und 2,30 Meter lang. Daneben befinden sich großzügige Ablageflächen. Und weil die Maschine im Kiel eingebaut ist, gibt es unter dem Steuerhaus genug Platz für einen begehbaren Kleiderschrank.

Ein Wechselspiel aus farbig zu verändernden Lichtquellen wurde mit dimmbaren Leuchtdioden arrangiert. Es schaltet sich sogar am Wasserhahn der Pantry automatisch an. Damit alle Verbraucher künftig auch ohne Landstrom funktionieren, wurde ein 10-kW-Generator eingebaut, der unabhängig vom Landstrom auch die Klimaanlage und im Winter die drei Infrarotheizkörper versorgen kann. In Bad, Messe und Schlafkajüte wurden die flachen Steintafeln angebracht, von denen jede mit maximal 500 Watt auskommt, aber dreimal effektiver wirken soll als ein Heizlüfter. Und das ganz ohne bewegliche Teile. „So wird eine veritable Yacht mit 1500 Watt beheizt. Das meine ich mit dem Warten auf modernere Technik", sagt der Werftchef. „Irgendwann gibt es bestimmt auch einen Unterwasserstromgenerator, der durch wechselnde Wasserströmungen schon am Liegeplatz angetrieben wird."

Nach knapp zwei Jahren unter seinen Fittichen ist aus dem „Stahlmonster von Seelze" ein Wohntraum entstanden. PETER PAN hat er die Yacht genannt. „Man muss vielleicht als Erwachsener wieder zum Kind werden, um so ein Projekt anzugehen", sagt er, „und Freude daran haben, etwas eigenhändig zu erschaffen." Antefuhr war gelernter Steinmetz und Bildhauer, bevor er als Musiker, Techniker und zuletzt Geschäftsführer der Werft arbeitete.

Ich bin gespannt, wie die fahrtaugliche Yacht am Ende aussehen wird und wie ihre Segeleigenschaften sein werden. Gut 42 Tonnen wird sie dann wiegen. Und vielleicht wird sich der Fahrtenseglertraum des Erbauers für das „Stahlmonster" doch noch erfüllen? Bei der ersten Salzwasserfahrt unter Segeln wäre ich gerne dabei.

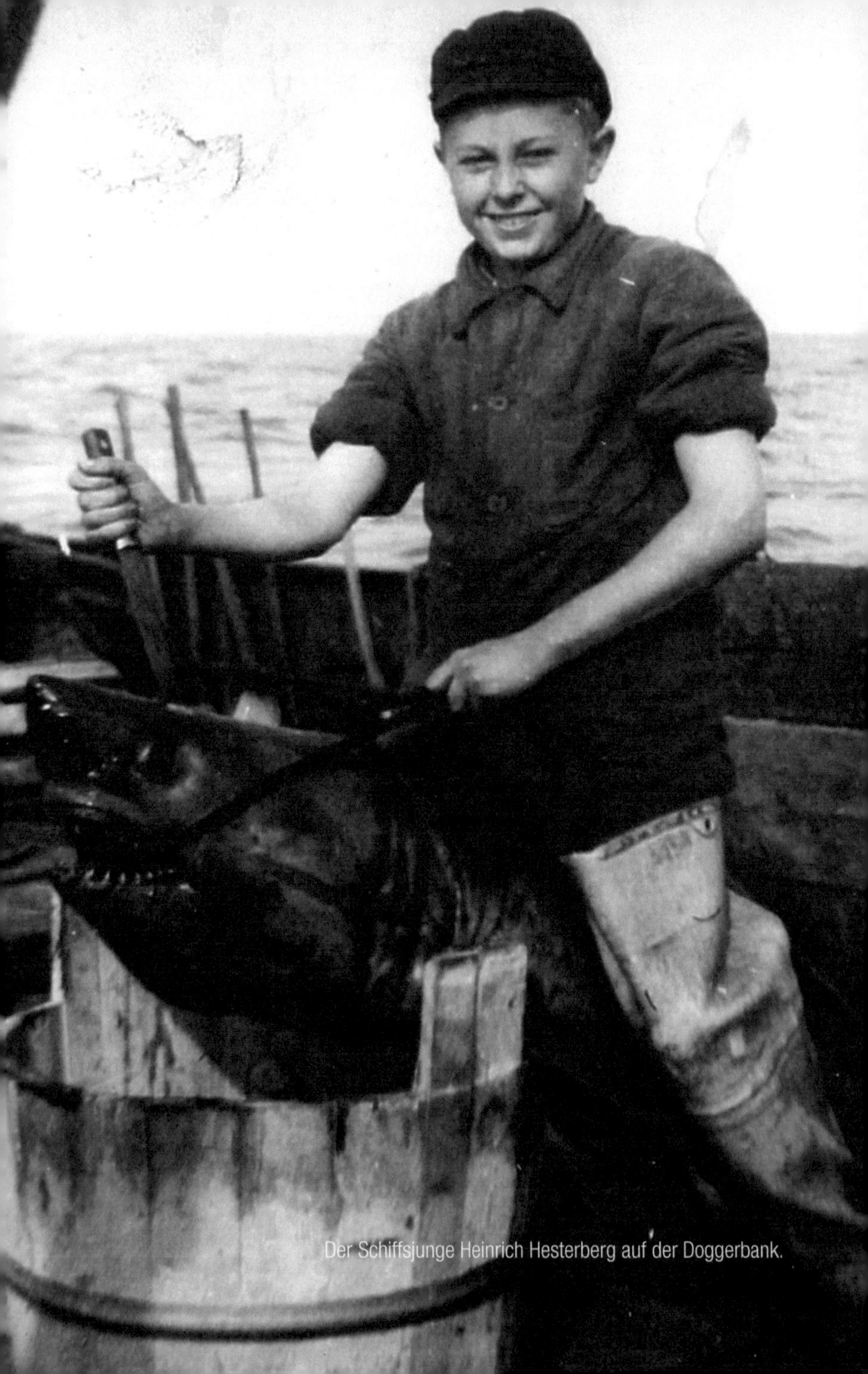

Der Schiffsjunge Heinrich Hesterberg auf der Doggerbank.

Von der Fischerei und den Arbeitstieren der Nordsee.

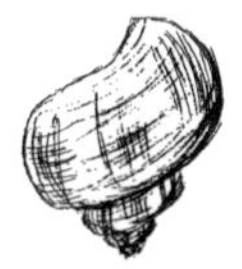

Die Nordsee: An dieser Küste zwischen Watt und Meer gibt es viele, die vom Meer leben. Das Leben als Fischer auf einem Fangschiff oder unterwegs, um die Fahrrinnen frei zu halten, ist alles andere als leicht. Erst recht, wenn das Wetter nicht mitspielt und die Nordsee ihre grimmige Seite zeigt.

Hein auf dem Hai: Fangfahrt auf einem Segellogger.

Noch vor drei Generationen bedeutete das Segeln und Arbeiten auf dem Meer etwas gänzlich anderes als heute. Besonders galt das für die Fischerei unter Segeln. Ein Zeitzeuge erzählt, wie sich Seeleute vor 80 Jahren ihren Schiffszwieback verdienten.

Es war eine Traueranzeige in einer Tageszeitung, die mich auf die Spur eines Schiffsjungen aus der Vorkriegszeit führte. Ein gewisser „Hein" aus Vornhagen bedankte sich bei seinem verstorbenen Freund für seine Lebensrettung an Bord eines Segelloggers im Oktober 1938. Welche Geschichte mochte sich da in einem Nordseesturm auf der Doggerbank zugetragen haben? Neugierig mache ich mich auf die Suche nach „Hein". Keine Telefonnummer, kein Name, keine Straße; nichts weist in der Anzeige auf seine Adresse hin. Von der Wirtin des „Vornhäger Kruges" kommt der entscheidende Hinweis: „Hein" kann nur der Wirt der ehemaligen Gastwirtschaft „Glück auf" sein.

Auf mein Klingeln öffnet ein gebeugt gehender Herr mit hellblauen Augen. Der 90-jährige Heinrich Hesterberg ist erstaunt über das Interesse an seiner alten Geschichte. Ein wenig schwerhörig sei er geworden, entschuldigt er sich. Doch dann holt er seine sorgsam beschrifteten Fotoalben aus dem Regal. Zum Interview führt er mich in den Schankraum seiner Gastwirtschaft. Von akzentfreiem Hochdeutsch wechselt er gelegentlich in friesisch-niederländischen Dialekt, wenn er von seiner Zeit auf See berichtet. Was bitte ist ein „Reepschieter"? Heinrich wird es mir noch erklären.

Vor wenigen Jahren hat er seine Gastwirtschaft „Glück auf" geschlossen, aber alles so belassen, als könnte sich die dörfliche Frühschoppengemeinschaft jeden Moment wieder an der Theke zusammenfinden. Darüber fällt Besuchern ein besonderes Foto ins Auge mit einer Szene, die man nur an der weit entfernten Küste vermuten würde. Es zeigt einen 15-jährigen Fischerjungen: „Hein auf dem Hai".

Wie „Atje Pott" aus Hans Leips Novelle *Die Klabauterflagge* wirkt Heinrich Hesterberg auf dem vergilbten Foto. In viel zu großen Fischerstiefeln, die bis über die Oberschenkel reichen, scheint er auf einem nicht gerade kleinen Heringshai zu reiten. Keck hält er das Messer in der rechten Hand über dem Kopf des Monsters. So viel dazu, dass sich in der Nordsee nicht nur Tümmler tummeln, sondern ziemlich zahnbewehrte Schnappmäuler ihrer Beute nachstellen. Doch keine Angst. Nordische Haie in kühlem Wasser interessieren sich nicht für strampelnde Touristenbeine.

Angst hatte Schiffsjunge Heinrich keine – jedenfalls nicht bis zu der Nacht, als ihn im Orkan ein Brecher fast über Bord gespült hätte. Aber er hatte Respekt, wenn ein Hai aus dem Netz an Deck purzelte und um sich biss. Doch wie kamen er und seine Freunde aus küstenfernen Dörfern zwischen Porta Westfalica und Steinhuder Meer überhaupt an Bord? Wie war das Leben unter Seemännern auf Fangfahrten der alten Zeit, die wir verklärt aus Hans Albers „Große Freiheit Nummer 7" zu kennen glauben?

Die letzten segelnden Fischkutter mit „Hilfsdampfmaschinen" kreuzten bis zum Beginn des Zweiten Weltkriegs auf der Nordsee. Sie wurden „Segellogger" genannt. Auch wenn die Hochseefischerei seit jeher ein hartes Geschäft war, so unterschied sich das Leben auf segelnden Arbeitsschiffen drastisch von heutigen Motorschiffen mit hydraulischen Anlagen.

Seit Ende des 18. Jahrhunderts heuerten Bauern von der Mittelweser jeweils für ein halbes Jahr auf Fangschiffen an, um ihre Familien zu ernähren: Ihre Anbauflächen waren klein und in steinigen Tälern wenig ertragreich. „Shanghait" wurden sie an vier Standorten in Bremen-Vegesack, Leer, Emden und Glückstadt. Dort gab es bis Ende der 30er-Jahre insgesamt 168 Logger, davon 110 Motorlogger und 8 Kombilogger. Letztere konnten sowohl ein Fleet (Treibnetz) als auch ein Grundschleppnetz einsetzen. Der Rest setzte wie ehedem schwere Baumwollsegel und warf sehr selten die kohlenbefeuerten Dampfmaschinen an, denn nur geringe Mengen des schwarzen Brennstoffs konnte man mitführen. Die Loggerfischerei wurde erst mit Beginn des Zweiten Weltkriegs eingestellt, als die Schiffe von der Marine eingezogen wurden.

Wir schreiben das Jahr 1938. Der junge Held der Meere ist gerade 14. In einem Alter, in dem heutige Jugendliche noch weit davon entfernt sind, den heimischen Herd zu verlassen, war er bereits Teil einer verwegenen Mannschaft.

„In der Gegend von Stadthagen lebten mehrere Kapitäne. Sie fuhren für die Reederei ‚Großer Kurfürst' auf Segelloggern des Verbandes Aurich/Emden. Daher das Kürzel AE, die Schiffsnummer 87 und dazu der Schiffsname BRANDENBURG", erinnert sich Heinrich Hesterberg. Das war eines der letzten alten Schiffe, die tatsächlich gesegelt wurden. Und schon wundert sich „Hein", an welche Kleinigkeiten er sich wieder erinnern kann, als hätten sie sich erst gestern ereignet. „Segeln war harte Arbeit, zusätzlich zur Fischerei. Denn das richtige Ausbringen des Netzes erforderte präzise Manöver, um zu wenden und zu halsen. Manchmal war auch die Dampfwinde kaputt. Dann kam das Gangspill zum Einsatz. Manche hatten mit Seekrankheit zu kämpfen und mussten dennoch am Gangspill auch noch im Kreis laufen und sich mächtig ins Zeug legen, bis ihnen ganz duselig im Kopf wurde."

„Die Kapitäne stellten im Schaumburger Land vor jeder Fangsaison zum Mai ihre Mannschaften zusammen. Jedes Jahr fuhren rund 1000 junge Männer zum Heringsfang auf See. Viele Stellen gab es für uns Jungs in der Region nicht. Großstädte wie Hannover oder Bremen waren damals schlechter zu erreichen, als wenn man irgendwo in der Fremde eine Beschäftigung angenommen hätte; entweder reiste man zum Grasmähen nach Holland oder zum Fischfang nach Emden. Fischen wurde besser bezahlt. Ungefähr 200 Mark im Monat. Das war viel Geld für einen Jungen, denn Kost und Logis waren frei."

Frei nach dem Roman *Die Schatzinsel* waren sie stets 17 Mann „auf des toten Manns Kiste", denn bei gutem Fang spendierte der Kapitän oft 'ne Buddel voll Rum. „Wer noch keine Erfahrungen hatte, begann als Reepschieter oder Afhauer", erinnert sich der einstige Schiffsjunge. „Bevor wir ablegten, musste erst alles an Bord geschleppt werden. Darunter jede Menge Fässer mit Trinkwasser und Kohlen. War ein Fass leer, kam der Fang hinein. Heringe auf Salz oder in England walisische Kohlen. Dann wieder Trinkwasser. Das schmeckte dann schon mal nach Fisch, so wie man eben selbst nach kurzer Zeit begann, nach Fisch zu riechen."

Die Bordhierarchie war klar: Kapitän, Steuermann, ein Maschinist, sein Assistent und der Koch. Dann sieben Matrosen, zwei ältere Leichtmatrosen, ein junger Leichtmatrose und zwei Schiffsjungen. Die zwölf Matrosen und Schiffsjungen hatten ihre Kajüte im unkomfortablen Bereich jedes Schiffs „vor dem Mast". In der engen Vorpiek schliefen sie in engen Kojen auf Strohsäcken. Mit jeder Welle hob sich der Bug je nach Windstärke mehrere Meter und fiel dann wieder ins nächste Tal. „Wegen des Schlafmangels war das egal", erinnert sich Heinrich Hesterberg. Geschlafen wurde nur zwischendurch. „Unser Arbeitstag begann nachmittags um 16 Uhr. Da wurde das 3 Kilometer lange Reep (Tau) mit den daran hängenden Treibnetzen ausgebracht. Eine Stunde nach Mitternacht waren alle wieder an Deck zum Einholen des Fangs." Der „Afhauer" holte das Reep ein, der „Reepschieter" legte es ringförmig in eine Luke. Netze wurden abgeschlagen und die Fische ausgeschüttelt.

Besonders schwer hatte es der jüngste Matrose unten im Rumpf, genannt der „Kok-in-Ruum“. Von oben fielen die triefnassen Netze. Er musste sie so verstauen, dass sie schnell wieder angeschlagen werden konnten. Klamme Hände. Tropfendes Wasser lief in die Ärmel. Ein Hundeleben während nächtlicher Hundewache, und das bis um 6 Uhr morgens. Außerdem: Salzige Sachen trocknen schlecht und Süßwasser zum Spülen war zu kostbar. So blieben die Klamotten feucht und muffig.

„Um 6 Uhr war aber noch kein Feierabend, jetzt musste der Fang noch gekehlt, geputzt und eingesalzen werden, um in die Fässer, die sogenannten Kantjes, gelegt zu werden. Fünf Teile Heringe, ein Teil Salz. Das brannte an aufgerissenen Händen.“

Zwischendurch rief der Kapitän die Crew zu Segelmanövern an Deck. Fock-, Groß- und Besansegel waren zu setzen oder zu reffen. Für Seefahrerromantik blieb wenig Zeit.

Eine Fangfahrt dauerte normalerweise acht Tage. Blieben die Netze leer, konnten es bis zu vier Wochen auf See werden. Sie segelten sogar zu den Shetlandinseln und nach Edinburgh.

„Waren die Arbeiten im Hafen beendet, ging es in die Pubs mit trüben oder roten Lichtern. Die Mädchen wussten, dass wir Matrosen Geld hatten und ausgehungert waren. Damals gab es noch echtes Hafenleben vor dem nächsten Auslaufen. Und trotz allem erinnere ich mich noch an leckeren Pudding. Den gab es immer mittwochs als Nachtisch, denn das waren damals die Seemannssonntage an Bord.“

Nicht alle kehrten von diesen Fahrten zurück. Heinrich Hesterbergs schlimmstes Erlebnis war ein Orkan im Oktober 1938 auf der Doggerbank. Hier, auf der gut 200 Seemeilen großen Sandbank zwischen England und Dänemark, ereigneten sich viele Schiffsunglücke: Weil das Wasser nur zwischen 30 und 13 Metern tief ist, gibt es viel

Fisch und viele Fischer. Andererseits ist es die erste Flachwasserzone der Nordsee zum offenen Atlantik. Sie ist bekannt für ihre Grundseen und zudem auf hoher See gleich weit von den Küsten entfernt.

Alle Sinne waren angespannt. Würden sie das überstehen? Drei Jahre vor diesem Erlebnis war ein Bekannter aus Minden mit dem Logger RAVENSBERG untergegangen. Es gab nur einen Überlebenden, der sich stundenlang an eine Holzbohle klammerte. Kein Einzelfall. 75 Namen sind auf dem Denkmal im kleinen Ort Meerbeck eingraviert. Mehrere Hundert Männer der Region haben ein Seemannsgrab gefunden. Wer kann sich das Kreischen des Sturms in der Takelage vorstellen? Oder das Verschwinden des Horizonts hinter den Wellenbergen, die auf einen gerade 25 Meter langen Kahn einprügeln und die Mannschaft zweifeln lassen, ob er vor dem nächsten Kaventsmann wieder hochkommt und das Wasser abschüttelt? Kamen Mast-, Schot- oder gar Ruderbruch hinzu, war ein manövrierunfähiges Schiff dem Untergang geweiht.

An Deck erwischte Heinrich ein überkommender Brecher. Der Logger rollte heftig und die See hätte ihn unrettbar über Bord gespült. Seine Füße fanden im reißenden Wasser keinen Halt mehr. Die Reling in Lee stand bei über 30 Grad Lage schon fast unter Wasser. Sein Freund Johannes Rückriegel, wie er aus demselben Dorf Lüdersfeld bei Stadthagen, erwischte ihn am Kragen. Johannes konnte sich selbst kaum am Mast festhalten, aber er ließ Heinrich nicht los.

„Mein Freund starb im Februar 2013. Noch einmal habe ich mich bei ihm mit einer Traueranzeige bedankt. Hätte er mich nicht festgehalten, wäre unser Logger von der letzten Fahrt des Jahres 1938 ohne mich heimgekehrt. 77 weitere Lebensjahre verdanke ich Johannes. Auch meine Zeit läuft nun ab, selbst wenn mich ein Schlaganfall noch nicht umhauen konnte. Hier sitze ich und kann berichten."

Nach dem Krieg fuhr Heinrich Hesterberg nicht mehr zur See. Die Wirren der dunklen Jahre bis 1945 verbrachte er überwiegend bei der Marine an Bord von Schnellbooten im Mittelmeer und Schwarzen Meer. Was kam danach? Aufbau, Familie, hauptberuflich bei der Bahnpolizei in Hannover, nebenbei die zahllosen Feiern im Saal der Gastwirtschaft. Geblieben sind ihm Fotos und Geschichten aus alter Zeit.

„Du solltest unbedingt das Heringsfängermuseum in Heimsen bei Petershagen besuchen", gibt er mir mit auf den Weg. „Da war ich selbst erst vor ein paar Tagen. Bei den Bildern habe ich wieder das Rauschen der See an der Bordwand meiner Koje von Logger AE 87 in den Ohren …"

Ich folge seiner Empfehlung. Nur ein paar Hundert Meter von den Ufern der breiten Weser und den Booten der Seglervereinigung Heimsen-Weser entfernt finde ich ein einzigartiges Nordsee- und Heimatmuseum. So umfangreich werden „Nordsee-Exponate" selten präsentiert. Ein Film über Fischen im Sturm beeindruckt mich tief. Einzigartig dürfte das Ölhemd eines Schiffsjungen mit aufgemaltem Spruch sein: „Kennst du die See, wo selten die Sonne lacht, wo man aus Menschen Seeleute macht, wo man vergisst Moral und Tugend – das ist das Grab meiner Jugend."

Besser kann man die Erlebnisse, über die der 90-Jährige Heinrich Hesterberg zu erzählen hat, nicht zusammenfassen.

SEEKRABBE: Unterwegs auf einem Baggerschiff.

Es ist immer wieder spannend, wie sich das Wattenmeer verändert und was Menschen alles unternehmen, um Schifffahrt zu ermöglichen. Das wollten wir uns näher ansehen und durften für ein paar Stunden auf einem Baggerschiff mitfahren.

Die Inseln des Wattenmeeres haben zwei Seiten und das ist wortwörtlich zu verstehen: seewärts kilometerlange weiße Strände, von Sandbächen durchzogen. Von der Sonne erwärmte Wasserlöcher laden zum Baden ein. Fester Grund, klares Wasser – es ist unvergleichlich schön. Wer sie einmal angesteuert hat und sich in den endlos erscheinenden Sanddünen verliert, kehrt immer wieder hierhin zurück.

An den Seiten zum Wattenmeer hin sehen die Inseln ganz anders aus: grün und in Salzwiesen übergehend. Hier liegt eine sich ständig verändernde amphibische Wildnis. In einigen Bereichen, wo das Wasser nicht mehr strömt und zur Ruhe kommt, entsteht eine Masse, der die Erde ihre millionenfachen Lebensformen und wir in der Folge das bunte Leben des Weltnaturerbes verdanken: Schlamm und Schlick. Doch wenn er die Schifffahrt behindert, dann kämpft der Mensch dagegen an.

Kaum ist das Baggerschiff weg, kehren Schlamm und Schlick wieder zurück. Klammheimlich, stetig, schleichend. Er macht sich breit, wächst nach oben, gluckst, blubbert, verdichtet sich, bis das Wasser weicht. Genährt vom Takt der Tide. Feine Schwebstoffe, feste Sedimente, eingetragen von der Flut. Niedersinkend während des Stillwassers. Heimtückisch kann er sein, wenn jemand hineinstürzt und keinen festen Grund findet. Für Boote ist er ungefährlich. Selbst tiefe Kiele tauchen ein und mit der Flut wieder auf. Schlimmstenfalls verstopft mal ein Seewasserfilter, wenn ein Skipper zu früh ablegt. Manche Segler suchen ihn geradezu und freuen sich beim Trockenfallen an Formen, Kanten und Rinnen. Doch wird er zu hoch, kostet er in Häfen die Zeit zum Fahren und die Segelvereine viel Geld. Denn wenn die Zeitfenster zum Ansteuern ihrer Häfen so klein werden, dass das Passieren der Sandbänke nur noch bei Hochwasser möglich ist, bleiben zuerst tiefgehende Boote aus und irgendwann auch Jollenkreuzer und Plattbodenschiffe. So kann man in einer Tide mit einem 1,20 Meter tiefgehenden Boot von Norderney bis in die Jade über alle Wattenhochs segeln, aber kaum von Juist nach Spiekeroog, weil man die flache Marina auf Juist frühestens zwei Stunden vor Hochwasser verlassen kann.

Ein ernsthaftes Problem entsteht für die Inselbevölkerung, wenn Zufahrtsrinnen zu flach werden. Tagestouristen bleiben aus, wenn sie nicht mehr am selben Tag heimreisen können.

Um die Berufs- und Sportbootschifffahrt aufrechtzuerhalten, müssen die Saugbagger in einigen Häfen jährlich anrücken. Dazu gehören Bensersiel oder Norddeich. Wangerooge ist nur alle zwei Jahre dran. Juist hat zurzeit das größte Problem, weil die Hafeneinfahrt zur Marina zu schmal für das Baggerschiff ist und die Ebbe nicht die Sedimente hinausträgt, die die Flut hereinspült. Beim Neubau der Marina, die mit Spundwänden vom Fährhafen getrennt ist, offerierten die Planer dem Juister Segelclub die Aussicht, dass nur alle vier bis fünf Jahre Schlammentfernungen nötig wären. Doch die Natur warf alle Berechnungen über den Haufen. Der Hafen liegt in der Inselmitte, also genau auf der Wasserscheide, wo der Strom gering ist und die feinen Sedimente liegen bleiben. Rund 35.000 Euro werden jedes Jahr für den Einsatz eines Eggeboots fällig, was durch eine „Schlammumlage“ von 250 Euro je Clubmitglied und den Einnahmen aus Gastliegeplätzen finanziert werden muss. Der aufgewühlte Schlamm lagert sich teilweise im Gemeindehafen ab und behindert die Fähren, was zu weiteren Problemen führt. Eine Lösung ist nicht in Sicht. Die Crux ist und bleibt die Lage des Hafens in der Inselmitte, weswegen gerade der Segelclub Juist darum bangen muss, weiter einen Hafen zu haben. Andererseits ist eine Insel ohne Sportboothafen undenkbar.

Weil andere Häfen am Rand von Inseln liegen, wo die Strömungsgeschwindigkeiten aus den Baljen hoch sind, haben sie auch weniger Verschlammungsprobleme. Das ist einer der Gründe, warum man Pläne auf Wangerooge wieder in die Schublade gelegt hat und den Hafen nicht in die Inselmitte vor das Dorf verlegt. Eine Sisyphusarbeit sind die Baggerarbeiten auch auf Spiekeroog. Zweifellos ist Spiekeroog eine der schönsten Inseln Deutschlands. Für mich ist die Insel ein natürliches und historisches Gesamtkunstwerk. Häuser des jahrhundertealten Inseldorfes blieben von Sturmfluten und Kriegswirren verschont. Keine Hochhäuser, dafür hohe Sanddünen. Viel Wald. Vom Hafen sind es kaum drei Minuten ins Dorf. Und auch die Anlage des Spiekerooger Segelclubs e.V. mit ihrer umgebauten Schiffsbrücke als Stegwartstation verdient nur ein Attribut: Gut! Der unversehrte Schlammspiegel kommt bei Niedrigwasser ans Tageslicht wie frisch gefallener Schnee, nur eben in Grau.

Sehnsucht nach der SEEKRABBE.

Die drei Mann Besatzung des Baggerschiffs SEEKRABBE sind an der ostfriesischen Küste zu Beginn der Saison sehr gefragt. Mit ihrem Spezialschiff wagen sie sich in die hintersten Ecken von vergleichsweise filigranen Steganlagen. Bis zu 1100 Tonnen Gewicht, je nach Laderaumfüllung, wollen vorausschauend gesteuert werden. Sieben

Tage sind sie pausenlos unterwegs. Geschlafen wird nur bei Niedrigwasser. Sonst wird gefahren, gespült oder gesaugt. Und das mit höchster Präzision und Konzentration, selbst nachts um 3 Uhr. Es ist ein Unterschied, ein Schiff von A nach B zu steuern oder beständig nach dem Echolot auf den halben Meter genau einen Schlicksauger zu bewegen. Und das überwiegend allein, denn der Kapitän hat keinen Offizier und keinen Steuermann, dem er das Ruder übergeben kann.

Der 62-jährige Günter Eilers aus Norddeich ist Kapitän auf mittlerer Fahrt. Früher war er auf Küstenmotorschiffen im Mittelmeer oder auf der Ostsee unterwegs. Heute steuert er nebenbei Inselfähren, ansonsten die SEEKRABBE. Sie gehört der Niedersachsen Ports GmbH & Co. KG, bei der sich rund 660 Menschen täglich um Betrieb, Unterhalt und Bau von Hafen-, Kaianlagen, Schleusen und Verkehrswegen kümmern. Meine Frau und ich durften die Mannschaft der SEEKRABBE eine Tide lang begleiten.

Wer hätte gedacht, dass das Innenleben des Spezialschiffes Ansichten wie das Raumschiff Enterprise bietet oder dass die Pumpe ebenso viele Pferdestärken hat wie die beiden Antriebsmaschinen zusammen? Das Innenleben des plumpen „Hopperbaggers“, so der Fachausdruck, steckt voller Technik, die von drei Steuerständen mit Knöpfen und „Joysticks“ kontrolliert wird. Ein Steuerrad gibt es nicht mehr.

Eigentlich ist das Schiff nur zum Baggern der Rinne des Fährhafens erschienen. Aber der Vorsitzende des Spiekerooger Segelclubs, Hans-Ludwig Wiethorn, hat bei N-Ports ein paar Stunden buchen können. Er bespricht den Einsatz mit dem Kapitän und schildert die alljährlichen Sorgen des kleinen Vereins. Denn immerhin haben es die 120 Mitglieder geschafft, den Komfort ihrer Anlage stetig zu verbessern. Finanziert werden kann das nur, wenn der Gästesteg möglichst oft besucht wird. Und nur dann können die 5000 bis 8000 Euro wieder hereinkommen, die der Einsatz des Baggerschiffs im Jahr kostet.

„Den größten Teil der ungebetenen Verlandung haben wir den Fähren zu verdanken“, sagt Hans-Ludwig Wiethorn. Der Insulaner ist Lehrer an der Inselschule. „Bei jedem Wende- und Anlegemanöver spülen die Fähren eine ordentliche Ladung feiner Sedimente in Richtung unseres Anlegers. Die Maschinen lassen sie oft länger laufen. So bleibt das Wasser bei ihnen tief, während unser Bereich immer flacher wird. Ein Problem, was beispielsweise am Steg von Wangerooge geringer ist, weil dort eine Spundwand den Sportboothafen vom Fähranleger trennt. Bezahlen müssen wir dafür trotzdem allein, aber andererseits werden wir auch nicht für das Ausbaggern der langen Rinne von der Otzumer Balje bis zum Hafen zur Kasse gebeten.“

Auf der Brücke treffen wir Schiffsmechaniker Holger Rösecke (41) aus Norden, zugleich der Schiffskoch, und Thorsten Uphoff (32) aus Rechtsupweg, einem kleinen Dorf bei Marienhafe. Die ostfriesische Besatzung spricht heute hochdeutsch, sonst gerne ihr unvergleichliches Platt mit rollendem R. Die drei bilden „Schicht II“, was auch auf der Kaffeedose steht. Sie müssen sich an Bord selbst versorgen. „Holger ist ein viel zu guter Koch“, sagt der Kapitän. „In den sieben Tagen an Bord nehme ich schon mal drei Kilo zu. In der nächsten Woche zu Hause überwiegen Obst und Salat.“

Das Schiff hat nur zwei Besatzungen. Ein Nachwuchskapitän hat nach einigen Wochen wieder aufgegeben und sich ein weniger konzentrationsbedürftiges Schiff gesucht. Sieben Tage und Nächte sind sie im Einsatz. Crewwechsel erfolgen irgendwo an der Küste, je nach Auftragsort. Arbeitszeiten bestimmt der Takt der Tide. Urlaub haben sie meistens im Winter oder ausnahmsweise Ende Mai, wenn die bald 25 Jahre alte SEEKRABBE zur Fünfjahresinspektion in die Werft muss.

Woher sie gerade kommen? „Wir haben erst in Neßmersiel gearbeitet, dann bis 23 Uhr im Hafen von Baltrum. Über Mitternacht sind wir bei Hochwasser vorbei an Langeoog nach Spiekeroog über das Watt gefahren, haben noch bis um 5 Uhr die Rinne abgesaugt und waren um 05:30 Uhr in den Kojen. Um 10 Uhr die nächste Auftragsbesprechung und nun bis 18 Uhr wieder nonstop unter Dampf", erklärt Kapitän Eilers ihr Pensum. Und dabei sieht man dem 62-Jährigen nicht an, wie wenige Stunden Schlaf er bekommt. Doch anders sind die Aufträge nicht zu schaffen. Ihr Tiefgang beträgt zwischen 1,60 und 3,0 Meter. Gerade bei Nipptide oder Ostwind ist das sehr viel. Die Faustregel, Wattenhochs nur bei steigendem Wasserstand zu überqueren, gilt für sie nicht.

Unterdessen hofft man im Segelclub auf möglichst gründliches Baggern. „Im engen Bereich zwischen den Stegen können wir nur spülen und nicht baggern", erklärt Eilers. Das Baggern selbst würde viel zu lange dauern. Und das Absaugen wiederum funktioniert nur bei mindestens 2 Knoten und Vorausfahrt. Bei Drehmanövern wäre der in schweren Gummisäcken gelagerte Saugarm gefährdet. Manöver können zwischen den Stegen nur mit sehr geringer Fahrt unternommen werden. „Unser Saugkopf würde tiefe Löcher verursachen, was für Sportboote am Steg unkomfortabel wäre. Schlimmstenfalls würden beim Trockenfallen ihre Takelagen gegeneinanderstoßen. Daher kann nur gespült werden, um eine halbwegs homogene Fläche zu erhalten."

Am Heck des Schiffes ist ein 12 Meter breites Rohr mit zahlreichen Spüldüsen angebracht. Erst nach Hochwasser wird damit gearbeitet. Es dauert mehrere Tage, bis sich die Sedimente wieder ablagern. Der Ebbstrom trägt sie hinaus. Ein Verfahren, welches mit Mudde recht gut funktioniert, doch bei schwerem Sand und Ton wirkungslos ist. Wird stattdessen abgesaugt, können bis zu 250 Kubikmeter Schlick oder 500 Kubikmeter Sand im Trog aufgenommen und an Schüttstellen verklappt werden.

Segler Wiethorn hatte die Besatzung gebeten, auch in der schmalen Rinne hinter dem Oststeg zu spülen. Skipper mit längeren Yachten ab 11 Metern fahren selten in dieses Nadelöhr. Doch Kapitän Eilers zirkelt seinen 52 mal 12 Meter großen Kasten souverän um die Ecke, spült gleichzeitig und beantwortet auch noch unsere Fragen. Ob er schon mal einen Steg touchiert hat? „Nein, keine Schäden in all den Jahren, aber ab Windstärke 5 würde ich dieses Manöver nicht mehr fahren. Dann könnte ich mich nicht mehr auf das 300 Kilowatt starke Bugstrahlruder verlassen."

Die beiden Antriebsmaschinen leisten je 356 Kilowatt. Das reicht für 8 Knoten Marschfahrt. Etwa 40 Liter verbraucht das Schiff in der Stunde. Das ist recht wenig bei 656 Tonnen Eigengewicht. Beeindruckend ist jedoch das Herzstück des Hopperbaggers: Seine Pumpe leistet 716 Kilowatt! Eine mannstarke Rohrleitung führt vom Bugmaschinenraum in einem Servicetunnel bis zum Heck. Mit Gehörschutz ausgestattet, zeigt uns Maschinist Thorsten Uphoff die Bugsektion, angefüllt mit gelben Aggregaten und rotierenden Wellen. „Wenn Sand am Strand aufgespült werden soll, können wir Leitungen bis zu 3 Kilometer Länge durchpumpen!"

Nach zwei Stunden hat die SEEKRABBE den Segelclub wieder verlassen. Das Wasser wird zu niedrig. Es bleibt aber noch Zeit für eine letzte Saugfahrt durch die gut 1 Seemeile lange Hafenrinne bis zur Otzumer Balje. Der gewaltige Saugkopf wird abgesenkt. Schwarzer Schlamm rauscht in den Trog, als die SEEKRABBE mit langsamer Fahrt unterwegs ist. Nun hat sie bereits 2,40 Meter Tiefgang. Seglern und Fähren kann sie nicht mehr ausweichen, es wird eng in der Rinne.

Eilers zeigt auf den Strudel in der Schüttgutwanne. „Oberflächenwasser wird gleich wieder außenbords gepumpt. Wenn der Schlamm etwas muffelt, kommt das von abgestorbenen Herzmuscheln. Steht Schaum auf dem Wasser im Trog, haben wir den Sandboden erreicht."

Draußen in der 10 Meter tiefen Balje ist eine Schüttstelle ausgewiesen. „Meine Frau muss dazu drei Knöpfe gleichzeitig drücken." Eine Sicherheitsmaßnahme, denn nun öffnen sich die zehn Bodenklappen. In kaum einer Minute rauschen bis zu 500 Kubikmeter Ladung auf den Grund. Die SEEKRABBE hebt sich auf nur noch 1,6 Meter Tiefgang und fährt zurück an den Anleger. Noch zwei Tage werden sie hier arbeiten, dann geht es weiter nach Hooksiel.

Am Abend begutachtet Segler Wiethorn das Yachthafenbecken. Er hätte sich mehr Abtrag gewünscht, aber gut einen halben Meter ist der Schlammspiegel schon gesunken. „Morgen machen wir weiter und drehen wieder ein paar Runden", sagt Eilers. „Das war ja erst die Grobarbeit." Rund 1 Meter mehr Wassertiefe werden es am Ende sein. Gut 2000 Kubikmeter Schlamm würden rausgespült. Unter dem Strich bringt das einen Zeitgewinn von zusätzlichen eineinhalb Stunden vor und nach Hochwasser für die Segler. So können sie in einer Tide mehrere Wattenhochs überqueren, wenn sie möchten. Oder eine Stunde länger schlafen. Fest steht: Ohne die SEEKRABBE und ihre engagierte Crew hätte die niedersächsische Küste nicht dieses einzigartige Segelrevier mit ansprechenden Häfen. Boote müssten allesamt erheblich weniger Tiefgang haben. Segler und Inselgäste könnten sich nur wie anno dazumal vor den Inseln trockenfallen lassen und hätten weite Fußmärsche zur Insel vor sich.

Von der nächsten Generation.

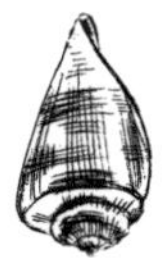

Noch haben sie vielleicht kein eigenes Boot. Doch die junge Generation von Seglern träumt genauso vom Meer. Und manchen kann ein Törn vielleicht sogar dabei helfen, den Heilungsprozess von Körper und Seele einzuleiten.

Diana Marschall: Segeln? Nicht ohne meine Töchter.

Sie hat Segeln im Blut. Und im Blick. Seit 50 Jahren ist sie Malerin und bevorzugt Motive der Nordseeküste. Ihre Bilder wurden bereits im Louvre ausgestellt. Allein mit ihren Töchtern segelte die mutige Mutter nach England und Frankreich. Starke Tidenströme und hoher Schiffsverkehr hielten das Trio nicht von anspruchsvollen Reisen zur See ab. Segelyachten bilden ihre Lieblingsmotive. Hier erzählt sie ihre Geschichte.

Als ich Diana Marschall treffe, interessiert mich vor allem ihre bedingungslose Liebe zum Segeln. Sie segelte allein mit Ihren Töchtern sogar nach London. Wie es wohl war, wenn drei Frauen in einem Boot einliefen?

„Ungeteilte Aufmerksamkeit war uns stets gewiss. Drei Männer in einem Boot sind normal, aber eine ‚Frauschaft' ohne Skipper zog alle Blicke auf sich. Anlegemanöver wurden stets beobachtet."

„Warum waren Sie vier Jahre allein unterwegs?"

„Mein erster Mann ist leider früh verstorben. Mit unseren Töchtern und einer Piwiet 850 blieb ich allein zurück. Das Boot lag in Holland. In der ersten Saison war Nadine zwölf und Swantje elf Jahre alt. PARAISO bildete das Band zu unserer glücklichen Vergangenheit. Wir haben die Zähne zusammenbissen. Zuerst binnen, dann buten."

„Nordsee und Ärmelkanal sind anspruchsvolle Reviere."

„Von unserem Heimathafen Colijnsplaat waren Urlaubstörns nach Boulogne oder London logische Ziele unserer nautischen Weiterentwicklung. Da waren meine Töchter aber schon 14 und 15 Jahre alt. Wenn die Mädchen in hoher Dünung auf dem Vorschiff etwas zu klarieren hatten, trugen sie Sicherheitsleinen."

„Gab es aufdringliche Männer in den Häfen?"

Eher ungewünschte ‚Helfer' aber mit Charme und Selbstsicherheit haben wir sie abgewimmelt."

„Haben Ihre Mädchen je gemeutert?"

„Oh ja! Es gab Interessenkonflikte, sei es mit der Clique oder mit dem Pferdesport. Nach intensiven Verhandlungen sagte ich einmal genervt: ‚Gut, dann fahre ich eben alleine raus.' Es war ein traumhaftes Segelwetter. Am Abend sah ich meine beiden Mädchen auf der Mole in der Hafeneinfahrt sitzen. Sie begrüßten mich wie eine lange vermisste Heimkehrerin und rannten zu unserem Anleger, um die Tampen anzunehmen. Die beiden hatten sich doch große Sorgen um den Verbleib ihrer Ernährerin gemacht. Ich wurde sehr liebevoll umsorgt. Jedenfalls hielt das einige Tage."

„Sind Sie immer noch unterwegs?"

„Irgendwann lernte ich meinen zweiten Mann kennen. Auch ein Segler … Sein Boot war größer. Ich konnte loslassen, habe die gute alte Piwiet verkauft. Mit seiner Hallberg Rassy 42 schipperten wir rund Gibraltar ins Mittelmeer. Vor Kurzem haben wir uns von dem Boot schweren Herzens getrennt, um flexibel zu sein. Ich bin jetzt 67 und möchte durch Chartern noch viele andere Reviere der Erde „ersegeln". Meine Töchter sind erwachsen und chartern auch munter weiter."

„Warum malen Sie Nordseemotive auf alte Segeltuche?"

„Ausgediente Segel haben eine Menge mitgemacht. Sie haben Seeluft ‚geatmet'. Kein anderes Leinwandmaterial verbindet sich auf den zweiten Blick so sehr mit maritimen Motiven. Bei meinen Bildern kann ruhig noch ein Reffbändsel rausschauen."

„Sie haben ein Atelier in Köln und eines auf Teneriffa. Ihre Bilder wurden bereits in Shanghai, Straßburg oder Paris ausgestellt. Haben Sie noch Zeit für das Wasser?"

„Besonders in Frankreich erhielt ich Auszeichnungen. Doch ich freue mich, wenn ich Menschen mit meiner Kunst glücklich machen kann; beispielsweise mit Auftragsarbeiten übersandter Motive. Kunden kamen sogar schon aus Brasilien und den USA. Aber Schiffsplanken sind mindestens einmal im Jahr unter meinen Füßen. Das ist ein Muss, auch für neue kreative Schübe."

„Udo Lindenberg soll für seine Bilder damit geworben haben: ‚Wer ein Lindenwerk kauft, hätte keine Sorgen mehr.' Welchen Vergleich müsste man ansetzen, wenn man die Trägerin der Silbermedaille ‚REPUBLIQUE FRANÇAISE, Grand Concours International de France 2006' engagiert?"

„Ich hoffe, dass man neben einem individuellen Gemälde eine gute Wertanlage erhält. Die Investition ist allerdings geringer und bewegt sich ungefähr im Rahmen eines guten Echolots."

Die Segelabenteuer einer Mutter-Töchter-Crew: Von Holland nach London.

Diana Marschall erzählt. „Obwohl der Strom noch eine gute Stunde gegen uns lief, beschlossen wir, zeitig bei gutem Wind von 4 bis 5 Beaufort auf unserer 8,5 Meter langen PARAISO von Nieuwpoort auszulaufen. Außerhalb des Hafens: Segel setzen, Fender rein. Das alles in der recht starken Dünung vor der Küste. Fehler: Wir hatten einen Festmacher nicht aufgeräumt. Das Vorsegel verhedderte sich und unser Schiff versetzte sich in Rauschefahrt gen Ufer. Bei meinen Schiffsmädels kam Panik auf. Ich hörte den lauten Fluch einer meiner Töchter: ‚Scheiß Segeln!'

Das Großsegel war glücklich oben. Wir fuhren die dringend notwendige Wende, legten Kurs an und ich konnte das Ruder kurz abgeben, um das Vorschiff aufzuklarieren. So ganz ruhig blieb mein Puls nie, wenn ich meine Kinder in einer solchen Situation auf dem Vorschiff hantieren sah. Die Fock wurde gesetzt und wir machten trotz Gegenströmung wie erwartet die belgische Küste entlang nach Süden Richtung Frankreich gute Fahrt. Das Stimmungsbarometer stieg wieder. Wegen unserer späten Ankunft in Boulogne-sur-Mer mussten wir notgedrungen an einem Fischtrawler festmachen. Die Besatzung weckte uns um 4 Uhr am nächsten Morgen, weil sie auslaufen wollte. Schlaftrunken machten wir kurzerhand an einem französischen Seenotrettungskreuzer fest, der uns dann um 9 Uhr ebenfalls weckte. Danach fanden wir eine freie Box. Und konnten endlich eine Mütze voll Schlaf nachholen.

Auf dem Rückweg nordostwärts zu unserem niederländischen Heimathafen Colijnsplaat auf Höhe Vlissingen dämmerte es bereits. Meine jüngste Tochter Swantje war Rudergängerin, meine ältere Nadine hatte frei und ich saß am Kartentisch. Swantjes Ruf: „Mami, was ist das für ein Tuten?“ ließ mich pfeilschnell nach oben schießen: Gerade noch rechtzeitig konnte ich die Pinne umlegen und wir passierten mit gefühlt 2 Metern Abstand eine riesengroße Heulboje.

In den ersten beiden Jahren und auch später noch, wenn der Wind zu stark blies, segelten wir in die südholländischen Binnenreviere. Schon da zeigte sich, dass ich eine pfiffige Frauschaft zusammenhatte. Bei unzähligen Schleusenfahrten passierte es uns nur einmal, dass wir in einer gut gefüllten Schleuse den Mauerring verpassten und das Boot drohte, sich in der Kammer zu drehen. Mit hektischem Motoreinsatz konnte ich das gerade noch abwenden. Wir wechselten auf die andere Schleusenseite und machten an einem hilfsbereiten Segler fest. Am Abend hatten wir auf einer unbewohnten Insel im Grevelinger Meer angelegt. So etwas sollte uns nicht mehr passieren. Wäre ja auch zu peinlich: An die ungewollt verursachte Aufmerksamkeit aller hatten wir uns ja gewöhnt. Aber ein Mädelsschiff und nichts klappt … Das ging gar nicht!

Um meine Crew bei Laune zu halten, denn sie waren ja noch Kinder, gab es für Ausflüge rund Insel, Ankerplatz oder Hafen unser Dingi. Und für taktisch geplante Ruhetage die zwischen Mast und Vorschiff gebändselte Hängematte.

Jahre später, meine Töchter waren 14 und 15 Jahre alt und mittlerweile richtige „alte Seehasen", beschlossen wir, den Ärmelkanal zu queren und England einen Besuch abzustatten. Es war eine echte Herausforderung. Wie oft hatten die Mädchen schon davon geträumt, aber ich hatte einfach noch nicht den Mut dazu gehabt. Es gab zu viele, die warnten oder mich sogar für verrückt erklärten. Ich machte mir natürlich Sorgen und Gedanken über alle möglichen Gefahren. Was sollte ich tun, wenn eine oder gar beide Töchter seekrank würden? An mögliche Unfälle wagte ich gar nicht zu denken. Ich las alles, was ich kriegen konnte, studierte die Gegebenheiten des Kanals, unterhielt mich mit Mitseglern. Einer von ihnen erzählte mir, der Kanal sei wie eine Autobahn: eine Spur rauf, eine Spur runter. Und in der Mitte der Grünstreifen. Hier sollte ich ‚Luft holen', um erneut zwischen den dicken Pötten rüberzukommen. Wir und unser kleines Schiff waren also für alle denkbaren Eventualitäten ausgerüstet, Proviant ausreichend an Bord und die Sicherheitsausrüstungen auf dem neuesten Stand.

Gut eine Woche warteten wir auf ein stabiles Hoch und endlich, nach Rücksprache mit Petrus, war die ideale Zeit gekommen. Wir brachen zu unserem Traumziel London auf. Unser erstes Ziel war Zeebrugge und dann weiter nach Nieuwpoort. Unterwegs fiel der Autopilot aus. Wir schlichen nach alt gelernter Methode von Tonne zu Tonne bei guter Sicht. Der Autopilot war schnell wieder fit und wir starteten über den Kanal nach Ramsgate in Ostengland. Die 50 Seemeilen über den Kanal schafften wir spielend und ich lobte meinen Mädels ein hoffentlich gutes Essen im Hafen von Ramsgate aus. Worauf meine Mannschaft ihre versteckten Reserven mobilisierte und wir so gut wie neu in Ramsgate einliefen. Unsere Euphorie, es geschafft zu haben, war so groß, dass uns sogar das englische Menü schmeckte.

Petrus hielt weiterhin sein Wort und es wurde – auch weil wir der Tide hingebungsvoll Aufmerksamkeit schenkten – eine gemütliche „Kaffeefahrt". Nach einem sehr langen Segeltag fuhren wir unter Motor die Themse bis zur Tower Bridge. Die Schleuse in den St. Katharine Docks vor der Tower Bridge war schon geschlossen. Wir legten in der Dämmerung an einem großen Lastkahn an und machten dort fest. Beängstigend finstere Gestalten zeigten sich an der Reling, die aber immerhin einige Fender zwischen uns und dem rostigen Stahlkahn ausbrachten. Wir wollten uns gerade nach unten begeben, als ein Polizeiboot längsseits kam und zwei Polizisten zu uns an Bord stiegen. Ihre Prüfung der Papiere ergab keine Beanstandungen. Sie beäugten unsere Frauschaft erst misstrauisch, dann mit Hochachtung. Dann forderten sie uns freundlich auf, uns doch an eine der in der Themse schwimmenden Bojen zu verlegen. Unsere Müdigkeit muss wohl allen überdeutlich im Gesicht gestanden haben, die Polizisten halfen uns beim Verlegen und dem in der Strömung nicht ganz leichten Festmachen an der Boje. Unser Tampen, den ein Polizist zwischen uns und dem Polizeiboot belegt hatte, um unser Schiff in der Strömung zu halten, löste sich. Sein Ende geriet in eine der beiden Schrauben des Polizeibootes. Sie kappten ihn einfach. Es war nach 23 Uhr, als das Manöver endlich geglückt war. Die Polizisten freuten sich über das Glas Champagner und hörten gespannt unserem Reisebericht zu, bis wir endlich todmüde in unsere Kojen sanken.

Am nächsten Morgen erhielten wir erneut Besuch von der Polizei: Wir staunten nicht schlecht, als sie uns einen nagelneuen Ersatztampen überreichten. Noch immer bewegt mich ein Gefühl der Dankbarkeit für diese freundliche Hilfe. Als wir in die kleine Schleuse in die St. Katharine Docks einfuhren, waren wir das Tagesgespräch. Im benachbarten „The Dickens Inn“ hatten wir freie Getränke und mussten viele Fragen beantworten. Es gab Passanten, die uns fotografierten und versprachen, uns Abzüge zu schicken. Wir gaben bereitwillig unsere Adresse, wir hatten nämlich unsere Kamera bei der Abreise noch vor der Roompot Sluis im Meer versenkt und wären glücklich gewesen, nun doch Erinnerungsfotos zu bekommen. Aber leider kam die Post nie an.

Das stabile Hoch hatte sich etwas verlagert und zwei Tagen später drängte ich zur Rückreise. Mit großem Hallo nahmen wir Abschied und liefen unter Maschine wieder die Themse runter bis Ramsgate. Das Wetter wurde ungemütlicher und ich drängte meine Mädels zur Weiterfahrt. Aufgrund der Windverhältnisse hatten wir beschlossen, den Kanal auf Höhe von Dunkerque (Dünkirchen) zu queren. Wir starteten die Überfahrt hoch am Wind bei Stärke 5, in Böen 6 bis 7. Später konnten wir etwas abfallen, wodurch unser kleines Schiff die hohe Welle etwas leichter nehmen konnte. Es war eine traumhafte Rauschefahrt zur französischen Küste, die wir in Dunkerque zwei Tage später feierten, bevor wir am belgischen Zeebrugge und weiter an Vlissingen vorbei in die Oosterschelde in unseren niederländischen Heimathafen Colijnsplaat einliefen.“

Marc Naumann: Der SEGELREBELL. Oder: Wie ein Boot aus der Krise helfen kann.

Rund 33.000 junge Menschen erkranken in Deutschland jedes Jahr an Krebs. Marc Naumann möchte ihnen den Weg zu Segeln ebnen. Seine Initiative der „Segelrebellen" ist eine gemeinnützige Organisation, die Offshore-Segelreisen speziell für junge Erwachsene mit Krebs anbietet. Gemeinsam segeln sie zu außergewöhnlichen Zielen und entdecken die Natur. Ihre Reisen bieten einen neuen Blick auf das eigene Leben, um Perspektiven für die Zukunft zu entwickeln.

Die 26-jährige Denise Schäferling fällt auf, als ich sie auf der BOOT treffe: Lange blonde Haare voller Locken leuchten im Licht der Strahler. Doch dass sie ihre Mähne behalten würde, war nach mehreren Chemotherapien nicht klar. Sie ist selbst Krankenschwester und hat Erfahrung mit schlimmen Diagnosen. Als die Schmerzen durch ein Unterleibskarzinom begannen, ahnte sie schon vor dem Laborbefund des Universitätsklinikums Ulm, welche Diagnose gestellt werden würde. Es folgten vier OP-Termine, 34 Bestrahlungen und eine Reihe von Cocktails. Chemo statt Caipirinha. Sie verträgt sie nicht gut. „Ich hatte starke Übelkeit und innerhalb einer Woche 8 Kilo abgenommen, aber mein Freund war für mich da, kam jeden Tag ins Krankenhaus. Er tröstete mich auch, als ich erfuhr, dass der Krebs gestreut und die Lymphknoten befallen hatte. Dann kam die Reha, deren Sport- und Gesprächsrunden mich stabilisieren sollten, aber gegen das stundenlange Grübeln beim Einschlafen half das nichts. Und in den Runden waren überwiegend ältere Leute – da fehlten verbindende Elemente ebenso wie die Freude am gemeinsamen Feiern. Es war gar nicht möglich, einfach mal auszubrechen, wie andere Leute eine Auszeit vonn Kurbetrieb und Krankheitsnachsorge nehmen. Traurig machte es mich, wie sich der Freundeskreis veränderte, wie wenige damit umgehen konnten. Ein Freund ließ sich plötzlich nicht mehr blicken, antwortete nicht mal auf eine SMS. In dieser Phase wollte ich nicht wieder zurück in den Berufsalltag, sondern lieber etwas Neues ausprobieren, auch wenn die Krankheit immer noch nach mir und meiner Seele griff."

Eine Freundin hatte von den SEGELREBELLEN gehört. Denise lebt in der Nähe von Augsburg, ist nie auf einem Boot gewesen, aber was sie las, passte genau: Eine Reise, junge Leute – alle in ähnlicher Situation. Da musste man niemandem was erklären. 250 Euro für die Bordkasse und dann die Leinen loswerfen? Ein Segeltörn weckt andere Emotionen als der Tagesplan einer Kurklinik.

„Nach einem Gespräch mit Marc Naumann, dem Vereinsgründer, bekam ich den letzten freien Platz an Bord. Schon bald saß ich im Zug nach Flensburg. Im klaren Wasser des Ostseehafens konnte ich bis auf den Meeresgrund sehen, als ich meine Reisetasche über den Steg trug und die GOOD WIND fand – eine gecharterte Bavaria 46 Cruiser von MOLA-Yachting. Diese wenigen Schritte über den Steg brachten mir mehr Abstand von den letzten Monaten als jede Tanztherapie." Mit Skipper Marc Naumann und Co-Skipper Joe Leibold waren es acht Leute an Bord. Alle waren Landratten ohne Segelerfahrung. Von den Entfernungen des Törns hatten sie auch keine Vorstellungen: Svendborg – Helsingborg – Kopenhagen – Rügen. In zehn Tagen leicht zu schaffen. Das dachten sie jedenfalls.

„Was dann folgte, war das intensivste Urlaubserlebnis meines Lebens. Endlich Gleichaltrige, die dieselbe Zeit durchgemacht haben wie ich: Keinem musste man irgendetwas erklären. Jeder wusste von dem anderen, dass man einfach mal abschalten möchte. Es war echt Wahnsinn. Alle mussten mit der Diagnose Krebs fertigwerden. Aber man hat fast nie über dieses Thema geredet. Das tat so gut.

Auf dem Törn verlief dann fast kein Tag wie geplant. Wir wollten zwei bis drei Tage durchsegeln, auch in der Nacht, damit wir unsere Ziele alle schaffen, aber da uns alle die Übelkeit traf, mussten wir unsere Pläne ändern und jeden Abend an einem unbekannten, nicht geplanten Hafen anlegen. Diese Erfahrung hilft mir auch in meinem Leben an Land. Es läuft einfach nicht immer alles wie geplant. Zuvor hastete ich von einem Termin zum anderen. Ich wollte immer schon 15 Minuten vorher da sein. Und jetzt denke ich mir nichts mehr dabei, wenn ich auch mal zu spät komme. Der Stress, den man sich macht, ist das alles nicht wert. Auch mussten wir im Kattegat gegen den Wind und die starken Wellen ankämpfen. Ich konnte das so gut mit der Zeit vergleichen, in der ich mich durch OPs und die Therapien kämpfte. Das zeigte uns, dass wir alles schaffen können, wenn wir nur wollen und auf uns vertrauen! Der Segeltörn hat mir geholfen, jeden Tag so zu leben, wie ich möchte. Eben keinem mehr etwas vorzuspielen, sondern einfach zu sagen, was mich bewegt. Vielleicht hat mir erst dieser Törn den Mut zur Offenheit gegeben."

Noch etwas ist Denise wichtig: Sie konnte richtig abschalten. „Ich weiß nicht genau, wie ich das beschreiben soll. Ein paar Grad vom Kurs abweichen – und schon liegen andere Ziele voraus. Das vermittelte endlich wieder Zukunftsträume. Und so habe ich die Angst vergessen, vielleicht keine Kinder bekommen zu können."

Anflüge von Seekrankheit, die jeden mehr oder weniger heimsuchten, konnten der Gruppe trotzdem wenig anhaben. Wie man sich fühlt, wenn einem schlecht ist und man durch den Tag kommen muss, kannten alle zur Genüge. Aber hier gab es eine Kuschelkoje oder einen Platz im Cockpit. „Spätestens wenn ich am Ruder stand und das Boot steuerte, war ich wieder fit. Zur Belohnung folgte an jedem Abend der Landgang – auch hier spürte ich, wie anders sich das Ankommen per Boot auf die Psyche auswirkt. Der Törn machte mich stärker und die Bordgemeinschaft trug dazu bei. Da war keiner, der mir mit mitleidigem Blick Multivitaminsaft auf den Tisch stellte."

Die Idee zum Segelprojekt hatte der 33-jährige Marc Naumann. Auch ihm begegne ich zum ersten Mal an seinem Informationsstand auf der BOOT in Düsseldorf: Ein sympathischer und zurückhaltender Mann, offenes Lachen, ein Idealist und Kumpel zum Pferdestehlen. Man ahnt nicht, dass ihn ein Gehirntumor aus der Bahn warf. Das war 2010. Trotz der Behandlung mit OP und Bestrahlung wurde zwei Jahre später ein Rezidiv entdeckt. Alles begann wieder von vorn. Er weiß bis heute nicht, ob er geheilt ist. Diese Ungewissheit machte ihm endgültig klar, dass das letzte Hemd keine Taschen hat. Er würde einfach das machen, was er für das Beste hielt und was ihm Spaß machen würde. So heuerte er als zweiter Mann auf einem kleinen Segelboot an. Es war ein Törn von Cuxhaven nach Calais, was in den Tidenströmen von Nordsee und Ärmelkanal keine Spazierfahrt sein konnte. Er kotzte sich die Seele aus dem Leib, rappelte sich wieder auf, zwang sich durch die Ruderwachen, wollte kein Weichei sein. So wuchsen ihm Seebeine und gleichzeitig trainierte er seine Motorik, seinen Grips und sein Immunsystem.

Kaum zurück vom Törn, büffelte er für die Segelscheine, um „Charter" zu fahren und damit Segelrebellen zu rekrutieren. Wie gut die Idee ist, erfuhr er auf einem weiteren Törn mit krebskranker Crew von Marseille nach Barcelona, immerhin 420 Seemeilen. Sein neuer Traum hat sich vor Kurzem erfüllt: Eine große Yacht kaufen und mit mehr Teilnehmern größere Etappen segeln.

Seine Idee, Leute an der Tür des Krankenhauses abzuholen und ihnen das Bordleben zu vermitteln, erfordert viel Mut. Er glaubt daran, dass positive Erlebnisse die Heilung fördern.

Wie Ingo zum SEGELREBELLEN wurde und was ihn das Meer lehrte.

Ingo lebt in der Nähe von Wien. Große Ziele gab es jahrelang nicht mehr in seinem jungen Leben. Dann entdeckte er die SEGELREBELLEN für sich.

Ingo ist erst 20 Jahre alt, als 2012 eine immer größer werdende Zyste am Hals festgestellt wurde. Zwei Monate später wurde er operiert mit der Anfangsdiagnose „Laterale Halszyste". Nach der OP kamen die Ärzte mit einer anderen Diagnose zu ihm: Er hatte Lymphdrüsenkrebs.

Vier Chemotherapien folgten; es war unklar, ob der Krebs gestreut hatte oder ob bei der Operation alles entfernt wurde. Bald verlor er sämtliche Haare und lag im Krankenhaus, während die Clique Partys feierte. „Es war, als wäre mir ein Bein abgeschlagen worden", beschreibt er diese Zeit. Man ist plötzlich ganz unten, feiert nur noch in ganz kleinen Zeitfenstern mit, wenn es mal geht. Und dann muss man wieder für Wochen zurück in die Klinik. Ingo hat die Erkrankung zuerst gar nicht realisiert. Dann, als die Zeit reif war, darüber nachzudenken und es zu verarbeiten, ging er wieder zur Schule. Das war eine sehr belastende Zeit. Er hat das treffend ausgedrückt: „Es fühlt sich so an, als würden die Sorgen nur gefesselt, irgendwie tiefgekühlt. Im Hintergrund sind sie noch da und nagen langsam an einem. Aber man kann sie nicht auftauen und aufarbeiten."

Zur tief sitzenden Angst kommt Schulstress dazu. Bleierne Müdigkeit, sie resultiert aus seinen Unruhezuständen. Schlaflose Nächte sind die Regel, nicht die Ausnahme. So geht das weiter, bis er bei Marc Naumann anheuert und mit den SEGELREBELLEN zu den griechischen Inseln segelt.

Ingo berichtet: „Während ich den Text schreibe, sitze ich im Flugzeug nach Punta Cana. Soeben sind wir auf den Azoren notgelandet, weil ein Passagier ein medizinisches Problem hatte. Ich bin gerade sehr übermüdet. Früher wäre ich gereizt und genervt gewesen. Jetzt ist es mir nicht mehr wichtig, ob ich den Anschlussflug verpasse, weil wir zwei Stunden Verspätung haben. Fast nichts bringt mich wirklich aus der Ruhe; kein Stress, auch keine Langeweile.

Nach den Chemotherapien und der Reha war ich laut den Ärzten gesund. Ich ging alle zwei Wochen ins Krankenhaus zur Blutabnahme und wieder ganz normal zur Schule. Hin und wieder schwoll ein Lymphknoten an, doch die Ärzte meinten, es gäbe keinen Grund zur Sorge. Verunsichert hat es mich trotzdem immer wieder.

Irgendwann verwies mich eine Bekannte auf ein anderes Krankenhaus. Dort wurde wesentlich mehr Wert auf Nachsorge gelegt: Ich bekam monatlich eine Infusion mit Immunglobilin, redete mit einer Psycho-Onkologin. Diese erzählte mir irgendwann, dass sie von Marcs Segelprojekt gehört hat, ihn angeschrieben hat und ich mit ihm segeln kann. Ich sagte einfach mal: ‚Ja, bin dabei.' Da hatte ich noch keine Vorstellung, was das für ein Projekt ist, und gesegelt habe ich auch noch nie. Mit Marc habe ich dann telefoniert. Obwohl ich so unsicher war und mich Marc vermutlich für einen demotivierten Langschläfer hielt, traf sich die Crew und ich wurde Mitglied. Zwei Wochen später war ich in Izmir am Flughafen und fuhr nach Kusadasi zum Hafen.

Der Törn war ziemlich gemütlich, wenn ich ihn mit den Erzählungen der anderen Törns vergleiche. Axel, der Eigner, war locker und ziemlich durcheinander. Sein Schiff, die VEGA, war 90 Jahre alt, 22 Meter lang und aus Holz. Es war das schönste Boot im Hafen. Die Crew bestand aus dem Eigner, Marc und uns fünf Anfängern. Jasmin fiel mir gleich am ersten Tag auf. Wir befragten uns gegenseitig ein bisschen über die Krankheit. Als jemand fragte: ‚Und Jasmin? Was hattest du für einen Krebs?', da sagte sie: ,Ich hab keinen Krebs, ich hab nur MS … und darf trotzdem mit!' Boah, dachten sich bestimmt alle, was macht dieses ,Nur' in dem Satz? Doch mit Humor kann man ja alles sagen.

Ein paar anstrengende Momente gab es trotzdem: Gleich am ersten Tag auf See, als wir die Genua einholen wollten, hingen wir alle zusammen an diesem Segel, um es ins Schiff zu bekommen. Als Anfänger wussten wir nicht, dass der Wind einfach zu stark war und es schon längst Zeit war, das Segel loszulassen, um nicht über Bord zu gehen. Wir zogen also alle zusammen an dem Segel und ließen es nach einem Gezerre auch alle zusammen wieder los – ohne über Bord zu gehen. So wuchsen wir zusammen, wurden zu Segelrebellen. Auch wenn es auf dem Törn, wahrscheinlich wie auf jedem, ein paar Spannungen gab. Doch mir war das relativ egal, für mich gab es nur das Gefühl der inneren Ruhe und Freiheit. Ich habe nichts Negatives mitbekommen. Vielleicht liegt das aber auch nur daran, weil wir Männer nicht so gut zwischen den Zeilen lesen können. Das glaube ich aber nicht und denke, alles Unwichtige wird vom eigenen Gehirn auf einem Schiff auch endlich als Unwichtiges behandelt. Ein weiterer besonders spannender Moment war, als ich ein Stück in den etwa 30 Meter hohen Mast hinaufgezogen wurde, um eine Kleinigkeit zu reparieren. Eigentlich hatte ich Höhenangst. Das ist mir aber erst wieder eingefallen, als ich unten war.

Dann war noch dieses ,Nachtsegeln'. Wegen der Schlafprobleme und chronischen Müdigkeit rechnete ich mit einer enormen Belastung für mich. Für diese Nachtfahrt machten wir einen genauen Schichtplan, aber der Plan ging sprichwörtlich über Bord. Wir haben Ratatouille mit Paprika aus der Dose gekocht. Aus einer alten Dose. Einer zu alten Dose. Jemand von uns hat diese Dose irgendwo im Schiffsbauch gefunden und sie für genießbar gehalten. Doch sie stammte noch vom Vorbesitzer und war mehrere

Jahre alt. Danach hingen in der Nacht fast alle leeseitig an der Reling. Aber weil es mir als einzigem Crewmitglied recht gut ging, durfte ich ein paar Stunden am Steuerrad stehen, bis etwa 5 Uhr früh. Ich war zwar müde und wir hatten totale Flaute, doch das war plötzlich nicht mehr wichtig. Aber eine Sache lernten wir schon daraus: Wer im Sturm genervt die Segel streicht, hat noch keine Flaute erlebt, dieses elendige Dümpeln. Aber wir machen weiter: Rebellisch eben, wir lassen uns nicht unterkriegen, nicht von einer Flaute oder der Seekrankheit und schon gar nicht vom Krebs."

Antje und Matthias: Erst über den Atlantik. Dann aufs eigene Boot.

Manchmal beginnt eine Seglerbiografie mit einer Atlantiküberquerung. Und endet noch lange nicht mit einem dauerhaften Leben an Bord. Es ist ein ungewöhnlicher Weg und ein ungewöhnliches Leben, das Antje und Matthias Hiebsch gewählt haben. Die beiden haben viele Pläne.

Lebkuchenduft steigt aus dem Niedergang. Strohsterne, Kugeln und bunte Lämpchen lassen Weihnachtsstimmung aufkommen. Zur Adventszeit hat Antje Hiebsch das Mittelcockpit ihrer Amel Euros geschmückt. Im Hintergrund ziehen die großen Fähren nach Skandinavien vorbei und die Takelage des Viermasters Passat ragt weithin sichtbar in den Himmel. Die meisten Liegeplätze der Böbs-Werft von Travemünde sind verwaist, aber auf der 41 Fuß messenden Segelyacht geht das Leben auch im Winter weiter: Antje und Matthias Hiebsch (36, 41) wohnen mit ihren Kindern Philipp (11) und Marla (8) im

3,30 Meter schmalen Rumpf. Im Oktober 2016 kam Victoria dazu. Gerade sechs Wochen auf der Welt, ist sie die vielleicht jüngste Besucherin der HANSEBOOT, als sie im Tragetuch ihrer Mutter durch die Hallen geschaukelt wird. Vor zwei Jahren ist die Familie an Bord gezogen und bereitet sich seither auf eine Langfahrt vor, ohne in den Jahren zuvor ein Boot besessen zu haben. Den Funken entfacht zunächst Antje Hiebsch: Per Kojenchartertörn heuert sie allein auf einer Max-Oertz-Yacht aus dem Jahr 1920 an und überquert den Atlantik. Dabei wird ihr klar, wie sie künftig leben will. Und im Zuge dessen zieht die ganze Familie nicht mehr in ein Haus, sondern auf ein Boot.

Ihr Hang zum Wasser begann schon früh an den Elbstränden in der Nähe von Magdeburg. Antje und Matthias wuchsen zusammen im kleinen Dorf namens Aken auf. Sachsen-Anhalt hat keine Küste. Aber wer jeden Sommer in der Elbe schwimmen geht, möchte irgendwann wissen, was hinter der nächsten Kurve liegt. 1996 wurden sie ein Paar und zogen nach Hannover, nicht weit vom Steinhuder Meer entfernt. Die Krankenschwester und der Fliesenleger hatten eine große Wohnung mit 160 Quadratmetern. Und doch: „Irgendetwas hat mir gefehlt", berichtet Antje. „Ehefrau, Mutter, Krankenschwester. Ich liebe all das, aber ich schien nur noch zu funktionieren. Ohne Träume. Und so nahte mein 30. Geburtstag."

Als ihr Vater seinen 50. Geburtstag feiert, schenkt sie ihm für die Flensburger Rum-Regatta einen Tagestörn an Bord eines Segelbootes. Er kommt zurück, berichtet euphorisch von der traditionellen Flotte hölzerner Boote. Kurz darauf schenken ihr ihre Schwester und Matthias zum Geburtstag einen Gutschein für einen Wochenendsegeltörn. Antje sucht selbst im Internet nach einer Mitsegelmöglichkeit, „möglichst auf einem Boot aus Holz. Ich hatte die Vorstellung von knarzenden Planken im Kopf." Und so bucht sie den ersten Törn ihres Lebens an Bord der PANTAGRUEL. Sie hatte keine Ahnung, was eine Yawl ist, die sich dadurch auszeichnet, dass sie einen zweiten Mast hinter dem Rudergänger besitzt, der häufig achtern über das Heck hinausragt. Und dass diese Yacht 1920 vom genialen Konstrukteur Max Oertz in Anlehnung an die Pläne der kaiserlichen Yacht GERMANIA gebaut wurde, spielte auch noch keine Rolle. „Aber wer an Bord des 18,50 Meter langen Traditionsseglers eine Koje chartert, gehört auch ohne Vorkenntnisse sofort zur Crew. Da muss jeder anpacken. Und genauso will ich behandelt werden. Matthias und die Kinder gaben mir eine Woche ‚mutterfrei', um von Eckernförde nach Marstall in die dänische Südsee zu segeln."

Der kurze Ostseetörn und die Reiseberichte der Segler hinterlassen tiefe Spuren in ihrer Seele. Sie will unbedingt wieder mit ihnen in See stechen und liest ab sofort alle Segelbücher, die sie bekommen kann. „Die Fahrtenseglerpioniere Wilfried Erdmann und Rollo Gebhard finde ich klasse", schwärmt Antje. Das Segeln und die Option zum Leben an Bord gehen ihr nicht mehr aus dem Kopf. Wäre das nicht auch für sie möglich? Ein Boot kaufen, die Wohnung auflösen, zusammen mit der Familie alles hinter sich lassen? Aber wie ist das Blauwassersegeln tatsächlich? Wie fühlt es sich an, bis zum Horizont kein Land mehr zu sehen?

Schon bald darf sie wieder an Bord der PANTAGRUEL anheuern und fliegt nach Westafrika. Zuerst führt die Fahrt auf den Gambia River und dann weiter auf den Saloum River im Senegal, ein mäanderndes Labyrinth durch Mangroven und dschungelähnlichen Urwald. Dann segeln sie weiter zu den Kapverden. Nach einem Heimflug über die Weihnachtstage folgt eine Atlantiküberquerung von den Kapverden nach Barbados. Die Crew besteht aus sieben Personen. „Die schönsten Momente waren nachts. Das Gefühl absoluter Einsamkeit, der fantastische Sternenhimmel, Meeresleuchten", schwärmt sie noch immer. Das Segeln empfindet sie als sehr angenehm: „Man lernt fix, alles in

Schräglage zu erledigen." Ihr wird ein wenig mulmig, als Boavista im Kielwasser verschwindet, aber danach findet sie es nur noch faszinierend. Und das Feeling sollen Mann und Kinder auch erleben. Immerhin haben sie der Mama freigegeben und zu Hause die Stellung gehalten.

Vielleicht sind es die Arbeitsjahre an der *Medizinischen Hochschule Hannover*, die sie prägten und ihre Freude an abenteuerlichen Reisen begründen: Zu oft hat die Krankenschwester von schwerkranken Patienten erfahren, was sie gerne noch erlebt hätten. Das geht ihr im wahrsten Sinne des Wortes an die Nieren: diese Angst, zu wenig von der Welt zu sehen und es später zu bereuen. Deswegen waren Antje und Matthias mit ihren Kindern schon früh als Backpacker unterwegs. Sie bereisten auf einfache Art Asien, nur ausgerüstet mit Rücksäcken und unterwegs in Bussen. Aber jetzt sollte ein Blauwassertörn für die ganze Familie folgen. Ihr erster gemeinsamer Kojenchartertörn führt sie in anspruchsvolle Gefilde: von Panama zu den San-Blas-Inseln.

Zurück in Deutschland, sind die Würfel für Antje gefallen: Segelscheine machen, Boot kaufen, um die Welt segeln. Aber mit diesen weitreichenden Konsequenzen steht sie zunächst allein da. Matthias war noch unentschlossen. Er arbeitet selbstständig, folgt seiner Rolle als Vater und Versorger, mag eigentlich keine Unwägbarkeiten. Und Matthias träumt vom eigenen Haus. Die Überzeugungsphase zieht sich hin; dann machen sie gemeinsam weiter. In Mardorf am Nordufer des Steinhuder Meeres drücken sie die Segelschulbank und fallen auf einer Volksjolle beide durch die Binnensegelscheinprüfung. Aber sie lassen sich nicht beirren.

Freunde raten ihnen, doch einfach mit einem kleinen Boot auf dem Steinhuder Meer zu segeln, doch der Abfluss über den Meerbach ist nicht schiffbar. „Ich hätte das nicht mit meinen Blauwasserträumen verbinden können", meint Antje. „Und ich hatte Angst, dass wir unseren Traum mit der Bequemlichkeit eines kleinen Bootes in der Nähe aufgeben würden." Als die Sportbootführerscheine in den Brieftaschen stecken, legt sie eine Schippe nach: SKS und Funkschein. Jetzt fehlt nur noch ein Boot.

Ein Jahr suchen sie, vorzugsweise nach einer Yacht aus Holz. Aber sie lernen dazu und ahnen, wie pflegeintensiv der Aufbau von Klarlackschichten sein kann. Schließlich sind sie nicht als Pärchen unterwegs, sondern müssen zugleich Schiffsführer, Eltern und Lehrer sein. Und dass ein voll belegtes Familienboot im Winter die Borddisziplin aller Crewmitglieder erfordert (allein schon wegen des ständigen Verstauens), ist ihnen auch klar. „Unsere Amel ist aus GFK, Volllaminat. Als ich achtfach ihre Steckschotten lackiert habe, war ich froh, ein pflegeleichtes Boot mit wenigen außenliegenden Holzflächen zu haben." Für 44.000 Euro vermittelt ein Makler aus Heiligenhafen den Oldie, Baujahr 1976. Sie erneuern die Rollfockanlage, verbessern die Isolierung, tauschen laufendes und stehendes Gut: Die Takelage wird wieder versicherungstauglich. Währenddessen sind sie schon eingezogen. Dieser Einschnitt lenkt das Leben der Familie in andere Bahnen. Getauft wird die Yacht auf den Namen GANVIE. Diese afrikanische Stadt in der Republik von Benin liegt auf einem See, ihr Name bezieht sich der Legende nach auf eine Gemeinschaft auf dem Wasser lebender Menschen.

„Mama und ihr blödes Boot!" Als sie die Wohnung in Hannover aufgeben, müssen sich auch die Kinder von großzügigen Platzverhältnissen und geliebten Sachen trennen. Der Umzug an die Ostsee ist mit Schulwechsel und Trennungsschmerz verbunden. Kistenweise wandern ihre Schätze in den Keller der Eltern. Dadurch können sie bei Besuchen wieder hervorgeholt werden. So wird der Wechsel für die Kinder etwas leichter, auch wenn in der Achterkajüte kein Platz für eine Playstation ist. Und ohne DSL-Anschluss fehlt die Vernetzung für Videospiele. Das haben ihnen andere Kids voraus.

Kurz vor dem Umzug fliegt die Familie nach Indien. Es ist ihre letzte Rucksackreise. Als sie im Anschluss in Travemünde an Bord ziehen, erscheint das Boot vergleichsweise komfortabel. Und auch in den neuen Klassen werden die Kinder bestens aufgenommen. Außerdem: Frühling liegt in der Luft, Aufbruchstimmung herrscht an Bord. Die Achterkajüte der Kinder ist separat über das Cockpit ohne Durchgang zum Salon getrennt. Hier richten sie sich ein. Es ist eng, aber immerhin haben sie volle Stehhöhe und merken schnell, wie wenig Platz sie tatsächlich benötigen. Den Gedanken an ein großes Traditionsschiff haben sie schnell verworfen: zu arbeitsintensiv, zu teuer im Unterhalt, zu schwer zu manövrieren, zu wenige Liegeplätze. Trotzdem: Freunde holen die Kinder anfangs noch selten an Bord. Sie haben Scheu davor, anderen Kindern ihr vergleichsweise winziges Reich zu zeigen. Manchmal werden sie unverhohlen bemitleidet, weil sie „auf einem Boot leben müssen".

In ähnlicher Weise hapert es bei Antje und Matthias am Verständnis einiger Freunde. Lebensqualität wird gemeinhin mit der Anzahl bewohnter Quadratmeter gleichgesetzt. Aber Familie Hiebsch möchte auch bei anfänglichen Kondenswasserproblemen, die mit fünf Personen an Bord bei Frost zwangsläufig entstehen, nicht wieder in eine Wohnung ziehen. Zurück in ein Treppenhaus „mit Bohnerwachs und Spießigkeit" können sie sich nicht mehr vorstellen. „Ich war noch niemals in New York" heißt ein Song von Udo Jürgens. Ob sie da jemals auf eigenem Kiel hinsegeln werden, spielt keine Rolle. Es zählt der Gedanke, dass sie es tun könnten, wenn sie wollten. Oder wenn es das Schulamt zulässt. Antje beschreibt, wie sie sich auf Gespräche mit Pädagogen vorbereitet und Argumente sammelt. Es sollte doch einiges für eine maritime Langzeitexkursion sprechen, beispielsweise interkulturelle Kompetenz, mehrsprachige Reiseziele, naturwissenschaftliches Erleben. Ob sie ihre Kinder per Fernschulverfahren auf Langfahrt selbst unterrichten dürfen, ist noch unklar. Das wird die nächste Hürde sein.

Eigentlich war die Familienplanung komplett und sollte frühestens in der Südsee erweitert werden. Aber es kommt anders. Das Vorschiff muss zum Schlafen für zwei Erwachsene und die kleine Victoria gerade ausreichen, aber später werden sie sich etwas einfallen lassen müssen, weil die Hundekoje im Salon als Ablage dient. Andererseits ist Philipp schon 11 Jahre alt. Wer weiß, ob nicht irgendwann seine Koje im Achterschiff frei wird, wenn er eine Berufsausbildung beginnt und abmustert. Die nächsten sechs Jahre werden sie mit fünf Personen an Bord gut leben können. Zentraler Treffpunkt ist das Cockpit unter der Kuchenbude, dessen Duchten sich wegen der darunterliegenden Wallas-Bordheizung erwärmen. Sie freuen sich über die Sitzheizung an kalten Tagen. Und als der Frühling kommt, sind die Kinder begeistert vom Leben an der Küste. Die nahen Ostseestrände sind ihr täglicher Spielplatz.

Antje und Matthias plagen unterdessen andere Sorgen. Aus der ersten Ostsee-Marina wurden sie nach einem Jahr ohne Angabe von Gründen hinauskomplimentiert. Natürlich waren sie bereit, wegen des höheren Verbrauchs von Trinkwasser eine höhere Pacht zu zahlen. Das wurde auch akzeptiert, die Liegegebühr wurde erhöht. Aber ein paar Monate später kündigte der Verwalter den Pachtvertrag. „Anscheinend passten wir wegen unserer Kinder nicht ins Bild der Geschäftsleitung“, sagt Antje. „Ein Einhandsegler, der auch an Bord lebt, durfte bleiben.“ Weil sie den Kindern keinen weiteren Schulwechsel zumuten wollen und die Lage der Marina auch weiterhin landschaftlich ansprechend sein soll, bleiben sie an der Trave und finden einen neuen Heimathafen: „Die Atmosphäre in der Böbs-Werft ist ungleich gastfreundlicher!“ Sanitäranlagen bleiben geöffnet, aus denen sie im Winter Trinkwasser mit Kanistern an Bord bringen. Sie versuchen sich zu revanchieren, indem sie so gut wie möglich auf die anderen Boote achten. Im Winter schauen manche Eigner nur selten vorbei. Sie würden sofort Alarm schlagen, wenn eine Yacht tiefer im Wasser liegen sollte oder gar Fremde an Bord zu steigen versuchten. „Wir sind dem Inhaber Heinrich Böbs unendlich dankbar, dass wir bei ihm anlegen durften“, strahlt Antje, „sogar an einem Längssteg, damit ich mit dem Baby auf dem Arm nicht über den Bugkorb klettern muss. Bei Eis und Schnee ist das Übersteigen jetzt viel leichter.“

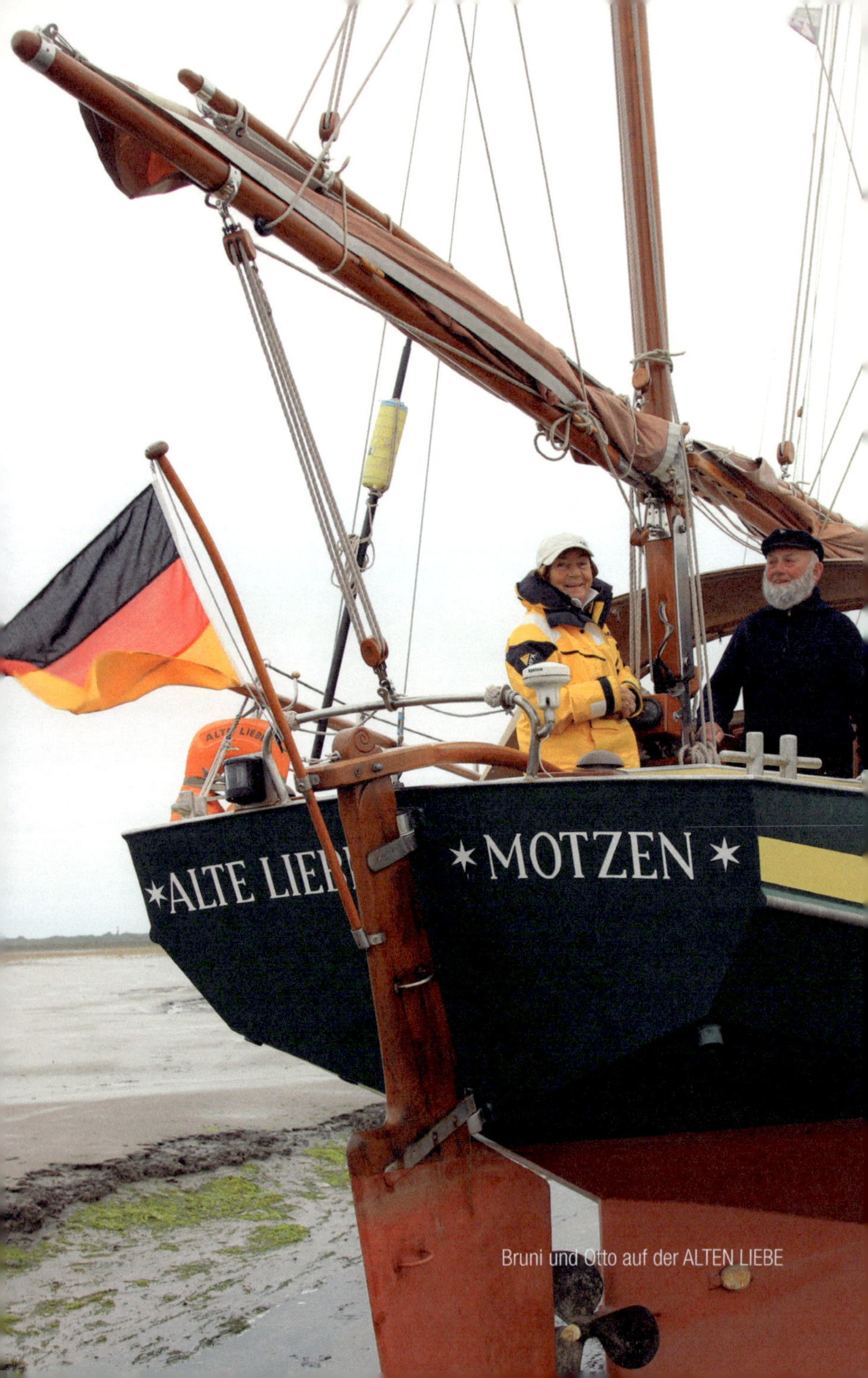

Bruni und Otto auf der ALTEN LIEBE

Vom Bootsbau und der Freiheit des Segelns.

Wie lange der Bau eines Bootes tatsächlich dauert,
hängt von vielen Faktoren ab.
Manche schaffen es in einem Jahr.
Und andere lassen sich viel, viel Zeit.

Erst der Schlüsselanhänger, dann das Boot.

Manchmal ist es nur eine Geste. Nur eine Andeutung. Oder ein kleines Mitbringsel, das der Auslöser ist, vier Leben auf ungeahnte Art zu bereichern.

Ich glaube fest daran: Segelträume sollte man sich erfüllen. „Irgendwann hängt da der Schlüssel für unser Boot dran!" Mit diesen Worten schenkte Natascha Dudek, 45 und Mutter zweier Töchter, ihrem Mann Björn einen Schlüsselanhänger. Es war ein Schlüsselanhänger einer großen Segelzeitschrift – ein einfaches Ding. Aber es war Motivation und Auftrag, eines Tages ein Boot für die Familie zu beschaffen, mit dem man die Nordseeinseln erkunden könnte. „Er hing dann am Kühlschrank", erzählt Natascha, „wir hatten ihn täglich im Blick." Ein Boot von mindestens 27 Fuß sollte es sein, denn zur Crew gehörten die 14-jährige Luca-Marit und die siebenjährige Lotta. Und außerdem der Schäferhundmischling Sammy. Weil die Familie im niedersächsischen Oldenburg lebte, wäre die Jade in 45 Autominuten leicht erreichbar.

Björn ist vier Jahre jünger als seine Frau und in Hameln an der Weser aufgewachsen. Er hat das Segeln in Jollen auf Binnengewässern früh gelernt. Doch Segeln im Tidenrevier war für ihn völliges Neuland. Sein Vater Burkhard Schmidt ist Ostseechartersegler; zusammen würden sie das Boot beschaffen.

Irgendwann standen sie dann vor einer Fellowship 27. Am Ijsselmeer entdeckten sie das gut 8 Meter lange Boot. Es war in gutem Zustand und besaß eine neue Vetus-Maschine mit 16 PS, neue Persenning, neue Segel. Der Voreigner hatte das 40 Jahre alte Boot bestens in Schuss gehalten. Für 12.000 Euro übernahmen sie ein solides Boot, das es mit 1,10 Meter Tiefgang ermöglichen würde, Zeitfenster von vier Stunden zum Überqueren von Wattenhochs ausnutzen zu können. Damit würden sie alle ostfriesischen Inseln innerhalb des Wattenmeeres ansteuern können. Über die Staande Mastroute brachen Vater und Sohn Richtung Deutschland auf. „Vor Groningen mussten wir wegen einer Klappbrückenreparatur den Mast legen. Zwar hat das Boot eine Jüteinrichtung, also die Möglichkeit, den Mast relativ unkompliziert zu legen, aber das erste Mal verursacht das eine schlaflose Nacht“, erzählt Björn. Anfang April war es im offenen Cockpit nach drei Tagen Dauerregen sehr kalt: „Mein Vater hatte an alles gedacht, aber sein Ölzeug vergessen. So sind wir ab Emden über den 72 Kilometer langen Ems-Jade-Kanal nach Wilhelmshaven geschippert. Es war eine traumhafte Fahrt, schon wegen der uralten Schleusen und freundlichen Schleusenwärter.“

Die Kanalfahrt aus den Niederlanden reichte Björn Schmidt-Dudek auf seinem ersten Törn, um sich sicher zu sein, mit seiner Fellowship die richtige Wahl getroffen zu haben. Nur das Vertrauen in sich und seine Fähigkeiten als Skipper musste noch wachsen. Mehrmals am Tag prüfte er die Maschine: Wasserschläuche, Ölstand, Temperatur. Dass man bei Seefahrten vor Überraschungen nicht sicher sein kann, erfuhr der Skipper an der Schleuse von Rüstersiel, ihrem zukünftigen Heimathafen an der Maade: „Weil eine Untiefentonne fehlte, bin ich quer über einen abgesunkenen Molenkopf gefahren. In der Seekarte hätte ich den dünnen Strich erkennen müssen. Aber nun ist alles gut, unsere erste Saison liegt vor uns. Wir sind so gespannt auf all die Inseln und neuen Eindrücke. Und endlich sind wir unabhängig von Ferienflügen und Hotels.“ Froh ist auch Sammy, ihr Familienhund, denn bisher musste er zur Ferienzeit in eine Hundepension. Im Wattenmeer mit seinen geringen Wellenhöhen ist das Segeln mit ihm kein Problem.

Vom Traum, das perfekte Schiff zu bauen.

Aus der Leidenschaft für Katamarane und Experimente entwickelt Immanuel Hahnenstein den „TOUCHWATER Aluminium Catamaran". Ein Boot, das man unbeschädigt auf steinige Ufer ziehen kann, gab es nicht im Handel, also baute er es selbst.

Der Katamaran schneidet durch die Wellen wie ein heißes Messer durch Butter. So wirkt er jedenfalls, als er unseren Kurs auf der Ostsee kreuzt. Konstruiert hat ihn der 51-jährige Immanuel Hahnenstein. Vorausgegangen sind zwei unterschiedliche Entwürfe: Bei seinem ersten Katamaran denkt man spontan, dass einer „auf Säbeln" über die See reitet; die Bugsektionen waren spitz gezeichnet, in der zweiten Entwicklungsstufe scharf und erst in der Endstufe so harmonisch, dass man keine Scheu mehr verspürt, ihn ohne Handschuhe vom Steg abzuhalten. Eines unterscheidet ihn von anderen Strandkatamaranen: Sie sind aus Aluminium gebaut.

Braucht man für solche Flitzer neben dem Segelschein auch einen Waffenschein? Und warum hat er Metall verwendet, das schwerer sein müsste als GFK? Immerhin, seine Rümpfe, Verbindungen und Masten scheinen „aus einem Guss" zu sein, so makellos sind die Linien des Multiknickspant-Designs ohne erkennbare Schweißnähte zusammengefügt.

Nein, es ist kein simpler Knickspanter, sondern jeder Rumpf der dritten Entwicklungsstufe besteht aus besonders ausgelegten Knickspant-Geometrien, die quasi aufeinandergelegt sind. Trotz der Serienidee ist jedes Boot ein Unikat: Handarbeit von der Finne bis zum Toppbeschlag. Der Mast ist sogar wasserdicht und hat genug Auftrieb, um das Durchkentern zu verhindern.

Eigentlich lebt Immanuel Hahnenstein fern der Küste in Lehrte, einer Kleinstadt zwischen Hannover und Braunschweig. Das Kat-Virus hat ihn schon vor 40 Jahren als Vorschoter auf einem hölzernen Shearwater-Veteran infiziert. Am Anfang stand eine Spritztour quer über den Bodensee. Sein Traum damals: Irgendwann einen Kat selbst bauen. Aber vorerst war Surfen angesagt und es wurden Bretter „geshaped". Viele Jahre später baute er einen 16 Fuß Experimental-Kat in GFK. Doch wenn die Wellen das Boot hart aufs steinige Ostseeufer setzten oder er im trüben Wasser auflief, dann war da dieses kneifende Gefühl im Bauch, verbunden mit provisorischen Reparaturen, bevor die nackten Fasern geborstenen Laminats zu viel Wasser zogen. Gesplitterte Schwertkanten würden ihm noch heute die Laune auf die Après-Segel-Party verderben; er will mit dem Boot einfach nur segeln – ohne Sorge um das Material. Dafür war ein anderes Konzept gefragt: geringer Unterhalt, keine Osmose, keine UV-Versprödung. Und verbesserte Sicherheit durch ein duktiles Material, das weniger spröde ist als Sperrholz, GFK oder Carbon-Laminat. Wenn robuste Arbeitsboote und Yachten aus Metall gebaut werden, könnte Metall auch für leichte Sportkatamarane taugen? So ist das Projekt entstanden: ein Sportkat aus Aluminium, 2,50 Meter breit, leicht trailerbar.

Das erste Projekt wird ein Gleitboot von 17 Fuß mit sehr spitzen Rümpfen. Angespornt durch die Geschwindigkeitsrekorde, die in der Vergangenheit die Windsurfer hielten, wurde das Boot als Gleitkatamaran konstruiert. Die Rümpfe sind breit und zugleich flach gehaltene Knickspantformen, aber durch ihren nadelspitzen Bug werden sie zum Blickfang. Die einfache Rumpfgeometrie erleichtert den Bau und lässt außerdem durch die klare Flächenaufteilung die entstehenden Schweißspannungen erkennen. Diese Spannungen zu analysieren ist wichtig für spätere Modifikationen.

Immanuel Hahnenstein kann konstruieren und handwerklich arbeiten. Aber er will makellose Oberflächen ohne Schweißverzug. In Lehrte kommt er mit Metallbaumeister Carsten Detert ins Gespräch. Eine ausgesprochen fruchtbare Zusammenarbeit beginnt. Vom handwerklichen Können des Metallbauers und dessen Sohn Tim ist Immanuel Hahnenstein begeistert.

Bereits der allererste Törn mit den segelnden Säbeln überzeugt den Konstrukteur: „Es macht unglaublichen Spaß, damit rasant über das Wasser zu gleiten oder in den Wellen zu springen. Grundberührungen mit den Finnen oder Rudern sind auch kein Problem." Ihm gefällt, dass seewasserbeständiges Aluminium pflegeleicht ist. Zudem: Ohne Elektrik und ohne andere Metalle gibt es keine Elektrokorrosion – Opferanoden sind überflüssig – Farbe dient nur der Optik. Überwintert wird einfach im Freien oder unter einer Plane. So hat ihm Aluminium sogar mehr Freizeit geschenkt, denn die obligatorischen Gelcoat-Reparaturen im Frühling gehören der Vergangenheit an.

Fazit der ersten Konstruktion: Für optimale Geschwindigkeit segelt die Crew weitgehend aufrecht, sodass der Luv-Schwimmer die Wellenkämme gerade noch glättet. Das Fahrgefühl ist dann ähnlich dem eines Cabrios mit hartem Fahrwerk. Im Gleitmodus sind die schnell überfahrenen Wellen deutlich zu spüren, man fühlt sich unmittelbar mit der Wasseroberfläche verbunden. Andererseits: Ein Universalentwurf war der 17er Sportkat noch nicht, denn die vergleichsweise harte Fahrt geht auf die Dauer auf die Sitzknochen. Wie also konstruiert man schnell und weich? Für ruhige Fahrt in höheren Wellen bieten schlanke Rümpfe Vorteile. So folgt das zweite Experiment: Ein Sportkatamaran aus Aluminium mit Verdränger-Rümpfen, die Komfort bieten und fix segeln.

Das zweite Projekt: 18 Fuß Verdränger.

Beim zweiten Prototyp war es das Ziel, das Boot in Bezug auf maximalen Speed weit auszureizen. So wurden die Rümpfe sehr schlank: nahe an der mindestens erforderlichen Auftriebsgrenze für sein Gewicht und die mitsegelnde Tochter konstruiert und damit per se nicht für eine nach oben offene Gewichtsklasse geplant.

Katamarane, besonders jene mit wenig Auftrieb im Vorschiff, sind aber auch berüchtigt für den „Sudden death", der Zuschauer begeistert, jedoch beim spektakulären Überschlag in den Wellen Blessuren hinterlässt: Sie stolpern abrupt über den Leerumpf, wenn der Bug unterschneidet, um wie ein bockendes Pferd das Hinterteil in die Höhe zu werfen. Dabei geht die Crew „koppheister". So stand für die neue Konstruktion die wichtige Frage auf dem Zeichenbrett: Welches Auftriebsminimum der Rümpfe, besonders im Bugbereich, ist in der Praxis noch handhabbar?

Weil die neue Extremkonstruktion auch schön und langfristig stabil sein soll, wurden die Schweißspannungen in die Formgebung einbezogen. Hahnenstein weiß: Durch konstruktive Maßnahmen lassen sich diese Spannungen reduzieren und sogar zur Erhöhung der Wölbsteifigkeit der Rümpfe nutzen. So wurde eine doppelte Multi-Knickspant-Form entwickelt, die dem Boot zusammen mit bionisch geformten Finnen auch gute Am-Wind-Eigenschaften verleihen soll.

Das Ergebnis? Kat Nummer 2 segelt sich gutmütig und warnt frühzeitig: „Wenn der Leebug unterschneidet, spürt man die Vorzeichen und kann sich kontrolliert an die Grenze des Möglichen tasten. Das ist wie bei Stollenreifen einer Enduro, die es vorher spüren lassen, wann das Hinterrad wegschmiert."

In der Praxis zeigt das Boot Erstaunliches: Es lässt sich auch bei Erreichen der Auftriebsgrenze und vollständig überflutetem Bug des Leeschwimmers mit unverminderter Geschwindigkeit segeln. Erst wenn der vordere Querträger beginnt, am Übergang zum Lee-Rumpf kontinuierlich ins Wasser einzutauchen, zeigt sich etwas Bremswirkung. Mit weiterer Überströmung des vorderen Beams ist zu spüren, wie das Boot die Nase weiter absenken möchte, wenn der Druck im Rigg noch mehr zunimmt. Dann genügt es jedoch, die Großschot leicht zu fieren, um den Druck aus dem Großsegel zu nehmen und den Lee-Rumpf wieder auftauchen zu lassen. Das Boot ist selbst in diesem Zustand überraschend gutmütig: In gewissem Umfang verzeiht es Fehler.

Hydrodynamische und aerodynamische Synthese: „Aus den Eigenschaften und Vorteilen des ersten Gleiters und zweiten Verdrängers ist der TOUCHWATER Aluminium Catamaran entstanden."

Erst der dritte Prototyp machte den Katamaran unten schnell und oben stolpersicher: Wenn der Leebug eintaucht und von Wellen überspült wird, „schneidet" er durchs Wasser und gibt der Crew Zeit zum Auffieren der Schoten. Die Form ist elegant, makellos geschweißt und hält schon mal das Auffahren am Kiesstrand aus. Seine Rümpfe sind silbergrau lackiert und gehen sanft durch die Wellen.

Die Segeleigenschaften beschreibt der Konstrukteur nach einer Spritztour auf der Ostsee so: „3 Beaufort, zunehmender Wind. Meine Tochter steht neben mir im Trapez. Bei 1 Meter Wellenhöhe, weit draußen vor dem Strand, geht der Bug schon mal ganz durch – je nach Wellenlänge und Kurs. Das Volumen im Bug ist passend dosiert und wir spüren kaum Fahrtverlust. Nach dem Kurswechsel fällt raumer Wind ein, die Wellen werden schräg von achtern genommen. Sie lassen die Luft unter den Rümpfen regelrecht zischen. Nun kommen selbst ohne Spi die Halbgleitereigenschaften des Bootes zum Tragen. Das ist mehr als nur zu surfen, denn wir überholen die Wellen förmlich; es geht den Berg von hinten hoch und dann vorne wieder herunter. Selbst wenn der Bug im Wellental eintaucht, ist er nach dem nächsten Wellenkamm wieder frei."

Mit dem Gewicht von Carbon-Rümpfen kann sich Hahnensteins Entwurf nicht ganz messen. Sie werden noch leichter gebaut. Mit 160 Kilogramm liegt das Gewicht des Bootes allerdings 20 Kilogramm unter den Konstruktionen der Formula 18. Dagegen sind Alu-Rümpfe beim Auflaufen am Strand und gegenüber Umwelteinflüssen unempfindlicher: Wenn es mal rumpelt, gibt es keine Laminatbrüche. Mehr unter www.touchwater-cat.de

Und dann hab ich mir 30 Jahre lang ein Schiff gebaut.

Mindestens 3000 Arbeitsstunden sind für den Bau einer Yacht anzusetzen. Allein das Verlegen eines Teakdecks kann 800 Stunden erfordern. Im Gegensatz zum Hausbau gibt es auf Booten nur wenige rechte Winkel. Fast jedes Teil wird einzeln in die Hand genommen und eingepasst.

Stefan bittet an Bord. „Einfach mal raufklettern … Aber ja nicht abstürzen! Wir wollen morgen auslaufen." Der Edelstahlmast seines Schiffes ist zweifellos der Eyecatcher im alten Hafen von Hooksiel. So etwas hat man hier noch nicht gesehen. Und woanders wohl auch nicht. 350 auf Hochglanz polierte Kilogramm ruhen auf einem mächtigen Mastfuß, natürlich auch aus Edelstahl, dem Lieblingswerkstoff des Skippers. Hellblaue Augen blitzen aus seinem freundlichen Gesicht, gerahmt von einem weißen Vollbart – eben ein Charakterkopf. Man mag bei seinem Anblick an Käpt'n Iglu oder Papa Schlumpf denken. Dabei ist der Mann keine Comic-Ikone, sondern ein waschechter „Dortmunder Jung“ und gelernter Schlosser, der seine Lehrzeit auf der Zeche verbracht hat. Ein handfester Typ, der alles selbst baut. „Aber den Mast habe ich nur draufgestellt, den gab es gebraucht für 1000 Mark – ist schon lange her“, erzählt Stefan. „Und lass unseren Nachnamen einfach weg, wenn du über uns schreibst, so wie wir es vom amerikanischen Kontinent kennen.“

Die vorgesetzten Mastsprossen sind der Hit: Wo sonst Flaggenleinen das Vertörnen der Fallen verhindern, verbindet ein Edelstahlrohr die Sprossen. Sicherer entert man nicht in den Topp; noch nie habe ich so leicht ein Boot aus der Vogelperspektive aufnehmen können. Das ist ein echtes Stück Seesicherheit, wenn man nach Riffen oder Felsen vorauspeilen möchte. Ist der Niromast ein Unikat? „Wahrscheinlich ja; ein Bootsbauer aus dem Raum Soest soll ihn vor rund 40 Jahren gebaut haben. Dann stand er auf einer Ketsch, bis ich ihn bekam – habe alles umgebaut: Masttopp und -fuß, Spibaumbeschlag, Salinge mit Treadmaster, stehendes Gut.“

Stefan ist 52 Jahre alt. Im Cockpit erscheint seine Frau Marlene und bietet Tee an. Dass die beiden echte Teamplayer sein müssen, ahnt man schon zu Beginn ihrer Geschichte: Im Sommer lebten sie monatelang „im Kasko“, bauten ihn aus und segelten unter provisorischen Lappen auf Pressspanplatten im nackten Rumpf zum ersten Test von Emden nach Borkum. Im Winter führen die beiden seit 20 Jahren ein Leben in Kanada, seit einiger Zeit sogar nur in den winzigen Kabinen riesiger Trucks: Sie pendeln zwischen Ost- und Westküste, zwischen Kalifornien und Neufundland; durchaus schon mal 14 Stunden am Tag. „Mit Lenk- und Ruhezeiten nimmt man es auf der anderen Seite des Atlantiks nicht so genau. Einige Jahre hatten wir ein Holzhaus am Ufer des Lake Superior, bis auch das Haus überflüssig erschien und unsere Freiheit eher behinderte“, erzählt sie.

Ist das nicht sehr spartanisch, ein halbes Jahr zu zweit im LKW? Was für eine Frage: „Stefan lebte lange Zeit in einem VW-Bus und war damit sogar im Winter zum Nordkap unterwegs. „Eine TV-Serie brachte mich zum Träumen, sie ließ mich zum ‚Mann der Berge‘ werden – und eine YACHT-Ausgabe von 1970 zum Mann der Meere.“ Der Originaltitel „The Life and Times of Grizzly Adams“ zusammen mit der Filmmusik des Titels „May be“ von Thom Pace waren die emotionalen Ideengeber seines Lebens. Ist es nicht verblüffend, wie Bilder im Kopf ein ganzes Leben in eine neue Richtung drängen? Weg von der Zeche, von Alltagseinerlei und bürgerlichen Grenzen. Das war nichts für ihn, dann schon eher Wälder oder das Meer. Sein Vater interessierte sich auch für das Segeln, ohne je aus dem Ruhrgebiet herauszukommen. Und so luchste ihm Stefan seine einzige YACHT-Ausgabe ab, die der 8-jährige Junge begeistert hortete. Aber ernst nimmt ihn noch niemand.

Das änderte sich auch nicht, als er mit 13 vom ersparten Taschengeld eine winzige Jolle kauft: Die ersten zwei Jahre wird ohne Wasser in Hausnähe kein Ansegeln daraus. Und auf den Rhein darf er nicht. So zieht Stefan sein Schiffchen auf eine Wiese mit hohem Gras, das sich im Wind wie Wellen bewegt. Seinen Kahn richtet er immer wieder neu zum Wind aus und lernt den Segeltrimm auf dem Trockenen. Stundenlang sitzt er im Boot und ergründet die Ausweichmanöver an Kühen – ob sie „von Lee oder Luv nahen“. So träumt er vom Segeln in die Ferne, bis sein Vater ihn erlöst: Er fährt ihn mit seinem Boot zu einer Talsperre.

Doch auf andere angewiesen zu sein gefällt dem jungen Mann nicht. Gerade 18, hat er ein eigenes Auto und düst mit der Jolle auf dem Dach und einem Zelt im Kofferraum zum Ijsselmeer. So segelt er motorlos durch die Niederlande und bleibt hängen, wo es ihm gefällt.

„Auch wenn du gerade mal ein paar Heller in der Tasche und eine einsame Helling mit Spanten zwischen Dornen und Brennnesseln hast, so hast du doch ein Boot!“, das ist sein Credo.

Marlene und Stefan zeigen Bilder vom Zusammenschweißen der ersten Spanten und gestatten einen Blick in ihre Achterkajüte. Wenn es um Feinheiten geht, ist diese Kajüte sorgfältiger ausgebaut als manche anderen Bereiche des Schiffes. Es war der letzte Bauabschnitt. Zwischen den Bildern liegen 30 Jahre. Auf der Steuerbordseite liegt ihre Doppelkoje. Als Kuschelhöhle fällt eine Lotsenkoje mit Fenstern ins Auge, sie ist quer im Heck eingebaut.

Eigentlich dürfte es diese große Achterkajüte unter dem Waldeck gar nicht geben: Der Rumpf basiert auf den Plänen einer Reinke mit 12 Metern, die Kurt Reinke als Decksalonyacht mit flachem Heck konstruiert hat. Doch Stefan hat während der Bauphase eigene Vorstellungen eingebracht: Die Yacht wurde 30 Zentimeter breiter, der Bug länger, die Empore mit Decksalon baute er gar nicht ein und das Heck bekam ein Schlafgemach mit voller Stehhöhe.

„1985 war ich bei Kurt Reinke und habe die Pläne von meiner Abfindung als Zivildienstleistender gekauft. Vom Bootsbau hatte ich noch keine Ahnung, deswegen brauchte ich ein Konzept. Davor bin ich zu Bootsmessen gefahren, aber die Fahrtenyacht meiner Träume oder ein gebrauchtes Boot waren damals unbezahlbar.“

Wie man Metall bearbeitet, hat er auf der Zeche gelernt. Das Improvisieren liegt ihm im Blut. Die Helling steht zuerst auf einem ehemaligen Bahngelände im Wald. Das passt zu seinem Traum von Kanada. Seine erste Reise als Tramper unternimmt er in dem Jahr, als sein Schiff die ersten Decksplatten bekommt. Und so hält er an beiden Träumen fest. Um das finanzieren zu können, schläft er unter

Planen im rostigen Gerippe des Kaskos, sonst im VW-Bus. Eine Wohnung hat er nicht.

Auf einer Party, die er an Bord der Stahlhöhle ausrichtet, lernt er Marlene kennen. „Dass meine Frau unser Leben seit 22 Jahren mitmacht, ist mein Glück. Ich versuche, ihr dafür das Bordleben so leicht wie möglich zu machen, indem ich jede Menge Handläufe für sie angebracht habe."

Marlene bewegt sich vorsichtig an Bord. Ihre Begründung: „Kinderlähmung, schon seit ich vier Jahre alt war", erzählt sie offen. „Deswegen fährt Stefan die meisten Segelmanöver allein und muss mir schon mal von einem niedrigen Steg an Deck helfen."

Teilte sie sein Fernweh von Anfang an? „Auf die Kombination Kanada – Trucker – Bootsbau wäre ich nicht gekommen", lacht sie. „Dazu hat mich Stefan motiviert. Als kleines Mädchen habe ich zwei Jahre im Krankenhaus verbringen müssen und sah die Schiffe auf dem Rhein vorbeiziehen. Sie waren frei. Ich nicht." Als sie Stefan kennenlernte, verkörperte sein Lieblingssong auch ihre Wünsche: „Maybe, there's a door into another world. Living free in harmony and majesty. Take me home, take me home."

So wie die Gegensätze ihres Lebens nicht wegzudiskutieren sind, ist auch das Boot ausgebaut: Dunkles Holz grenzt an polierten Edelstahl und cremefarbene Flächen. Und tatsächlich ist der Niedergang mit beidseitigem Geländer mustergültig konstruiert. Da mag man im Seegang herunterrutschen wie auf einem schräg gestellten Barren.

Ihr Boot ist als „Reinke 12 M" nicht zu erkennen. Rahmen und Aufbauten sind aus Edelstahl geschweißt, der Rest aus Schiffbaustahl. 17 Tonnen wiegt DARIYA und hat als Stahlbau 5 Tonnen mehr auf der Waage, als Kurt Reinke berechnet hat. „Kennst du eine Reinke, die das Konstruktionsgewicht gehalten hat? Ich nicht", grinst Stefan. Im 1,70 Meter tief gehenden Kiel ruhen 4,5 Tonnen Blei. „Wir fanden das Boot anfangs etwas rank. Die Grundplatte des Kiels war 2,5 Zentimeter stark. Da habe ich eine zweite Platte druntergeschweißt und den Wasserpass höher gemalt. Die 5 Zentimeter dicke Bodenplatte wird zu unseren Lebzeiten nicht durchrosten." Trotzdem ist der Doppelknickspanter nicht langsam, segelt sich auf dem ersten Törn nach Helgoland unter der Genua ganz von allein am Wind – stundenlang. Als Segelzeichen führen sie ein riesiges rotes Ahornblatt, das kanadische Wappen – es findet sich an mehreren Stellen unter Deck wieder.

Zweimal haben sie den Bauplatz gewechselt und das Boot zuerst aus dem Wald ans Ufer des Hamm-Datteln-Kanals gebracht. „Und zweimal wäre es beinahe abgebrannt", erzählt Stefan. „Da habe ich von draußen geschweißt und innen mein Matratzenlager nicht weggeräumt." Doch er liebt diese Jahre trotz mancher Rückschläge: Der Dieselmotor, ein OM 314, ist beim Einbau aus 4 Metern Höhe wegen eines gebrochenen Bolzens von der Baggerschaufel abgestürzt und neben dem Rumpf aufgeschlagen. Glücklicherweise lag da ein Autoreifen. Wie ein Flummi ist der Motor einen Meter hochgesprungen und blieb heil. So kann man auch einen Belastungstest durchführen.

Mit dem Kasko schippern die beiden über Kanäle und Ems nach Emden, bauen weiter daran herum und mieten einen Container für die Ausrüstung. Jedes Jahr sind sie über den Winter nicht in Deutschland, sondern in Kanada und bauen ein Holzhaus am Ufer des Lake Superior. Da bleibt Marlene oft wochenlang allein, weil Stefan mit den Trucks ihre Brötchen verdient. Ihr Ufergrundstück mit Blick nach Westen auf den ostseegleichen Supersee liegt abgeschieden in der Wildnis, 65 Meilen vom nächsten Dorf und Supermarkt entfernt. Da geht man auch nicht einfach raus, ohne einen Blick auf Bären oder Wölfe zu haben. Die Bärengefahr ist an ihrem letzten Liegeplatz in Hooksiel vor dem Start zum „großen Törn" erfreulich gering. „In Kanada bin ich einem Grizzlybären gerade noch entkommen und habe meinen Truck erreicht."

Der Innenausbau ihres Bootes ist gerade fertig geworden und einen neuen Segelsatz haben sie auch. „Unter Genua ist bei viel Wind ein Speed von 7 Knoten kein Problem.“ Stefans persönliches Reich ist noch immer seine Werkstatt. An Bord einer Segelyacht dürfte sie dem Traum jedes Technikers sehr nahekommen: Volle Stehhöhe, eine Bank mit Standbohrmaschine und Schweißgerät. Das ist zugleich der Maschinenraum. Die weiß lackierte Maschine ist blitzsauber und frei von allen Seiten zu warten. Was soll ihm bei seinen Fähigkeiten schon passieren, wenn er so ausgerüstet ist? Auch das macht einen guten Skipper aus.

Ein Reflex-Ölofen dominiert die gemütliche Kajüte, angeschlossen an Warmwasserheizkörper. Aquarelle hängen am Hauptschott, die Marlene gemalt hat. Und für das Raumgefühl teilt ein Rundbogen die Navigationszentrale von der Sitzgruppe. Die Pantry verfügt über eine „Fidibus-Kornmühle“ und unter den Bodenbrettern lagern Vollkornsorten aus aller Welt. Die beiden backen gerne kreativ und gesund.

„Im letzten Winter hat mich ein Herzinfarkt aus den Socken gehauen“, berichtet Stefan. „Im kanadischen Krankenhaus bekam ich Bypässe und nach sechs Tagen wurde ich entlassen. Das empfand ich als zu früh, auch den Warnschuss in Bezug auf meine 52 Jahre. Also kremple ich mein Leben um, nehme ab, treibe Sport und esse vollwertig.“

Wir machen es uns im Cockpit mit den hohen Duchten bequem. Das Doghouse, wie eine feste Sprayhood aus Metall, Holz oder GFK auch genannt wird, hat Scheiben mit Scheibenwischern und die Kuchenbude einen begehbaren Leiterfirst als Träger. Auch das ist eine Erfindung von Stefan. Weil sie gerne in kalten Regionen unterwegs sein wollen, ist die Großschot auf dem Heckträger der Vollpersenning angeschlagen und „wasserdicht“ mit versetzten Blöcken nach innen geführt. Der breite Mastfußblock nimmt ein wenig die Sicht, aber mit dem großen Steuerrad kann man auf beiden Seiten daran vorbei peilen. „It's a seaworthy ship." Das kann man wohl sagen, wenn man all die soliden Beschläge betrachtet. Und noch einmal: Bis auf den Mast ist alles selbst geschweißt, gebohrt, gesägt, gedrechselt.

Aber hätte es wirklich 30 Jahre dauern müssen, bis das Boot endlich zu Wasser gelassen wurde? „Es ging mir nie darum, schnell fertig zu werden. Bootsbauplätze oder Winterlager sind doch Treffpunkte, an denen man auf Gleichgesinnte trifft. Wenn wir nach Deutschland zurückkamen, hatten wir stets ein Ziel, eine Aufgabe und Freunde mit Themen, die uns bewegten. Dieser Bootsbau hat so viele Kontakte geschaffen, die ein ganzes Leben halten."

Ähnlich ist es in Kanada in der Trucker-Szene. Und da hatten sie einen verständnisvollen Spediteur. Es kam vor, dass sie den Auflieger stehen ließen und spontan 1500 Meilen durch Neufundland mit der Zugmaschine unterwegs waren. Nun segeln sie aber erst mal auf der Ostsee, vielleicht die polnische und baltische Küste hinauf. Oder, wenn der Wind dreht, nach Skandinavien. Ihre Träume möchten sie irgendwann vereinen, wenn die Gesundheit mitspielt und sie den Kurs über den Nordatlantik schaffen: Eine Überführung nach Kanada, das ist ihr Ziel. So lebt dieses Pärchen tatsächlich zwei Leben; das Meer und die kanadischen Wälder bilden jeweils die Wildnis, die sie lieben. Davon trennen sie stets nur ein paar Millimeter Blech. Und vielleicht ist es diese unmittelbare Nähe, die sie immer wieder suchen und die sie auf gemauerte Wände verzichten lässt. Aber: Die 13 Meter der DARIYA sind komfortabler.

Hätten sie angesichts der vielen günstigen Boote nicht auf ein Gebrauchtboot ähnlicher Größe umschwenken können? „Im Herzen und in Gedanken hatten wir mit DARIYA ein Heim in Deutschland, das auf den nächsten Bauabschnitt wartet. Das war uns genug, weil wir unsere Reiselust in Kanada ausleben konnten. Übrigens stand der

Name schon fest, als ich mit 18 zufällig einem Mädchen in Berlin begegnete, die diesen Namen trug. Wir hatten nichts miteinander, aber den Namen fand ich klasse. Weil all unsere Schaffenskraft im Projekt liegt, wurde die rote Yacht zum „roten Faden“ unseres Lebens, das vermittelt kein gebrauchtes Boot. Ganz leicht war dagegen der Abschied vom selbst gebauten Holzhaus: „Häuser haben verdammt schlechte Segeleigenschaften.“

Vom Traum, ein klassisches Fischerboot zu segeln.

Am Anfang stand ein Bild an der Wand im Arbeitszimmer von Otto Schröder: Ein Fischewer aus dem vorletzten Jahrhundert. Der hohe Bug und das niedrige Arbeitsheck sind dem Wasser nah. Und wenn man sich den Fischgeruch wegdenkt, ist dieses Schiff ein Segeltraum. Nur: Mit 18 Metern ist das Original zu groß als Fahrtenyacht für zwei Personen. Auf dem Markt gibt es kein vergleichbares Serienboot. Aber was wäre, wenn der Rumpf kleiner ausfiele, so um die 10 Meter? Gesagt, getan!

Ach, diese herrlichen Linien! „Asymmetrisch heißt emotional“; das weiß Otto, der Architekt. Und so fängt er 1994 an zu zeichnen, ausnahmsweise kein quadratisches, sondern ein aquatisches Refugium für sich und seine Bruni, die er im nächsten Jahr heiraten möchte. Beide verbindet eine alte Liebe zum Segeln seit Teenagertagen. In 50 Jahren ist sie gewachsen: Bei Otto aus Ganderkesee von der Weser und Bruni aus Mardorf vom Steinhuder Meer, geneigt, einen „echten Seebären“ zu heiraten. Und so steht der Name fest, bevor das Boot auf Kiel gelegt wird: ALTE LIEBE.

Kurz darauf führt sie eine Reise nach München. Im Deutschen Museum wird ein Finkenwerder Fischewer von 1880 ausgestellt, die MARIA. Ausgeschnittene Verkleidungen bieten den Blick auf die Rumpfbauweise und Proportionen.

Für ihr Projekt nehmen sie ein Füllhorn voll Ideen mit, aber Bruni fällt zunächst aus allen Wolken: Sie ist Sportlerin seit ihrem 15. Lebensjahr, genauer gesagt: Jollenseglerin. Keine Regatta fand ohne sie statt. In diesen Tagen, mit 76, legt sie ihr 42. goldenes Sportabzeichen ab. Und 1994 steht Sport noch weiter oben: „Der Bug ist viel zu voll. Wir wollen segeln, nicht dümpeln. Wenn wir damit los wollen, dann zeichne den Bug schmaler, auch wenn es die Doppelkoje kostet!“ Und das macht Otto: Er zeichnet zwei an den Füßen überlappende Lotsenkojen in die Vorpiek ein, das schafft sogar noch Platz für eine Ankleidebank.

So geht es weiter: Sie planen zusammen, er zeichnet. Innen entscheiden sie sich für weiße Flächen. Die ergeben mehr Licht. Aber Mahagonileisten vermitteln die klassische Linie. Dazu passen bestens runde Messing-Bulleyes, Messingbelegnägel, Teakholzblöcke und Bronzewinschen – sogar selbstholend; die gibt es importiert aus England.

In der Mischung aus klassischen Elementen und moderner Technik entwickeln sie das Boot fort: Nicht um jeden Preis wollen sie einen Fischewer kopieren, sondern eine Fahrtenyacht, die ihre Liebe zur See auf langen Reisen zusammenschweißt, ohne allzu pflegeintensiv und kraftzehrend zu sein. Sie wissen, was Holzbootpflege bedeutet; haben es von Jugend an zelebriert, acht Klarlackschichten aufzutragen. Jetzt wollen sie Zeit haben zum Reisen, statt zu streichen und zu kalfatern. Optisch unverwechselbar, technisch selbst für eine Kollision gerüstet. Sie entscheiden sich für einen Stahlbau.

Als der Segelplan der Ketsch fertig ist, muss aber doch ein Profi ran: Den Rumpf zeichnet Schiffbaukonstrukteur Matthias Jetschke, heute bei Lürssen. Und den Zuschlag zum Schweißen erhält die Bootswerft Wilhelm aus Wilhelmshaven, eine Autostunde von ihrem Wohnort in Ganderkesee entfernt. Doch wie viele Selbstbauer wollen sie weiterhin segeln: Sie haben noch Ottos SEEZUNGE. Ihr Heimathafen ist Motzen an der Unterweser, also befindet sich alles in der Nähe. Zusätzlicher Antrieb zur Eile ist ihr Hochzeitstermin. Sie bewältigen das Projekt in nur einem Jahr und rechtzeitig zum Start in die Flitterwochen schwimmt ALTE LIEBE in ihrem Element.

Als der Werftkran ihr Boot am 17. Juni 1995 in das torfbraune Wasser des Ems-Jade-Kanals von Wilhelmshaven setzt, sind sie erleichtert, dass der Rumpf dicht ist. Nur vorne packen sie zum Feintrimm noch 75 Kilogramm Blei auf den Boden. „Die ALTE LIEBE“ kann überall hin, wohin sie auch mit ihren kleinen Ex-Booten kommen: 90 Zentimeter Tiefgang bieten Freiheit in flachem Wasser, eine 30 Millimeter starke Bodenplatte besten Kollisionsschutz und Ballast. Sie können die Yacht auf der einen Meter breiten Kielsohle überall abstellen, ohne umzukippen. So landen sie beulenfrei selbst auf Felsen. 6-Millimeter-Stahlbleche halten die Bodenplatte, der Kielgang schließt sich mit 5 Millimetern an, der Bodengang hat 4 Millimeter, das Deck 3. Natürlich wird das Boot vor dem Lackieren sandgestrahlt und erhält diverse Korrosionsschutzschichten von Farbenspezialist Wohlert.

Die Scheuerleisten sind in Niro gefertigt. Alte Liebe rostet – fast – nicht und besonders nicht innen. Tritt mal ein Korrosionspickel an Deck ans Tageslicht, ist er rasch konserviert: Moderner Schiffbaustahl hat selbst ungeschützt nur einen Abtrag von 0,1 Millimeter pro Jahr. Weiterer Vorteile, die sie sehen: Metallboote sind geruchsneutral, nichts dünstet aus. Und die Rümpfe können nicht weichgesegelt werden.

Doch würde die „Fischkiste aus dem vorletzten Jahrhundert“ mit niedrigen Masten und dem Gewicht von 8,5 Tonnen auch gut segeln? Sie haben eine Katze im Sack konstruiert und 360.000 Mark investiert, ohne Vergleichsmöglichkeiten zu haben. Auch dazu gehören Mut und Zuversicht.

So warten sie nach dem Riggen von Großmast und Besan gespannt, dass sich die Tore der Wilhelmshavener Schleuse für den ersten Schlag auf der Jade öffnen.

Schick im Schlick: Der breite Kiel steht sicher auf jedem Grund. Das Schwert ist vollständig integriert und wird mit ein paar Windendrehungen unter der Sprayhood aufgeholt. So muss niemand nach unten und selbst Einhandsegler verlieren nicht die Sicht in engen Fahrwassern.

„Bruni hat darauf bestanden, das eine Tonne schwere Schwert zu verlängern, um besser kreuzen zu können“, berichtet Otto. „So wurde eine Stufe vor der Pantry für die Aufnahme im Rumpf notwendig, aber gefiert haben wir bei 2,20 Meter Tiefgang einen beachtlichen Lateralplan.“

Otto schätzt, dass ihre „Fischkiste“ 45 Grad Höhe am Wind segelt, was wir beim Probeschlag im Flutstrom der Jade aber nicht genau messen können. Auch vor dem Wind macht das Boot eine gute Figur: Obwohl eine leichte Gib Sea 282 einen Blister gesetzt hat, zieht sie nur sehr langsam an der ALTEN LIEBE vorbei. Deren Gaffelgroßsegel ist auf Vorwindkursen durchaus effektiv und beim Bergen fallen die Mastringe auch leicht herunter, ohne sich zu bekneifen. Erfreut stellen sie fest, dass das Boot flott läuft und das vorbalancierte Eichenholzruder leicht in der Hand liegt: Ihre Segel haben Stagreiter, Gesamtfläche bis zu 105 Quadratmeter. Das ist viel Tuch für einen 10-Meter-Rumpf: Großsegel: 26,1 Quadratmeter, Besansegel: 10,1 Quadratmeter, Klüver: 14,2 Quadratmeter, Wendefock: 10,9 Quadratmeter, Botterfock: 16,6 Quadratmeter, Toppsegel: 7,2 Quadratmeter, Besanstagsegel: 10,2 Quadratmeter.

Bruni findet die vielen „braunen Lappen“ anfangs umständlich, Otto dagegen praktisch und für jeden Wind anzupassen. Stört sie der achtere Besanmast, der beim Steuern stets vor ihrer Nase steht, eigentlich nicht? Eindeutig nein:

„Gerade seine Wanten geben zusätzlichen Halt. Man findet im Seegang stets etwas zum Festhalten. Selbst die Fallen finden auf den Belegnägeln aus Messing ihren Platz, ohne im Weg zu sein“, meint Bruni. Dafür hat ihr Cockpittisch extra Aussparungen bekommen.

Erst als sie die 70 überschritten haben, wird ihr Boot „moderner“ nachgerüstet: Der 2,60 Meter lange Klüverbaum wird eingelagert; sie ersetzen ihn durch den neuen, nur einen Meter kurzen Klüverbaum, der nun ein Rollsegel hat. Das erleichtert die Anlegemanöver, das Klettern über den Bug auf den Steg und das Segelsetzen.

Detailverliebt: Perfekt liegt die Pinne in Form eines ellenlangen Aals in der Hand. Auch diese Finesse seines Fischewers hat Otto selbst geschnitzt, so wie er sämtliche Zierhölzer der Süllboards unter Deck selbst gedrechselt hat und die Scheiben des Niedergangs sauber in Messing fasst: „Lass schöne Dinge um mich sein“, schrieb Goethe. Und auf einem Boot wie diesem passen Schöngeist und klassische Literatur einfach gut zusammen.

Der Gedanke findet seine Fortsetzung in allen Details: Ein Holzkohleofen dominiert das Hauptschott. Das ist keine schlechte Idee, denn der kleine Brenner produziert kaum Asche und keinen Funkenflug aus dem kurzen „Schornstein“ an Deck. Und Holzkohle qualmt nicht, was Nachbarlieger freut. Damit es beim Anlegen an kalten Tagen schon warm ist, haben sie einen dezent versteckten Heizkörper an den Kühlwasserkreislauf der Maschine angeschlossen. Dann kommt auch heißes Wasser aus einem 30-Liter-Boiler. „Im Tidenrevier ist die eine oder andere Motorstunde unvermeidbar“, sagt Otto. Heißes Wasser, reguliert durch den Motorthermostat, ist aus den Hähnen oder in der Heizung ganz schnell verfügbar. Warum soll man das nicht nutzen, wenn jeder Installateur die Verbindungen schaffen kann?

Am Boiler ist eine Dusche angeschlossen, deren Duschkopf im Cockpit installiert ist: Das Wasser fließt durch die

Lenzrohre von Bord und es entsteht keine Feuchtigkeit im Boot, denn andernfalls wäre eine große Luke im kleinen Bad notwendig gewesen. Ein kleiner 30-Liter-Boiler reicht allemal, denn 80 Grad Wassertemperatur, die vom Kühlwasserkreislauf des Motors abgeleitet werden können, sind natürlich zu heiß und werden mit Kaltwasser vermischt. So gehen Gedanken eines Architekten mit sinnvollen Arrangements an Bord einher. Aber Duschen im Cockpit? „Vor Anker oder auf See gibt es keine Blicke anderer Leute", lächelt Bruni. In drei Tanks fahren sie 280 Liter Frischwasser, dazu 200 Liter Diesel.

Ganz besonders fallen die Lotsenkojen ins Auge: Durch die Bullaugen mit ihren massiven Holzeinfassungen streichen Sonnenstrahlen über maritime Kissen. Diese Kombination weckt kindliche Kuschelemotionen von Schlummern und Verstecken: Obwohl bestens zugänglich, hat jeder Mitsegler das Gefühl, seinen eigenen Rückzugsbereich zu haben.

Zurück an Deck: Am Topp des Besanmasts ist die Radarantenne angebracht, am Fuß des Großmasts eine Zahnradwinde uralter Schiffertradition. Darüber steht sinnigerweise der Schriftzug „Ora et labora" – „Bete und arbeite". Gemeint ist weniger der religiöse Hintergrund, sondern die Disziplin und der Arbeitseinsatz, um ein besonderes Boot zu bauen und auf hoher See sicher zu führen. Diese Winde gehörte auf Arbeitsboote, um schwere Lasten zu heben: volle Netze, Fässer, Ladung aller Art. Hoch genug an Deck ist sie angebracht, um notfalls die Ankerwinde zu ersetzen oder einen Warpanker zu bedienen: selten gebraucht, aber ein wunderschöner Blickfang.

Ausfälle hatten sie auf ihren Reisen selten: Nur einmal hat ihr Vetus-Diesel auf Peugeot-Basis gezickt, als sie an der französischen Küste segelten. Es gab ein Problem mit der Kraftstoffpumpe vom separaten Tagestank, leicht zu beheben. Sie waren im Golf von Morbihan, auf den Inseln des Ärmelkanals, auf der Belle-Île, steckten den Bug in die Biskaya. All das waren anspruchsvolle Ziele. „Das Boot hat sich bestens bewährt", sagt Otto. „Mit wenig Tiefgang kamen wir überall hin. Und wenn wir auf See auf das Kentern des Tidenstroms warten oder bei schwerem Wetter eine Pause brauchen, kann man mit der ALTEN LIEBE sehr gut beidrehen.

Nach einem langen Testtag kommen Koteletts mit Kartoffelsalat auf den Tisch. Der Bootsname ist im Besteck eingraviert: Sie waren ein Geschenk zur Hochzeit und Schiffstaufe. Die handgefertigten Tonbecher sind wiederum Erinnerungsstücke ihrer Reise nach Hallig Hooge. Auch da kommt man mit wenig Tiefgang sehr gut hin.

In diesem Sommer haben sie sich einen Fahrtentraum erfüllt: Die beiden erkundeten, nur mit einem niedrigen Motorbootmast für hindernisfreie Brückendurchfahrten ausgerüstet die Küste von Mecklenburg-Vorpommern, Stettin, die Oder, die Müritz, die Müritz-Elde-Wasserstraße, die Elbe und den Hadelner Kanal zurück an die Unterweser. Es war geruhsames Wasserwandern. Doch ihre Zeit mit der ALTEN LIEBE neigt sich ihrem Ende entgegen: Trennung und Verkauf sollen ohne Hast erfolgen. Und wenn nichts daraus wird, hängen sie einfach noch eine Saison dran.

Skipper sucht Erbauer: Die „Wikinger" von der ODIN.

„Da schwimmt ein Wohnwagen!" Vor dem bewaldeten Ufer des dänischen Als-Sundes treibt ein rechteckiger Kasten. Als wir näher kommen, driftet der seltsame Ankerlieger herum und zeigt seinen kugelrunden Bug mit kecker Klüvernase. „Ich würde sagen, da schwimmt ein Traditionsschiff mit Schießscharten", meint meine Frau. Erst in unmittelbarer Nähe ändern sich die Größenverhältnisse: „Da hat jemand ein Piratenboot von Playmobil nachgebaut!"

Manche auffällig konstruierten Boote ziehen Blicke geradezu magisch an. Dass sie nicht zu Regatten taugen, spielt keine Rolle. Da fragt keiner, welche Segelperformance sie haben, sondern welche Geschichte ihre Besatzung erzählen kann. Angesichts ihrer Formen wecken sie Vergleiche aus Kindertagen. Und so, wie man die Seite eines Kinderbuchs aufschlägt, um es den Kleinen vorzulesen, mag auch die ODIN wirken. Sie ist klein und knubbelig und vermittelt ein Gefühl der Geborgenheit. Der Aufbau der Kajüte könnte auch zu einem Boot in einem Kindergarten gehören, samt Kuschelecke und Spielzeugbude. Aber diese Kajüte birgt eine Pantry, eine Koje und einen Salon. Das Boot ist seetauglich. Segler Arthur Beister berichtet, was es damit auf sich hat.

Der 69-Jährige trägt einen dichten Bart und kneift im hellen Sonnenlicht ein Auge zu. ODIN heißt das markante Boot mit dem kuttergetakelten Gaffelrigg. Mit an Bord sind sein Sohn Thomas (34) und die Zwillingsenkel Till und Lasse (5). Sie segeln die Sommerferien zusammen. Dänemark lieben sie und Dänisch sprechen sie auch. Sie besuchen in Rendsburg den dänischen Kindergarten. „Englisch lernen sie sowieso noch“, sagt Thomas Beister. „Es ist gut, wenn sie in der Nähe der dänischen Grenze gleich damit aufwachsen.“

Sie laden mich dazu ein, ihr Boot zu besichtigen. Die Oberwanten sind außen am Rumpf angeschlagen. Darunter befindet sich eine breite Holzleiste als ideale Einstiegshilfe. Sofort fällt die grobe Holzmaserung der Planken auf, nur fühlen sie sich anders an. „Der Rumpf ist aus GFK“, erklärt Arthur Beister die Täuschung. Die Glasfasermatten wurden in einer beplankten Negativform getränkt, so blieb die Holzoptik erhalten und wurde nicht glattgeschliffen. Sogleich drängt sich die Frage nach der Werft auf. Die Herkunft des Bootes ist ein Rätsel. Seit 1985 ist es im Besitz von Arthur Beister. Er erwarb es im Raum Schleswig von einem Apotheker, doch der Baumeister blieb unbekannt.

Ursprünglich war der Rumpf schwarz, aber darin wurde es dem Skipper zu heiß. Der Mast und die braunen Segel scheinen noch Originale zu sein. „Ich habe mal ein ähnliches Boot in einer NDR-Sendung gesehen, da war von einem ‚Piratenschiff' die Rede. Die Crew fuhr bei einer Vatertagstour auf dem Elbe-Lübeck-Kanal und lief in eine Schleusenkammer ein. Und das zweite ähnliche Boot war auf der Eider unterwegs", erinnert sich der Skipper oder zutreffender: der Kapitän. Arthur Beister führt das Kapitänspatent A1. Sein Vater besaß schon ein Küstenmotorschiff, auf dem auch er als Steuermann und später als Kapitän fuhr. Er ist einer, der vom Wasser nicht genug bekommt. Früher war er mit einer Neptun 21 unterwegs. „Ich kam immerhin bis Kopenhagen", erinnert er sich.

Seine zweite Leidenschaft sind Motorräder. Und weil eine große Maschine nicht an Bord der ODIN passt, hat er zum Erkunden des Hinterlandes der angesteuerten Häfen eine Honda Dax dabei. Man stelle sich vor: Ein Boot von 23 Fuß gehört normalerweise zur Trailerbootklasse. Selbst kleine Bordfahrräder sind kaum auf diesen kleinen Booten unterzubringen. Die Honda Dax schwebt dagegen an der Talje des Großbaums bis ins Cockpit. Trotzdem ist mittschiffs noch genug Platz für Käptn und Crew. Neuerdings nimmt er auf seine Fahrten ein noch handlicheres Minimoped vom Typ Di Blasi mit. Da ist er mit den Frühstücksbrötchen schneller wieder an Bord, als ein Ei zum Kochen benötigt.

Seine Crew bewohnt traditionell ihrem Rang entsprechend die Vorpiek vor dem Mast. Nur gibt es keine Strohsäcke. Gut 1,90 Meter breit ist die gemütliche Vorschiffskoje, sie bietet genug Platz für Sohn und Enkel. Noch größer ist die Achterkajüte. Für ein Boot dieser Länge liegt sie hoch, hat unter den Bodenbrettern viel Stauraum und verfügt trotzdem über die beachtliche Stehhöhe von 1,80 Metern. Weil darüber eine große Dachfläche vorhanden ist, finden die Fender und das Sonarpanel genug Platz. Einziger Nachteil: Rückwärts anzulegen ist ebenso unkomfortabel wie vorwärts, denn die ODIN ist an beiden Enden verhältnismäßig hoch gebaut. Längsseits zu gehen oder im Päckchen zu liegen ist besser, um über die Seite zu steigen.

Wie segelt sich das Boot eigentlich? Recht steif, sind sich Vater und Sohn einig. Eine Tonne bringen die untergebolzten Kimmkiele zusammen mit dem stählernen Mittelkiel „mit Bleieinlage“ auf die Waage. Insgesamt 3 Tonnen wiegt die ODIN, was für ihre 32 Quadratmeter Segelfläche nicht wenig ist. Aber weil es die Rendsburger Piraten aufgegeben haben, andere Schiffe zu überfallen, kommt es auf den Toppspeed nicht mehr an. Bis 5 Beaufort trägt die knuffige Kiste Vollzeug und läuft dann bis zu 6 Knoten. Früher war sie eine Ketsch, aber an den Besanmast kam man ohne Kletterei nicht heran.

Wichtiger als ein Maximum an Besegelung sind Arthur Beister die Manövriereigenschaften in engen Häfen, denn hohe Aufbauten sind Windfänger. Aber dank ihres großen Ruders mit entsprechendem Einschlag dreht ODIN auf dem Teller. Das vorbalancierte Ruder wird über ein kleines Rad mit Teleflex-Bortenzügen gesteuert. Es wird vom dreiflügeligen Propeller effizient angeströmt. Früher hatte er einen Pinnenpiloten am Ruderkopf angebracht und mit einer Funkfernsteuerung bedient, „aber das war im Seegang reiner Spielkram“, meint Artur Beister. Und auch einen Toilettenraum sucht man vergebens, obwohl unter dem großen Aufbau durchaus ein Plätzchen für ein stilles Örtchen vorhanden wäre. Der Kapitän bevorzugt auf See einen Abwassertrichter im Cockpit mit Fallrohreffekt.

Unter dem Cockpit arbeitet ein moderner Kubota-Diesel mit 2 Zylindern und 13 PS. Er hat ihn 2007 selbst eingebaut. Der alte Sole-Motor mit 7 PS aus nur einem Zylinder war nicht mehr zu retten, nachdem er wegen eines Lagerschadens im Alsfjord ausgefallen war. Aber zum Glück hat der Kapitän immer einen Außenborder dabei. Der neue Antrieb ist sparsam, läuft mit 1,5 Litern in der Stunde und bringt das Boot auf eine Marschfahrt von 5 Knoten. Nur der Tank ist mit 45 Litern nicht gerade üppig und der Wassertank enthält sogar nur 35 Liter. Aber wozu brauchen Piraten Wasser, wenn sie ein Rumfass haben?

Seit der Skipper im Ruhestand ist, hat er viel Zeit, um einen ganzen Sommer lang in der Ostsee mit wechselnden Familienangehörigen zu kreuzen. „Bornholm wäre noch mal schön", sagt er, „aber nur wenn das Wetter günstig ist." Die Eigenschaften am Wind sind mäßig. Mit dem vollen Bug müsste er zu lange gegen den Südwestwind unter Maschine andampfen. Auch von Bornholm muss er auf dem Rückweg immer wieder Kiel ansteuern, um über den Nordostseekanal zurück nach Rendsburg zu fahren.

So bleibt zuletzt die Frage nach dem Sägefisch am Bug: Wo hat man das Konterfei doch gleich gesehen? „Ich bin kein Militarist, aber der Film DAS BOOT ist immer wieder beeindruckend. Um den bekannten Sägefisch von U-96 genau zu kopieren, habe ich ihn vom Standbild der Mattscheibe abgepaust. Das ist meine Art, ein großes Spielzeugboot zu gestalten." So gesehen, passen auch die aufgemalten Schießscharten zu den Aufbauten vergangener Zeiten. Etwas Kindliches zu bewahren steht auch einem erfahrenen Seebären gut zu Gesicht.

WANTED: Wer kennt den Erbauer, der dieses Boot in einer Holzplankenform laminiert hat? Länge 7 Meter, Klüverbaum 2,70 Meter, Breite 2,50 Meter, Tiefgang 0,9 Meter. Ich freue mich über Nachrichten dazu.

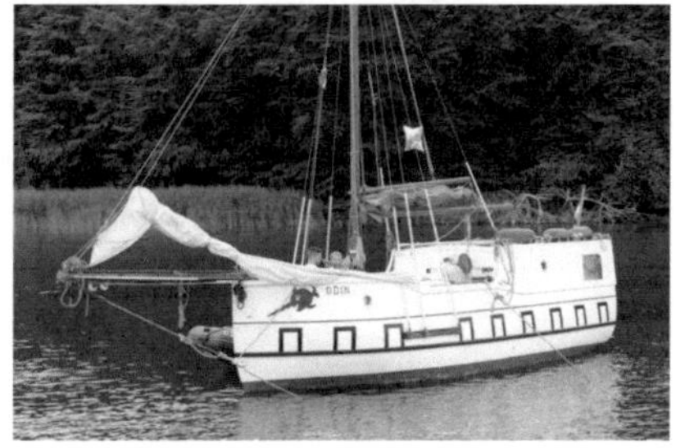

Von Nordseehäfen.

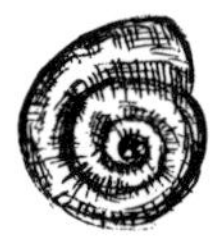

Nicht jeder Hafen an der Nordsee ist gleich. Hier entscheidet man zunächst, ob man buten oder binnen – also vor oder hinter einer Schleuse – in der Marina liegt. Und so mancher idyllische Hafen ist Heimat für nordische Originale und ihre Schiffe.

Das Hooksmeer.

Die Vorzüge der geschützten Buchten des 2,7 Kilometer langen Hooksmeeres dürften einzigartig an der deutschen Nordseeküste sein.

Ein Kuckucksei liegt im Nest eines Austernfischerpärchens. Die Bodenbrüter haben es entgegen den Brutgepflogenheiten ihrer Art in einem alten Baum auf dem Gelände des Wilhelmshavener Segelclubs gebaut, dessen Steganlagen sich in Hooksiel malerisch in einer waldgesäumten Bucht hinter dem Nordseedeich der Jade verstecken. Eine ganz und gar ungewöhnliche Komposition, werden doch friesische Häfen meist von Gründeichen ohne Bäume und Sträucher gesäumt. Dass hier alles anders wirkt, schätzen Kuckuck, Austernfischer und Segler gleichermaßen. Wer zum ersten Mal durch die Schleuse fährt, ist erstaunt über dieses Panorama: Rund 700 Liegeplätze verteilen sich auf eine Marina, drei Vereine und die Werft Hooksiel. Nordseehäfen im Schutz von Schleusen sind gemeinhin bei Seglern beliebt, die von weit her anreisen. Manche kommen sogar aus Süddeutschland und Österreich. Der Grund dafür liegt an der Sicherheit vor Sturmfluten. Seit auch die Helgolandfähre und Windkraftanlagenbauer den Vorhafen nutzen, wird die Rinne der Zufahrt häufiger gebaggert. Hooksiel kann weitgehend tideunabhängig angesteuert werden. Die tiefe Jade bietet zum Segeln viel Platz, liegt im Leeschutz der Deiche und hat verhältnismäßig wenig Schiffsverkehr.

Wer neben einem Heimathafen nach weiteren Freizeitangeboten sucht, ist hier goldrichtig. Bei Schietwetter kann man auf dem ringsum etwa 4 Meter tiefen Binnensee immer noch sicher ankern. Und für Jogger und Schwimmer bieten sich die Rundwege durch naturbelassene „Urwälder“ an, eben weil sie immer wieder neue Blicke auf die idyllischen Buchten erlauben: dunkelgrüner Blätterwald, hellgrünes Moos, gelbe Butterblumen, helle Sandstrände, weiße Yachten. Da ist für jeden etwas dabei. Man kann hier in einem Hochzeitszelt am Strand standesamtlich heiraten und im Wintergarten des Wasserskilifts die Feier stilvoll gestalten. So haben meine Frau und ich am Strand geheiratet. Für unser Boot wurde in Sichtweite des Lokals ein Anleger reserviert, damit die von weit her angereisten Gäste einen Schlag segeln konnten.

Vor 15 Jahren wechselte ich von der Ostsee an die Nordsee. Ohne Zweifel sind die Förden der Ostsee familienfreundliche Reviere, aber noch lange Zeit behindern zahlreiche Baustellen auf der BAB 7 zwischen Hamburg und Flensburg den Verkehr. Hooksieler Hafenbetreiber stellen darum fest, dass besonders Segler aus Niedersachsen und Nordrhein-Westfalen Liegeplätze an der Nordsee suchen, die verkehrsgünstig zu erreichen sind. Dann gilt es, zunächst eine Grundsatzentscheidung zu treffen: binnen oder buten. Mit anderen Worten: vor oder hinter einer Schleuse? Wer vor einer Schleuse liegt, muss sich zwar nicht um die Betriebszeiten kümmern, unterliegt aber weiterhin dem Einfluss der Tide. Und einige Häfen fallen trocken, wie beispielsweise Accumersiel und Nessmersiel. Im weichen Schlamm gebettet, ist das für die Boote keine Belastung. Aber wenn man vorgelagerte Häfen für einen längeren Zeitraum verlässt, sollte man vor dem Deich seinen Wagen lieber nicht auf dem Parkplatz abstellen, ohne den Schlüssel zu hinterlegen, weil bei Sturmfluten „Land unter“ herrscht. Aus dem Grund werden die Steganlagen an vorgelagerten Festlandshäfen in der Regel im Winter nicht betrieben.

Faszination Sielhäfen.

Schon Erskine Childers beschrieb in seinem Klassiker Das Rätsel der Sandbank *die besondere Lage: Siele sind Kanäle, die das Hinterland entwässern. An ihren Mündungen entstanden die ersten Siedlungsplätze, lange bevor aus strategischen oder wirtschaftlichen Gründen Städte wie Bremerhaven oder Wilhelmshaven gebaut wurden.*

Ursprünglich waren Sielhäfen gezeitenabhängig, so auch das Hooksmeer, bis man um 1970 im Zuge weitgreifender Küstenschutzmaßnahmen Deichlinien begradigte. Um Sturmfluten abzuhalten, wurden in den Deichen oft nur personalsparende Sieltore oder Dockschleusen ohne Kammern eingebaut, die nur bei bestimmten Wasserständen durchfahren werden können.

Ein weniger bekannter Nachbarhafen, der ebenfalls durch eine Schleuse geschützt ist, ist Rüstersiel. Das Flüsschen Maade führt zu drei Vereinen und dem Wassersportzentrum IBK-Boats mit Reparaturbetrieb und Bootshallen, sofern der Mast für die Fahrt bis in den letzten Hafenzipfel von Rüstersiel wegen einer Stromleitung nicht höher als 14 Meter ist. Allerdings kann man dann nicht in drei Stunden die Insel Wangerooge erreichen, weil die Fahrt am Jade-Weser-Port vorbei führt, wo gegen starken Strom angesegelt werden muss. Deswegen sind in Rüstersiel in erster Linie einheimische Segler aus Wilhelmshaven vertreten. Wer dagegen noch schneller als von Hooksiel aus im Wattenmeer unterwegs sein möchte, wählt den schleusenunabhängigen Hafen von Horumersiel, dessen vorgelagerte Barre allerdings nicht bei Niedrigwasser überquert werden kann.

Zurück zum „grünen Smaragd“, dem Binnentief von Hooksiel: Seit den Eindeichungsmaßnahmen von 1971 konnte sich ein naturbelassener Urwald an den Ufern entwickeln, der die Buchten der Steganlagen säumt. Wer dann beim Spaziergang freien Meeresblick über die Jade genießen möchte, geht einfach 200 Meter zum Deich und erkennt am Horizont sogar noch die Containerschiffe der Weser auf ihrem Kurs nach Bremerhaven. Schon seit dem Mittelalter fungierte der kleine Ort als Handelshafen der Stadt Jever und diente zur Zeit der napoleonischen Kontinentalsperre zuweilen zum Schmuggeln, was die Briten gerne ausnutzten, als sie noch die Herren von Helgoland waren. Schon 500 Jahre vor dem Bau von Wilhelmshaven wurde hier die Fracht der Hochseesegler umgeladen. Den alten Hafen, der so niederländisch wirkt, flankieren uraltes Kopfsteinpflaster und Speicherhäuser aus dem Jahr 1821.

Wer die Schleuse passiert hat, dem wird das Liegen im alten Hafen für die erste Nacht kostenlos zugestanden. Länger zu bleiben ist aber kein Problem. Häfen mit historisch anmutender Architektur sieht man zwar durchaus auch in Carolinensiel, Neuharlingersiel und Greetsiel, sie haben allerdings den Nachteil, dass die inneren Liegeplätze vor roten Klinkerkulissen den Kuttern und Traditionsschiffen vorbehalten bleiben. Für Yachtsegler sind die allgemeinen Steganlagen vorgesehen.

Fremde Segler verirren sich trotzdem selten hierher, denn gemeinhin bleiben sie auf den Inseln oder fahren an der Jademündung vorbei, um über die Elbe und den NOK in die Ostsee zu schippern. Dabei lohnt sich der Kurswechsel gen Süden, denn mit dem auflaufenden Wasser erreichen sie mit bis zu 10 Knoten über Grund in eineinhalb Stunden die Zufahrt zum Vorhafen. Einsam bezeichnet eine grüne Tonne die Kurslinie zum Hafen. Dazu sollte man bei quersetzendem Strom vorhalten, denn immer wieder schiebt sich die ausgebaggerte Rinne zu. Mindestens 1,6 Meter sollen bei Niedrigwasser noch darin stehen, doch in der Regel wird man bei halber Tide mit 3 Metern Wassertiefe rechnen und der Vorhafen fällt auch nicht trocken.

In der Saison öffnet die Schleuse zwischen 8 und 20 Uhr zur vollen Stunde. Auf beiden Seiten der Kammer liegen breite Schwimmstege. Sie sind ausreichend für zwölf Boote. Ein Tipp: Fender auf beiden Seiten auf Wasserlinie ausbringen. Eingefahren wird in der Reihenfolge des Eintreffens im Vorhafen. Wenn viele durch ein „Nadelöhr" schlüpfen müssen, das auch von großen Traditionsschiffen durchfahren wird, ist Zusammenhalt vonnöten: 7200 Boote haben im Jahr 2016 ihre Kammer durchfahren.

Die Schleusenwärter Sergej Ganser (33) und Michael Gerbers (36) teilen sich die Betriebszeiten. Das Duo hat zusammen eine Segelyacht gekauft. Wenn an besonders schönen Wochenendtagen mehr als zwölf Boote zur vollen Stunde warten, bieten sie eine zweite Schleusung an. Wer warten muss, geht im Vorhafen bei einem der großen Muschelkutter längsseits, steigt über und versorgt sich an der Fischbude. 220 Euro beträgt die Pauschalgebühr der Schleuse für Liegeplatzinhaber bei einer Bootslänge von 12 Metern für die Saison von April bis Oktober.

Hinter der Schleuse liegt die Werft Hooksiel an Steuerbord. Inhaber Burkhard Kähler und sein Team bieten einen Travellift, Liegeplätze, Winterlager und Reparaturen jeder Art an. 40 Boote hat die Werft selbst gebaut, aber Neubauten lohnen sich anscheinend nicht mehr. In der friesischen Werftenszene ist nur noch die Firma Benjamins in Emden mit Metallkaskos auf dem Markt vertreten. Vereinzelt findet man aber Betriebe für individuelle Aufträge, wie den Hooksieler Bootsbauspezialisten Wolfram Heibeck. Seine viel beachtete BLACK MAGGY, ein Open-32-Bau, wurde in der YACHT vorgestellt. Optisch ein edel lackierter Mahagoni-Racer, steckt die High-Tech-Flunder voll mit Carbon und Kevlar. Umso erstaunlicher mutet es an, dass Heibeck dem edlen Racer den Bug abgesägt hat, um mit einer neuen Konstruktion den Auftrieb zu verbessern. Bei Regatten soll damit im Feld der 40-Fuß-Klasse mitgemischt werden. Bemerkenswert ist auch die neue Entwicklung der BLACK JAC, einem 30er

Jollenkreuzer, der trotz seiner Überbreite von 3,20 Metern mit 2,5 Tonnen Anhängelast trailerbar ist.

Wenn nicht gerade die Hooksieler Krabbentage anstehen, an denen rund um den Hafen und in der Fußgängerzone Musikbühnen und Budenzauber das Ortsbild dominieren, finden Gäste fast immer einen freien Liegeplatz. „Im alten Hafen sind Freizeitkapitäne willkommen“, sagt Thorsten Sassen, der auch für die Verwaltung der 480 Liegeplätze der Wangerland-Marina verantwortlich ist. „Wir möchten, dass der Hafen belebt wird, weil er ein Anziehungspunkt für Touristen ist. Sanitärräume, Strom und Müllentsorgung stehen zur Verfügung.“ Für Segler mit Langfahrtambitionen sei besonders das Muschelmuseum empfohlen, um bestimmte Kegelschnecken zu erkennen, die man wegen ihrer tödlich wirkenden Giftdornen nicht anfassen sollte. Rund 3000 Exponate aus allen Meeren sind zu sehen. Führungen werden zuweilen in plattdeutscher Sprache abgehalten. Das Gebäude ist leicht am markanten Zwiebelturm zu erkennen.

Seit dem Jahr 2016 ist Hooksiel der Heimathafen des weitgehend originalgetreuen Nachbaus eines 14,5 Meter langen Wikingerschiffes: TYRKIR trägt den typischen Drachenkopf. Täglich werden einstündige Rundfahrten auf dem Hooksieler Tief angeboten, aber für echte Segler hält der Verein „Historische Seefahrt Hooksiel e.V.“ ein besonderes Angebot bereit: Für Gruppen von acht bis 15 Leuten werden zweitägige Fahrten rund Spiekeroog und Wangerooge angeboten. Dabei bleibt der Diesel aus, der sich unter einer Ducht versteckt. Das Schiff wird beim Chartern durch erfahrene Segler fortbewegt, wie es vor 1000 Jahren üblich war: unter Rahsegel und Rudern. Übernachtet wird an Bord unter einer Persenning.

Der 3,60 Meter schmale Eichenrumpf wiegt gerade einmal 7 Tonnen, ist schlank und schnell. Bis zu 9 Knoten sind möglich. Geführt wird das Schiff von echten Kapitänen, wie Andreas de Roover. Er und seine Frau Michaela Hußmann haben beide das Patent zur großen Fahrt und führten unabhängig voneinander weltweit Handelsschiffe oder versorgten mit eigenen Schiffen Bohrplattformen. „Ich bin immer wieder über die hervorragenden Segeleigenschaften überrascht“, sagt de Roover, der außerdem als Schiffsgutachter und Entwickler arbeitet. „7 Beaufort und 2 Meter hohe Wellen steckt der 1000 Jahre alte Schiffstyp klaglos weg, segelt mit bis zu 55 Grad Höhe am Wind. Eben diese Qualitäten wollen wir gerne auf See interessierten Gruppen vermitteln.“ Im Juli 2017 wurde dazu sogar eine historische Kulisse geschaffen. Der Hooksieler Hafen verwandelte sich in einen mittelalterlichen Handelsplatz mit Komparsen samt Mittelaltermarkt und Heerlager.

Auf der Düsseldorfer BOOT traf ich einen Segler aus Bonn, der jedes Mal fast 400 Kilometer fährt, um diese Idylle zu genießen. Zuerst lag er mit seiner Contest 29 MK II in Hooksiel, jetzt in Bensersiel, dem Festlandshafen vor der Insel Langeoog. Mit 135 Zentimeter Tiefgang erreicht er jeden der sieben ostfriesischen Inselhäfen.

„Die Nordsee“, sagt Heiko Müller, „ist nicht allein ein Meer. Durch die Kraft ihrer Gezeiten drückt sie der Küstenlandschaft genauso ihren Stempel auf, wie denen, die dort segeln. Du musst ihren Rhythmus aufnehmen. Wenn du dich darauf einlässt, macht das Revier in der Deutschen Bucht einen wahnsinnigen Spaß. Wenn nicht, wirst du Demut lernen.“

Übrigens haben die Ost-, West- und Nordfriesischen Inseln als sogenannte „Barriereinseln“ eine besondere Entstehungsgeschichte. Ihre nächsten „Verwandten“ sind die in vielerlei Hinsicht ganz ähnlichen Outer Banks vor der Küste von North Carolina. Unsere „Wochenend-Outerbanks“ vor Bensersiel reichen von Borkum im Westen bis Wangerooge im Osten. Wo sonst kann man innerhalb von Stunden an Seehundbänken entlang gleiten, eine Insel anlaufen oder in einem Priel ankern, um zu genießen, wie das ablaufende Wasser langsam die sanft hügelige Topografie des Meeresbodens freigibt. Stetig atmet die See. Wasser- werden zu Landflächen und umgekehrt. Uns fasziniert das immer wieder.

Epilog.

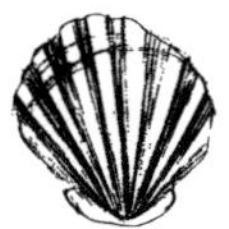

Es gibt Tage, da genieße ich einfach nur Wasser, Wind und Wellen. Dann lebe ich im Hier und Jetzt, genieße die Zweisamkeit mit meiner Frau. Ich nehme mir vor, nicht zu arbeiten. Und auch, bei einem Spaziergang am Wasser den Kopf frei zu haben, ohne auf Geschichtensuche zu sein. Und dann kommt doch alles anders ...

Die Kamera will unbedingt mit, wie an fast allen Tagen ... Denn ich weiß genau, dass irgendwo ein Motiv lauert, welches mir sagt: „Fotografier' mich. Ich hab eine Geschichte zu erzählen." So war es neulich auf Spiekeroog. Das Geschäft des dortigen Raumausstattermeisters zog mich an. Das Firmenschild verblichen, das kleine Backsteinhäuschen anscheinend seit Ewigkeiten unbewohnt, kaputte Scheiben, Gehwegplatten von Baumwurzeln angehoben. Was bitte macht ein Raumausstattermeister auf einer so kleinen Insel? Gibt es den Beruf überhaupt noch? Was passiert mit dem ruinösen Haus in bester Ortslage? Und was wäre, wenn dieser Raumausstattermeister ein Boot gehabt hätte und er damit seine Tapeten irgendwie trocken vom Festland herübergesegelt hätte, wie es bei Insulanern üblich war und manchmal immer noch ist? Wenn ich diese Geschichte erfrage, werde ich sie vielleicht nicht veröffentlichen, aber immer wenn ich an dem kleinen Haus vorbeigehe, denke ich daran. Und ich werde darauf achten, ob es wieder zu neuem Leben erwacht.

Ebenso werde ich beim ersten Gedanken an Langeoog wieder Els Sanders vor mir stehen sehen und mich fragen, wie es ihm wohl geht und ob er immer noch die Schoten dicht holt und seine geflickten Jeans trägt. Oder ich werde in Gedanken bei dem Segler aus Wangerooge sein, der seine Jolle am Festland mit Pflastersteinen belud und mit seiner schweren Fracht vor dem Seegatt kenterte. Die Ebbe zog ihn hinaus. Sein Leben verdankt er den Seenotrettern der Deutschen Gesellschaft zur Rettung Schiffbrüchiger (DGzRS). Ich weiß, wo er wohnt, und schon lange wollte ich mal bei ihm klingeln, um zu fragen, was ihm damals durch den Kopf ging. Und ob er jemals wieder unbeschwert in seine Jolle gestiegen ist.

Egal, ob kleine oder große Themen, wenn es ums Meer, um Menschen und um Schiffe im Norden geht, kann ich nicht abschalten, muss einfach an einer fremden Haustür klingeln oder die Nachbarn fragen. Und dann kann ich sicher sein, dass sich schon irgendeine Verknüpfung für eine neue Geschichte aus dem Norden ergeben wird. Sollte ich wieder ein Buch zusammenstellen, enthält es ja vielleicht auch Ihre Geschichte.

Stellen Sie mir einfach per Mail ihre Geschichte vor und senden sie an segler153@googlemail.com.

Versprechen kann ich nichts, aber antworten werde ich. Ganz sicher.

Ihr Holger Peterson

Lexikon der maritimen Begriffe.

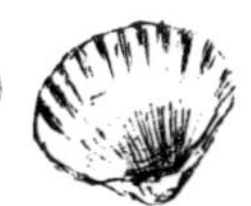

Achtern: der hintere Teil eines Schiffes bzw. der Bereich hinter einem Schiff.

Afhauer: frühere Berufsbezeichnung für das Mannschaftsmitglied, das das rund 3 Kilometer lange Tau (Reep) einholte, an dem Netze befestigt waren.

Auffieren (der Schoten): nachlassen der Leinen, mit deren Hilfe man Vor- oder Großsegel bedient.

Balje: Fahrwasser von der offenen Nordsee zwischen Inseln zum Wattenmeer, stets Wasser führend.

Beaufort: Einteilung der Windstärke in einer Skala bis 12. Windgeschwindigkeiten sind nach oben offen, werden aber ab 118,5 km/h nicht mehr in der Beaufortskala angegeben.

Bekneifen: eine Leine, die sich beim Überlagern auf einer Winsch selbst „bekneift“, also festzieht, und nicht einfach lösen lässt.

Belegnägel: ähnlich wie Klampen herausnehmbare Stäbe am Mastfuß zum Belegen von Leinen.

Besan: hinterer Mast, beispielsweise vor dem Rudergänger stehend auf einer Ketsch oder hinter dem Rudergänger stehend auf einer Yawl.

Besansegel: Segel des Besanmasts.

Besanstagsegel: Segel, das ähnlich einem Vorsegel an einem Draht am hinteren Mast nach vorn angeschlagen wird.

Beschlag: Bauteil zum Einleiten von Kräften in einen Rumpf, beispielsweise Klampen der Festmacherleinen.

Bilge: tiefster Bereich des Schiffes, in dem sich Leck- und Kondenswasser sammelt.

Blanker Hans: Sturm oder Orkan, gemeinhin auf der Nordsee, einhergehend mit besonders hohem Wasserstand und weißer (blanker) Gischt.

Blister: bauchiges Vorsegel für Kurse vor dem Wind an nur einer Schot / nicht zu verwechseln mit einem Spinnaker, der über zwei Schoten geführt wird.

Bodenwrangen: verstärkende „Rippen“ im Rumpf, besonders im Bereich der Kielaufnahme.

Bug: vorderer Teil eines Schiffes.

Bulleye: Bullauge, runde Fensteröffnung im Rumpf.

Busetief: Seegatt bei Norderney, neigt zu stark veränderlichen Wassertiefen.

Dampfwinde: eine Schwerlastwinde für Netze oder Ladung, angetrieben über eine zentrale Dampfmaschine mit Leitungen.

Dhau: arabischer Schiffstyp mit Besegelung.

Doggerbank: Seegebiet in der Nordsee im Dreieck zwischen England, Dänemark und Deutschland, fischreich, aber nur zwischen 30 und 13 Meter tief. Die Doggerbank ist berüchtigt für brechende Wellen.

Doghouse: geschützter Steuerstand für das Cockpit, nach achtern offen.

Echolot: Tiefenmessgerät auf Schiffen, auch „vorausschauend" nach vorn gerichtet.

Eggeboot: Arbeitsboot zum Entschlammen. Schlamm wird aufgewühlt und von der Strömung verlagert.

Einklarieren: mit einem Schiff in ein anderes Land einlaufen und die notwendigen Formalitäten (Hafenbehörden, Zoll, Ämter) erledigen.

Einspritzpumpenwelle: Welle im Motor zur Einspritzpumpe einer Dieselmaschine.

Eistonne: Eistonnen dienen zur behelfsweisen Bezeichnung flacher, sich ständig ändernder Wattfahrwasser im Winter.

Fahrwasser: in Seekarten ausgewiesene Zonen für Schifffahrtsrichtungen.

Festmacher: Leinen (niemals „Taue" oder „Stricke"), die zum Festmachen eines Bootes dienen.

Fingersteg: Ausleger an Stegen, an denen Boote seitwärts anlegen können.

Fischewer: kleinere Segelfahrzeuge mit wenig Tiefgang zum Fischfang in flachen Gewässern, gefahren mit kleiner Besatzung.

Fleet: Nebenarme der Elbe und ihrer Nebenflüsse, die oft wirtschaftlich als Häfen oder Liegestellen genutzt wurden.

Folkeboot: mit überlappenden Planken (geklinkert) gebaute Segelboote ohne Reling, überwiegend in der Ostsee unterwegs, später auch in GFK gebaut. Sehr seetüchtig.

Fußreling: verbindende und umlaufende Leiste zwischen Rumpf und Deck, an der auch Relingsstützen angesetzt sind.

Gangspill: schwere Winde zum Einholen von Ankern und Netzen, die von Seeleuten im Kreis laufend über eingesteckte Spillspaken angetrieben wird.

Genua: Vorsegel, reicht vom Bug bis hinter den Mast.

Großmast: höchster Mast, auf Segelyachten zumeist der vordere Mast. Ist der vordere Mast kleiner als der hintere Mast, nennt man das Schiff „Schoner“

Großsegel: hinten angeschlagenes Segel am Großmast.

Growler: zum größten Teil unter Wasser liegende Eisberge oder Eisbergfragmente.

Halsen: ein Schiff mit dem Heck – dem hinteren Ende des Schiffes – durch den Wind auf den neuen Kurs bringen.

Heulboje: Fahrwassertonne mit Schallzeichen bei unsichtigem Wetter.

Höhe (fahren): so direkt wie möglich gegen den Wind segeln.

Hundewache: die unbeliebteste Wachzeit für Rudergänger zwischen 00:00 und 04:00 Uhr, wenn es schwerfällt, nicht einzuschlafen.

Kabellänge: zehnter Teil einer nautischen Meile: 185,2 Meter, zu entnehmen auch am linken oder rechten Rand einer Seekarte.

Kalfatern: abdichten von Fugen auf hölzernen Schiffen mittels Pech, Holzteer, Gummi oder anderen Dichtungsmitteln.

Kantjes: Holzfässer für die Aufbewahrung des Fischfangs.

Kartenplotter: Navigationsgerät für Wasserfahrzeuge, ähnlich wie bei Straßenfahrzeugen mit hinterlegter Karte und Positionsanzeige.

Kastell: wehrhafter Turm oder erhöhtes Deck, mitunter mit Schießscharten ausgestattet, hier auf Hansekoggen.

Kaventsmann: Riesenwelle, auch Freak Wave (aus dem Engl.) genannt.

Ketsch: zweimastiges Segelschiff – der hintere Mast steht vor dem Rudergänger.

Kielschwein: zentraler Balken des Kiels, der den Ballastteil und die Bodenwrangen aufnimmt, folglich die Längssteifigkeit als Rückgrat bildet.

Kimmkieler: Schiff mit zwei Kielen, um aufrecht stehend trockenzufallen.

Klappmastfuß: untere Masthalterung mit Achse für den Mast. Der Mast kann unten ein Gegengewicht haben, um ihn mit geringem Krafteinsatz zu legen.

Klarieren: seesicher aufräumen und verstauen.

Klipperbug: geschwungen ausgeführter Bug mit weitem Überhang von vorn, oft in Verbindung mit einem Klüverbaum (Spiere für Vorsegel vor dem Bug).

Klüver/Klüverbaum: dreieckiges Segel, das am Klüverbaum (Stange/Spiere) vor dem Bug des Schiffes angeschlagen wird.

Knickspanter: Schiff mit weitgehend geraden Platten aus Metall geschweißt oder aus Sperrholz verleimt, die jeweils einen oder mehrere Knicke in Längsrichtung aufweisen.

Koppheister: Kenterung.

Kuttertakelung: einmastige Schiffe mit zwei oder drei Vorsegeln.

Lage: Schräglage bei Schiffen.

Laminat (GFK): bei einem Boot: flächig miteinander verklebte Schichten aus Glasfasermatten und Epoxidharz

Lateralplan: seitliche Projektion des Unterwasserschiffs, das durch Kiel und Ruder dem seitlichen Vertreiben entgegenwirkt.

Lee: windabgewandte Seite eines Schiffs.

Lenzrohre: offene Rohre vom Cockpit unter oder über

der Wasserlinie, um überkommendes Wasser abzuleiten.

Luv: windzugewandte Seite eines Schiffes.

Luvgierig: Schiffe in Fahrt neigen dazu, in den Wind zu drehen. Gewollte Eigenschaft, die aber nicht zu stark werden darf, weil die Ruderkraft sonst zu sehr ansteigt.

Mastwinschen: Winschen am Mast, um Segel aufzuziehen und straff zu spannen (Vorliek durchsetzen).

Messe: Kajüte zur gemeinsamen Nutzung der Mannschaft.

Motorbilge: tiefster Punkt des Rumpfes unter der Maschine zum Auffangen von Wasser und Lecköl.

Mudde: weicher Schlamm mit hohem Wasser- und Schwebstoffanteil.

Osmose: hier im Zusammenhang mit dem Eindringen von Wasser in das Glasfasergewebe von Schiffsrümpfen: Daraus resultieren Laminatschäden, erkennbar durch Beulen, gefüllt mit säuerlich riechender Flüssigkeit.

Pallung: Abstützen von Schiffen an Land.

Pantry: Küche eines Schiffes.

Pinne: Stock zum Steuerruder.

Poopdeck: erhöhtes (flaches) Heck eines Schiffes oder einer Yacht.

Porta Potti: Markenname einer kleinen transportablen Chemietoilette.

Pricke: Birken, die im Watt eingespült werden und Fahrwasser markieren.

Priel: Rinne im Watt, oft mit starker Strömung.

Pütting: Anschlagpunkte am Rumpf für Wanten des Mastes.

Raumer Wind: Wind, der bezogen auf die Fahrtrichtung eines Schiffes schräg von hinten kommt.

Reep: Tau.

Reepschieter: frühere Berufsbezeichnung für das Mannschaftsmitglied, das das rund 3 Kilometer lange Tau (Reep), an dem Netze befestigt waren, ringförmig in eine Luke staute.

Reffbändsel: Leinen, mit denen Segelflächen verkleinert (gerefft) werden.

Rollklüver: dreieckiges Vorsegel, das noch vor dem Vorsegel gefahren wird; es kann aufgerollt werden.

Rott: norddeutscher Ausdruck für kaputt, verrottet, vergammelt.

Ruderhacke: schlanker Auslauf am Heck eines Schiffes, an dem das Ruder unten mit einem dritten Lager befestigt ist.

Ruderkoker: Führungsrohr, das die Ruderwelle über Lager zentriert.

Saling: Spreizung der Wanten zur seitlichen Stabilisierung des Mastes.

Schapp: Regal an Bord eines Schiffes.

Scheuerleiste: umlaufende Leiste aus Metall oder Holz an der breitesten Linie des Rumpfes, um Lackschäden beim Anlegen zu vermeiden.

Schwimmleine: zur Bergung von Personen genutzte Leine, die an der Wasseroberfläche schwimmt und nicht in den Propeller geraten kann.

Seegang: Wellenhöhe und Wellenfrequenz.

Seegatt: Fahrwasser von offener See zwischen den Inseln, siehe auch „Balje“.

Seereling: „Seezaun“ an Bord von Yachten oder Schiffen, um das Über-Bord-Gehen zu verhindern.

Seeventil: Rumpfdurchführung mit Absperrhahn, um Wasser abzuleiten oder anzusaugen (Spüle, Toilette, Kühlwasser).

Segellogger: Fischkutter mit „Hilfsdampfmaschine“.

Selbstwendefock: Vorsegel, dessen Schot auf einer Schiene beim Wenden selbstständig auf den gegenüberliegenden Anschlagpunkt läuft.

Shanghaien: ahnungsloses Landvolk oder Matrosen in den Dienst auf einem Schiff pressen. Diese alte Taktik der Rekrutierung wurde gerne in Hafenspelunken unter Zuhilfenahme von reichlich Alkohol angewendet.

Spibaum: Stange zum Fixieren gegen das Einfallen eines Spinnakersegels.

Spibaumbeschlag: Halterung am Mast für das Anbringen des Spibaums.

Spierentonne: Fahrwassertonne mit Stange am Top.

Stagreiter: Halterungen von Segeln, die auf einem Draht (Stag) angeschlagen werden.

Stromnavigation: Berechnung der Abdrifft und Fahrtgeschwindigkeit in strömenden Gewässern.

Tagestank: zusätzlicher kleiner Schiffstank, in den Kraftstoff vom Haupttank durch einen Filter gepumpt wird, damit die Kraftstofffilter der Maschine bei schlechter Kraftstoffqualität nicht verstopfen.

Tampen: kurze Leine, Ende einer Leine.

Tonnenstrich: das Fahren entlang von Fahrwassertonnen, ohne durch Querstrom in flaches Wasser abzudriften.

Toppsegel: auf traditionellen Yachten zusätzlich gefahrenes Segel, an der Mastspitze angeschlagen.

Traveller: Verstellbarer Segel(schot)anschlag auf einer Schiene.

Treadmaster-Belag: rutschfester Kunststoffbelag zum Verkleben auf dem Deck.

Trimm: optimale Einstellung von Segeln und Rudereinschlag.

Trockenfallen: Aufsetzen eines Schiffes auf Grund, während der Wasserstand fällt.

Untiefe: flache Stelle des Meeresgrunds. Im Watt auch als „Wattenhoch“ bezeichnet, das nur zu bestimmten Zeiten (i.d.R. bei Flut) überquert werden kann.

Verholen: ein Schiff innerhalb eines Hafens oder in einem Bojenfeld an eine andere Pier oder andere Boje legen.

Vorpiek: Kajüte im vorderen Teil des Schiffes.

Vorschiff: Bereich vor dem vordersten Mast eines Schiffes an oder unter Deck.

Vorwindkurs: Segeln mit Rückenwind.

Weichsegeln: zunehmende Instabilität von Schiffsrümpfen aus Holz oder GFK, die sich im Laufe der Jahre bei unterdimensionierter Bauweise zunächst beim Segeln verziehen. Ein Weichsegeln wird bemerkbar, wenn sich Türen nicht mehr öffnen lassen oder Wanten der Leeseite sehr lose durchhängen.

Welle: Metallwelle vom Motor zum Propeller oder von der Pinne zum Ruder.

Wenden: ein Schiff mit dem Bug, dem vorderen Ende des Schiffes, durch den Wind bringen.

Yawl: zweimastige Yacht, deren hinterer Mast relativ kurz ist, hinter dem Rudergänger und zumeist auf dem überhängenden Heck steht. Das Segel ragt achtern über das Heck hinaus.

Zeeschouw: Niederländisches Flachbodenschiff mit Seitenschwertern, über der Wasserlinie am platten Bug erkennbar.

Impressum.

Postanschrift: Nymphenburger Straße 101, D-80636 München.
Geschäftsleitungssitz: Osterseenstraße 10 B, D-82393 Iffeldorf.

Autor: Holger Peterson.
Lektorat: Thomas Käsbohrer, Susanne Guidera
Layout: Wolfgang Appun. Susanne Guidera.
Coverfoto & Bilder, sofern nicht anders angegeben: Holger Peterson.
S. 104, Kogge UBENA VON BREMEN: © Hanse-Koggewerft e.V., Bremerhaven
S. 176, Foto Heinrich Hesterberg: © privat

978-3-946014-41-6 eBook-Ausgabe
978-3-946014-42-3 Hardcoverausgabe
978-3-946014-43-0 Paperbackausgabe

www.millemari.de